अली सरदार जाफ़री

जन्म : 29 नवम्बर, 1913; बलरामपुर, जिला गोंडा, उत्तर प्रदेश।
शिक्षा : पहले घर पर रहकर उर्दू-फ़ारसी और क़ुरआन मजीद की तालीम ली। फिर धार्मिक शिक्षा सुल्तानुल मदरसा, लखनऊ में। बलरामपुर लौटकर अंग्रेज़ी माध्यम से शिक्षा। अलीगढ़ मुस्लिम विश्वविद्यालय में दाख़िला। हड़ताल में हिस्सेदारी के चलते विश्वविद्यालय से निष्कासन। बाद में एंग्लो-अरेबिक कॉलेज, दिल्ली से स्नातक की उपाधि। लखनऊ विश्वविद्यालय से अंग्रेज़ी साहित्य में एम.ए. की अधूरी पढ़ाई।

आठ वृत्तचित्रों, धारावाहिकों का लेखन/निर्देशन। बाईस देशों की यात्राएँ।

रवीन्द्रनाथ ठाकुर, महात्मा गांधी, जवाहरलाल नेहरू, मौलाना आज़ाद, सत्यजित राय, पाब्लो नेरुदा, शोलोखोव, पास्तरनाक, लुई अरागाँ, पुश्चेव और पॉल राब्सन जैसी हस्तियों से मुलाकात-सोहबत।

भारतीय ज्ञानपीठ पुरस्कार समेत 21 पुरस्कारों से सम्मानित।

प्रकाशित रचनाएँ : *परवाज़, ख़ून की कहानी, अम्न का सितारा, एशिया जाग उठा, पत्थर की दीवार, लहू पुकारता है* (कविता); *नई दुनिया को सलाम, यह ख़ून किसका है, पैकार* (नाटक); *मंज़िल* (कहानी); *लखनऊ की पाँच रातें* (संस्मरण); *तरक़्क़ीपसंद अदब, इक़बालशनासी, पैग़म्बराने-सुख़न, ग़ालिब का सूफ़ियाना ख़याल* (आलोचना); *दीवान-ए-मीर, दीवान-ए-गालिब, कबीर बानी (सम्पादन)*।

निधन : 1 अगस्त, 2000 को मुम्बई में।

दीवान-ए-मीर

अली सरदार जाफ़री

राजकमल पेपरबैक्स

पहला पुस्तकालय संस्करण
हिंदुस्तानी बुक ट्रस्ट, बंबई द्वारा
1960 में प्रकाशित

राजकमल पेपरबैक्स में
पहला संस्करण : 1987
तेरहवाँ संस्करण : 2025

राजकमल पेपरबैक्स : उत्कृष्ट साहित्य के जनसुलभ संस्करण

राजकमल प्रकाशन प्रा. लि.
1-बी, नेताजी सुभाष मार्ग, दरियागंज
नई दिल्ली-110 002
द्वारा प्रकाशित

शाखाएँ : अशोक राजपथ, साइंस कॉलेज के सामने, पटना-800 006
पहली मंजिल, दरबारी बिल्डिंग, महात्मा गांधी मार्ग, प्रयागराज-211 001
1, अनमोल सोराबजी संतुक लेन, धोबी तलाव, मरीन लाइंस, मुम्बई-400 002
वेबसाइट : www.rajkamalprakashan.com
ई-मेल : info@rajkamalprakashan.com

बी.के. ऑफसेट
नवीन शाहदरा, दिल्ली-110 032
द्वारा मुद्रित

मूल्य : ₹495

DEEVAN-E-MEER
Edited by Ali Sardar Jaffari

ISBN : 978-81-267-0260-2

भूमिका

शा'अिर को ख़ुदा का शिष्य भी कहा गया है और पैग़म्बर का भी स्थान दिया गया है, लेकिन मीर तक़ी मीर अकेले शा'अिर हैं, जिनको ख़ुदा-ए-सुख़न (शा'अिरी का ख़ुदा) कहा जाता है। वली दकनी, सौदा, नज़ीर अकबराबादी, अनीस, ग़ालिब और इक़बाल के होते हुए मीर उर्दू शा'अिरी में महानता की गद्दी पर बैठनेवाले अकेले नहीं हैं, और न यह कहना सही होगा कि वह उर्दू के सबसे बड़े शा'अिर हैं। फिर भी इस सच्चाई से इनकार सम्भव नहीं कि उर्दू के सब शा'अिरों की सूची में सबसे ऊपर मीर ही का नाम रहेगा। यद्यपि आज आम लोकप्रियता के विचार से ग़ालिब और इक़बाल, मीर से कहीं आगे हैं, और उनकी किताबें 'कुल्लियात-ए-मीर' की अपेक्षा बहुत ज़्यादा बिकती हैं। उनके शे'र लोगों की ज़बान पर ज़्यादा हैं। उनका प्रभाव वर्तमान शा'अिरी पर अधिक स्पष्ट है। फिर भी ग़ालिब और इक़बाल की शा'अिराना महानता से इनकार करनेवाले मौजूद हैं, मगर मीर की उस्तादी से इनकार करनेवाला कोई नहीं है। हर काल में बड़े-से-बड़े शा'अिर ने मीर का नाम आते ही अपना सर झुका लिया है।

उनका स्थान शा'अिरी में ही नहीं बल्कि भाषा के विकास के इतिहास में भी बहुत महत्व रखता है। खड़ी बोली, जिस पर वर्तमान हिन्दी और उर्दू भाषा की बुनियाद है, इतने निखरे हुए रूप में मीर के यहाँ दिखाई देती है कि उसके बाद का हर रूप मीर की देन मा'लूम होता है। शैली और भावों के विचार से भी मीर की हैसियत एक ऐसे शा'अिराना स्रोत की-सी है जिससे सारी नदियाँ फूटती हैं। वहाँ ग़ालिब के रंग के भी प्रारम्भिक चिह्न मिलते हैं (और इसी से वर्तमान शा'अिरी का रंग पैदा हुआ है) और मोमिन और दाग़ के रंग के साथ-साथ बाह्यता (वह शा'अिरी जिसमें प्रेम की आन्तरिक अनुभूति की अपेक्षा प्रेमिका के बाह्य सौन्दर्य पर अधिक ज़ोर दिया जाता है। इसे उर्दू में कंघी चोटी की शा'अिरी भी कहते हैं।) का वह अन्दाज़ भी मिलता है जिसे लखनऊ स्कूल के नाम से याद किया जाता है। लुत्फ़ यह है कि जिसको आज इक़बाल की ग़ज़ल की नई शैली

समझा जाता है और जिसकी रवानी (प्रवाह) में चिन्तन की महानता के कारण एक भारीपन आ गया है और गम्भीर कैफ़ियत पैदा हो गयी है, उसके चिह्न भी मीर के यहाँ वर्तमान हैं, और कई स्थानों पर प्रतीक ही की नहीं बल्कि विचारों की आश्चर्यजनक समानता है। हालाँकि चिन्तन और भावों के विचार से मीर और इक़बाल के बीच दो शताब्दियों का अन्तर है।

इससे भी ज़्यादा दिलचस्प बात यह है कि पूरे दो सौ वर्ष बाद जब 1947 में देहली एक बार फिर ख़ून की होली में नहाई और पंजाब और देहली की भूमि पर हिन्दू-मुस्लिम-सिख दंगों ने नादिरशाही क़त्ले-ए-आम और अहमद शाही लूट-खसोट की याद ताज़ा कर दी तो उर्दू के वर्तमान नवयुवक शा'अिरों ने ग़ालिब, इक़बाल और जोश का दामन छोड़कर मीर के दामन में शरण ली।

डेढ़-दो सौ वर्ष से उर्दू के महान शा'अिर मीर को श्रद्धांजलि अर्पित करते आये हैं, और यह बात एक अटल सत्य बन चुकी है कि "आप बे-बहरा है जो मो'तक़िद-ए-मीर नहीं"। फिर भी मीर का अध्ययन स्कूलों और कॉलेजों की पाठ्य पुस्तकों तक ही सीमित रहा और मीर शा'अिरों और समालोचकों के शा'अिर बने रहे। लेकिन 1947 के ज़ख़्मी और लहू-लुहान हिन्दुस्तान और पाकिस्तान ने दुबारा कुल्लियात-ए-मीर को कलेजे से लगा लिया और उसके पृष्ठों में अपने घावों का मरहम ढूँढ निकालना चाहा। शताब्दियों की जीर्णता के बाद भी ताज़ा रहनेवाला यह कलाम निश्चय ही महान मूल्यों से भरा हुआ है। वक़्त के हाथ इसे छू नहीं सकते और इतिहास की धूल इसे धुँधला नहीं सकती। उर्दू शा'अिरी के वर्तमान आन्दोलन के संस्थापक और प्रसिद्ध तज़्किरानिगार मुहम्मद हुसैन आज़ाद (1833 से 1910 ई.) ने अपनी दिलचस्प किताब आब-ए-हयात में मीर की प्रशंसा इस प्रकार की है कि "क़द्रदानी ने उनके कलाम को जौहर और मोतियों की निगाहों से देखा और नाम को फूलों की महक बनाकर उड़ाया। हिन्दुस्तान में यह बात उन्हीं को नसीब हुई है कि मुसाफ़िर, ग़ज़लों को तोहफ़े के तौर पर शहर-से-शहर में ले जाते थे।" फूलों की यह महक आज भी आवारा है। अब इसे मीर का दुर्भाग्य समझा जाये या उर्दूवालों की कुरुचि कि कुल्लियात-ए-मीर का कोई सही और सुन्दर एडीशन आज तक प्रकाशित नहीं हुआ है और अधिकांश संकलन अशुद्ध हैं। अब यह और बात है कि मीर के कुछ शे'र लोगों की ज़बान पर चढ़े रहे हैं और जीवन की कठिन घड़ियों में सन्तोष (तृप्ति) का कारण बने हैं। ये शे'र अभिरुचि रखनेवालों के बीच भेंट की तरह वितरित होते रहे हैं। अधिकांश बच्चों ने स्कूल और कॉलेज में पढ़ने से पहले यह कलाम इधर-उधर से बड़े-बूढ़ों की ज़बानी सुना है। इसी कारण यह भी हुआ है कि कुछ शे'रों के शब्द बदल गये

हैं, और कुछ दूसरे और निम्नकोटि के शा'अिरों के शे'र मीर के नाम से सम्बन्धित हो गये हैं और हद यह है कि बड़े-बड़े समालोचक इस धोखे में आ गये हैं।

इस प्रकार मीर को समझने का एक सरल ढंग भी प्रचलित हो गया। वह बहत्तर नश्तरों के शा'अिर प्रसिद्ध हो गये जिनका कलाम सिर्फ़ आह है, क्योंकि किसी ने कभी यह कह दिया था कि सौदा की शा'अिरी वाह है और मीर की शा'अिरी आह—कीजिये क्या मीर साहब, बन्दगी, बेचारगी।

अतएव समालोचना भी इसी डगर पर चल खड़ी हुई और लोगों का ध्यान ऐसे शे'रों की तरफ़ से हट गया जिनमें आहों का गुज़र नहीं था और समर्पण और विनम्रता, निस्पृहता और सादगी के बजाय मीर की बे-दिमाग़ी बोल रही थी।

मीर की शा'अिरी जितनी सादी और मनमोहक है उतनी ही टेढ़ी-बाँकी, तिर्छी-तीखी भी है। उसमें जितनी कोमलता और घुलावट है उतनी ही कटुता और कड़ापन भी है। उदाहरण के लिये यह शे'र बहुत प्रसिद्ध है—

हम फ़क़ीरों से बे अदाई क्या
आन बैठे जो तुमने प्यार किया

लेकिन स्वभाव की एक दूसरी ही कैफ़ियत इस शे'र में मिलती है—

अपना शेवा कजी नहीं, यूँ तो
यार जी टेढ़े बाँके हम भी हैं

अगर एक ओर मीर साहब यह कहते हैं—

दूर बैठा गुबार-ए-मीर उससे
'अिश्क़ बिन यह अदब नहीं आता

तो दूसरी तरफ़ इस बेअदबी की भी हिम्मत रखते हैं—

हाथ दामन में तिरे मारते झुँझला के न हम
अपने जामे में अगर आज गरीबाँ होता

मीर के उच्चकोटि के शे'र केवल यही नहीं हैं—

उल्टी हो गयीं सब तदबीरें, कुछ न दवा ने काम किया
देखा इस बीमारि-ए-दिल ने आख़िर काम तमाम किया

नाहक़ हम मजबूरों पर यह तोह्मत है मुख़्तारी की
चाहते हैं सो आप करें हैं, हम को 'अबस बदनाम किया

बल्कि इन शे'रों की गणना भी उच्चकोटि के शे'रों में होती है—

हम ख़ाक में मिले तो मिले, लेकिन अय सिपहर
उस शोख़ को भी राह प लाना ज़रूर था

कटु और मधुर, नर्म और गर्म, इस सम्मिश्रण में मीर के व्यक्तित्व का सारा जादू है। और यह व्यक्तित्व अपने काल के साथ घुल-मिलकर एक हो गया है। और यही कारण है कि इस शा'अिरी में दिल और दिल्ली पर्यायवाची शब्द बन गये हैं।

कभी-कभी यह विचार आता है (और यह विचार ही है) कि मीर ने हाफ़िज़ और ग़ालिब की तरह अपने समय के शिकंजों को तोड़ने में सफलता प्राप्त नहीं की और काल तथा इतिहास के बनाये हुए भयानक क़ैदख़ाने की सारी आहनी सिलाख़ें (लौह-शलाकाएँ) मीर के शरीर और प्राणों में घुस गयीं। मीर के हिन्दुस्तान की तरह हाफ़िज़ का ईरान भी गृहयुद्धों का शिकार था और उस अर्ध-जीवित शरीर को तैमूर की फ़ौजों ने अपने घोड़ों की टापों से रौंद डाला और ग़ालिब की दिल्ली सन् 1857 ई. के ग़दर की भेंट चढ़ गयी। ये दोनों फ़ितने (उपद्रव) किसी भी प्रकार मीरकालीन नादिरशाही और अहमदशाही फ़ितनों से कम नहीं थे। फिर भी एक के यहाँ हँसी-ख़ुशी है और दूसरे के यहाँ विद्रोह और अहंकार। इसके प्रतिकूल मीर के यहाँ उस हँसी-ख़ुशी और ताज़गी तथा तृप्ति का अभाव है। उनकी शा'अिरी ग़म का एक अथाह सागर है, जिसमें आहों की कुछ मौजें हैं और एह्तिजाज (विरोध) के कुछ तूफ़ान। हँसकर व्यंग करना उनके लिये कठिन है, झुँझलाकर गाली देना सरल (सौदा के बाद सबसे ज़्यादा गालियाँ मीर के काव्य में मिलेंगी। इसीलिए किसी ने कहा था कि मीर का उच्चकोटि का काव्य बहुत उच्चकोटि का है और निम्नकोटि का बहुत ही निम्नकोटि का।) मीर के यहाँ प्रेम संसार की सृष्टि का कारण होने के बावुजूद जानलेवा है। अभिरुचि की अधिकता कण को रेगिस्तान और बूँद को सागर बनाने के बजाय रोने और मरने पर आमादा करती है। आवारगी स्वतन्त्रता की भावना नहीं है बल्कि परीशान हाली और परीशान रोज़गारी है। इसमें तड़प नहीं है, उदासीनता और लाचारी है। इसीलिए मीर ने आवारगी की समीर से नहीं, बगूलों से उपमा दी है। मीर माशूक़ (प्रेमिका) से खेल नहीं सकते। वह या तो शिकायत करते हैं या आराधना। उनकी तबीअत वासोख़्त (उर्दू शा'अिरी की एक क़िस्म, जिसमें प्रेमिका को ताने दिये जाते हैं।) की तरफ़ झुक जाती है। मिलन और आलिंगन का अवसर ज़रा कम ही आता है। प्रतीक्षा का दर्द बड़ी हद तक आनन्द से अपरिचित है। वह दर्द ही दर्द है। नृत्य और संगीत के शब्द तो दूर इस कल्पना की परछाईं भी मीर की ग़ज़लों पर नहीं पड़ती। वह कहीं-कहीं ज़मज़मा परदाज़ी (चिड़ियों की-सी चहचहाहट) का ज़िक्र ज़रूर करते हैं मगर इस सावधानी के साथ कि यह गिरफ़्तारी (बन्धन) की ख़ुशख़बरी है।

लेकिन यह दुख व्यक्तिगत दुख नहीं, सारे संसार का दुख है। यह अपने दिल की आन्तरिक फ़िज़ा में सीमित एक व्यक्ति की पराजय नहीं है बल्कि एक पूरी दुनिया, एक पूरे युग की पराजय है जिसको उस व्यक्ति ने अपने अन्दर समेट लिया है। मीर एक हारे हुए प्रेमी ज़रूर हैं लेकिन यह इनसान की नहीं ख़ुदा की हार मालूम होती है, इसलिए बेबसी और लाचारी के साथ-साथ इसमें एक विचित्र महानता है और इनसान की खोई हुई प्रतिष्ठा को प्राप्त करने का साहस। यह एक कर्बला है, जिसमें हुसैन का क़त्ल, यज़ीद की मृत्यु की सूचना देता है। ट्रेजेडी के हीरो की शारीरिक पराजय बदी के मुक़ाबले में नेकी की रूहानी विजय होती है। दुनिया की महान कला, जय-पराजय सुख-दुख की प्रतिकूल अवस्थाओं को इसी प्रकार मिलाकर दो रंगों से हज़ार रंग पैदा करती है। मीर के बाद ऐसा शानदार ग़म किसी दूसरे शा'अिर को नसीब नहीं हुआ।

वह एक बामक़सद और बाशऊर (जाग्रत) शा'अिर हैं। उनका ग़ज़ल गायन केवल महफ़िल की गर्मी के लिये नहीं है। उसका स्थान उनकी दृष्टि में बहुत ऊँचा है। उन्होंने कुछ धनवानों और बादशाहों की मुसाहबत और नौकरी अवश्य की और कभी-कभी क़सीदों (स्तुति-गान) और मस्नवियों से उनको ख़ुश भी किया लेकिन अपनी ग़ज़ल पर कलंक नहीं लगने दिया। उनकी ग़ज़लों में एक शे'र भी किसी 'तजम्मुल हुसैन ख़ाँ' (ग़ालिब का प्रशस्त) या किसी 'हाजी क़िवाम' (हाफ़िज़ का प्रशस्त) की दिल-जोई के लिये नहीं है। इसके विपरीत यह अन्दाज़ आम है :

क़द्र जैसी मिरे शे'रों की अमीरों में हुई
वैसी ही उनकी भी होगी मिरे दीवान के बीच

वैसे उनके समकालीन शा'अिरों में ऐसे शा'अिर भी थे जिन्होंने नदीम और मुसाहिब बनकर अपनी कला का गला घोंट दिया (जैसे इंशा)। यों तो मीर की बेदिमाग़ी की बहुत-सी कहानियाँ प्रसिद्ध हैं लेकिन उन्होंने ख़ुद अपनी आपबीती 'ज़िक्र-ए-मीर' में एक घटना का वर्णन किया है। यह उनकी जवानी का ज़माना था और वह रिआयत ख़ान के नौकर थे। लिखते हैं–

> "एक चाँदनी रात में ख़ान के सामने डोम का लड़का चबूतरे पर बैठा गा रहा था। (ख़ान ने) मुझे देखा तो कहने लगा कि मीर साहब इसे अपने दो-तीन शे'र रेख़्ते के याद करा दीजिये तो यह अपने साज़ पर दुरुस्त कर लेगा। मैंने कहा, यह मुझसे नहीं हो सकता। कहने लगा, मेरी ख़ातिर से। चूँकि नौकरी का मामला था अनिच्छा से तामील की और पाँच शे'र रेख़्ते के उसे याद करा दिये। मगर यह बात मेरी नाज़ुक प्रकृति को बुरी लगी। आख़िर दो-तीन दिन के बाद घर बैठ रहा। उसने हरचन्द बुलाया,

नहीं गया और उसकी नौकरी छोड़ दी।" (मीर की आपबीती, निसार अहमद फ़ारूक़ी, पृष्ठ 103)

उन्होंने बार-बार यह बताया है कि उनकी शा'इरी उनके युग की प्रतिनिधि है। उनका दीवान केवल उनके अपने नहीं बल्कि सारे ज़माने के दर्द-ओ-ग़म का संग्रह है :

दरहमी हाल की है सारे मिरे दीवाँ में
सैर कर तू भी यह मजमू'आ परीशानी का

(ग़ज़ल नं. 5, शे'र 3)

उन्होंने ग़ज़ल के शे'रों ही में इस बात को स्वीकार नहीं किया है कि जहाँ हज़ारों तरह का आलम ख़ाक में मिल चुका हो वहाँ सिर्फ़ अपने-आप पर रोना बेसूद है (ग़ज़ल नं. 466), बल्कि अपनी गद्य की तहरीरों में भी इस अन्दाज़ को बरक़रार रखा है। अतएव उनकी आपबीती उनकी अपनी ज़िन्दगी से ज़्यादा उनके ज़माने के गृहयुद्धों की दास्तान है। इसमें मीर की राजनैतिक और सामाजिक सूझबूझ झलकती है। वह विस्तार में नहीं गये हैं लेकिन रवारवी में उनके क़लम से कुछ ऐसे वाक्य निकल गये हैं जो उनके विवेक को प्रकट करते हैं। शाह आलम का ज़िक्र उन्होंने इन शब्दों में किया है कि "आली गुहर, जिस पर अब बादशाह होने का आरोप है, मगर फ़िरंगियों के हाथों में कठपुतली बना हुआ है।" (आपबीती, पृ. 117)। पानीपत की तीसरी लड़ाई (1761 ई.) में अहमदशाह अब्दाली की फ़ौजों के हाथों मरहठों की पराजय का कारण यह बयान किया है कि "मरहठे अगर अपने प्राचीन रिवाज के अनुसार जंग-ए-गुरेज़ (पलायन युद्ध) करते तो बहुत सम्भव था जीत जाते। वह तोपखाने को घेरकर बैठ गये और शाही फ़ौज इस फ़िक्र में लग गयी कि रसद (खाद्य सामग्री) न आने दे।" (आपबीती पृ. 133-34)

मीर ने अमीरों और बादशाहों के दरबार भी देखे थे और उनकी फ़ौज के साथ-साथ जंग के मैदानों में भी गये थे। वह विजय और पराजय, दोनों से परिचित थे। उन्होंने केवल शा'इरी ही नहीं की बल्कि राजदूत का काम भी किया। उन्हें दरबारियों की साज़िशों से वास्ता पड़ा था, बादशाहों की तख़्तनशीनी और उनका क़त्ल आये दिन की बात थी। इसलिए यह नतीजा निकालना कठिन नहीं था कि—

जिस सर को गुरूर आज है याँ ताजवरी का
कल उस प यहीं शोर है फिर नौहः गरी का

आफ़ाक़ की मंज़िल से गया कौन सलामत
अस्बाब लुटा राह में याँ हर सफ़री का

ले साँस भी आहिस्तः कि नाज़ुक है बहुत काम
आफ़ाक़ की इस कारगहे शीशःगरी का

(ग़ज़ल नं. 12)

चूँकि वह अपने युग के दुखदायी ड्रामे में निजी रूप से सम्मिलित थे इसलिए वह राजनैतिक और सामाजिक उलझनों को समझते थे और सांस्कृतिक जीवन के बनते-बिगड़ते स्तरों से परिचित थे। यह संयोग नहीं है कि उन्होंने दुनिया के धन-दौलत से अधिक नैतिक मूल्यों को महत्वपूर्ण समझा और अपनी ग़ज़लों के अलावा फ़क़ीरों और दरवेशों की कहानियों के रूप में उन्हें लिपिबद्ध किया (फ़ैज़-ए-मीर)। कुछ लोग ग़लती से इन नैतिक कहानियों को झूठ या काल्पनिक घटनाओं का नाम देते हैं। नैतिक मूल्यों की तरह कला और शा'अिरी के मूल्यों को भी मीर ने दुनियावी जाह-ओ-जलाल (सांसारिक ऐश्वर्य और प्रताप) से अधिक महत्व दिया है। जिस ग़ज़ल में उन्होंने यह शे'र कहा है–

मुन्'अिम ने, बिना ज़ुल्म की रख, घर तो बनाया
पर आप कोई रात ही मेह्मान रहेगा

उसी में यह शे'र भी है–

जाने का नहीं, शोर सुख़न का मिरे हरगिज़
ता हश्र, जहाँ में मिरा दीवान रहेगा

(ग़ज़ल नं. 10)

और यही बात मरते समय वसीयत के रूप में अपने बेटे से कही।

हैदराबाद के 'इदारः-ए-अदबियात-ए-उर्दू' में मीर का एक हस्तलिखित फ़ारसी दीवान है। इसकी एक मस्नवी में उन्होंने दिल्ली से बिछुड़ने के बाद दिल्ली को सन्देश भेजा है और प्रातः समीर को सम्बोधित करके कहा है कि अगर दिल्ली की तरफ़ तेरा गुज़र हो तो मेरी तरफ़ से हर क़दम पर चुम्बन देना, हर मक़बरे पर आयः-ए-रहमत पढ़ना, हर मस्जिद को मेरा सलाम कहना, नई-नई पेशानियाँ (माथे) पैदा करके हर दरवाज़े पर सजदा करना, हर गली के सामने ठहरकर दर-ओ-बाम (कोठे और दरवाज़े) पर निराशा भरी दृष्टि डालना, हर विपत्ति-ग्रस्त को मेरी ओर से याद करना, हर दीवार के नीचे रुककर फ़रियाद करना, मेरे दोस्तों को तलाश करना और सौन्दर्य दिखाई दे तो उस तक मेरा प्रेम पहुँचा देना और उसके बाद उन सबको मेरी कहानी सुनाना। इस मस्नवी में आगे चलकर मीर ने अपनी शा'अिरी का ज़िक्र इस ढंग से किया है कि मेरा दिल वतन के शौक़ में ज़ख़्मी है वर्ना एक उम्र हो गयी कि ज़बान बन्द ही रहती है। अब बातचीत की सामर्थ्य किसमें है। सारे शहर में मेरी उदासीनता प्रसिद्ध है और चारों ओर मेरी बेदिमाग़ी के चर्चे हैं।

मगर क्या करूँ कि दिल दर्द-ओ-ग़म के जोश से ख़ून हो जाता है। मिस्र'अ ख़ुद-ब-ख़ुद मौज़ूँ हो जाता है। इस कारण यदि कोई मुझे शा'अिर समझता है तो वह बदमज़ाक़ (अशा'अिर) है। मैं तो इश्क़ का मारा हुआ हूँ और अपने ग़मों में ग्रस्त हूँ–

रफ़्तः-ए-'अिश्क़म, ग़म-ए-मन वाफ़िर अस्त
हर कि दानद शा'अिरम, नाशा'अिर अस्त

–'मीर तक़ी मीर' लेखक–ख़्वाजा अह्मद फ़ारूक़ी

यही विचार उर्दू ग़ज़ल के दो शे'रों में भी मिलता है–

मिस्र'अ कोई कोई कभी, मौज़ूँ करूँ हूँ मैं
किस ख़ुश सलीक़गी से जिगर ख़ूँ करूँ हूँ मैं

(ग़ज़ल नं. 300)

मुझको शा'अिर न कहो मीर, कि साहब मैंने
दर्द-ओ-ग़म कितने किये जम'अ, सो दीवान किया

(ग़ज़ल नं. 2, शेर 2)

यह बात याद रखने के योग्य है कि वर्तमान हिन्दी और उर्दू भाषा के निर्माण के इतिहास में अट्ठारहवीं शताब्दी, जो मीर की शताब्दी है, सबसे अधिक महत्वपूर्ण है। उस समय तक भाषा का नाम केवल हिन्दी था। कभी-कभी उसे रेख़्तः और ज़बान-ए-देहलवी भी कहा जाता था। इसका सबसे अधिक विश्वस्त और ध्यान देने योग्य रूप उर्दू लिपि में और उर्दू शा'अिरी के रूप में निखर रहा था (गद्य के लिये फ़ारसी ही उपयोग में लाई जाती थी)। इस शताब्दी में यह ज़बान जागीरदारीकाल की स्थानीय बोलियों की हदबन्दी से आज़ाद होकर एक मुस्तनद और हिन्दुस्तान व्यापी ज़बान बन गयी और उसका साहित्यिक स्थान निश्चित हो गया जिस पर मीर की उस्तादी की मुहर लगी हुई है। उन्होंने अपनी शा'अिराना त'अल्ली (आत्म-स्तुति) के ज़ोर में इस यथार्थ को यों बयान किया हैं–

सारे आलम पर हूँ मैं छाया हुआ
मुस्तनद है मेरा फ़रमाया हुआ

[आलम–संसार। मुस्तनद–प्रमाणित।]

मुग़ल काल और उससे पूर्व के ज़माने में उच्चवर्ग साहित्यिक अभिव्यक्ति के लिये संस्कृत और फ़ारसी का उपयोग करते थे। हालाँकि मुग़ल हरम में पंजाबी और ब्रजभाषा बोली जाती थी लेकिन दरबार में फ़ारसी का चलन था। इसके विपरीत हिन्दी के सन्त कवियों और उर्दू के सूफ़ी शा'अिरों ने जनता की बोलियों को अपनाया और कबीर, मीरा, मलिक मुहम्मद जायसी, सूरदास, तुलसीदास, वली दकनी, सौदा और मीर ने उच्च श्रेणी के शाहकार पेश किये जो दुनिया की दूसरी

भाषाओं की उच्चश्रेणी की शा'अिरी से आँखें मिला सकते हैं। रवायत ने अमीर ख़ुसरो के सर इब्तिदा का सेहरा बाँधा है लेकिन उनकी हिन्दी रचनाएँ अनुपलब्ध हैं, और जो चीज़ें दोहरों और मुकरनियों के रूप में उनके नाम से सम्बन्धित हैं वह शंकास्पद हैं। कबीर, मलिक मुहम्मद जायसी और तुलसीदास ने विभिन्न स्तरों से अवधी में अपना राग छेड़ा है, मीरा ने अपनी राजस्थानी ब्रजभाषा को मिश्रित किया और सूरदास ने शुद्ध ब्रज का उपयोग किया। वली दकनी के यहाँ पहली बार खड़ी बोली निखरने लगती है, लेकिन मराठी और तेलगू के दक्षिणी शब्दों के सम्मिश्रण के साथ। सौदा और मीर ने उसकी सफ़ाई और सजावट करके उसे वर्तमान काल की प्रमाणित भाषा बना दिया (सौदा के यहाँ इस टकसाली ज़बान के अलावा ब्रज भाषा, अवधी और पंजाबी भी इस्तेमाल हुई है।)। इन दो उस्तादों के अलावा भाषा के निर्माण में कुछ और शा'अिरों के नाम भी लिये जाते हैं, मगर वह निम्नकोटि के शा'अिर हैं। ख़ुद मीर के उस्ताद, ख़ान-ए-आरज़ू भी, जिन्होंने एक पूरी नस्ल को दीक्षा दी थी और सौदा को फ़ारसी छोड़कर रेख़्ते की तरफ़ आकर्षित किया था, उर्दू शा'अिरी में कोई ख़ास और ऊँचा स्थान नहीं रखते। उनकी आलिमाना हैसियत, शा'अिराना हैसियत से बड़ी है।

इन शा'अिरों की जादू-बयानी से प्रभावित होकर धनिक वर्ग में भी हिन्दी और रेख़्ते का रिवाज होने लगा और वह भी अपनी ग़ज़लें लेकर मुशा'अिरों में आने लगे। बादशाहों ने भी तब'अ आज़माई शुरू की और रेख़्ता-गो शा'अिरों को दरबारों में उस्तादों की जगह मिलने लगी। क़सीदागोई (स्तुतिगान) की परम्परा फ़ारसी से चली आ रही थी, इसलिए वह ग़ज़ल के साथ क़सीदा भी कहने लगे। इसमें सौदा ने बड़ा नाम पैदा किया।

चूँकि यह भाषा आम बाज़ारों और गली-कूचों से निकलकर दरबार तक पहुँची थी, इसलिए इसका स्तर अवामी ही रहा और दिल्लीवासियों के मुहावरों और जामा मस्जिद की सीढ़ियों को कसौटी समझा जाता रहा (जामा मस्जिद से लाल क़िले की दीवारों तक घनी आबादी और बारौनक़ बाज़ार थे)। सनद के लिये चूँकि किताबों और शब्दकोशों का वुजूद नहीं था इसलिए बोलचाल ही को सनद माना जाता था। उर्दू-हिन्दी के प्रारम्भिक शब्दकोश अट्ठारहवीं शताब्दी में भारतीय भाषाओं के अंग्रेज़ विद्वानों ने तैयार किये हैं जो ईस्ट इंडिया कम्पनी के ओहदेदारों की हैसियत से हिन्दुस्तान आये थे और शासन के लिये यहाँ की ज़बान सीख रहे थे।

विकास और निर्माण की क्रिया दोहरी थी। मीर और उनके समकालीन शा'अिर एक तरफ़ आम बोलचाल की भाषा को शे'रों में ढालकर सुन्दर और साहित्यिक बना रहे थे और शब्दों के नये-नये जोड़ बिठाकर साहित्यिक

अभिव्यक्ति के लिये विस्तार पैदा कर रहे थे और दूसरी तरफ़ फ़ारसी की साहित्यिक परम्पराओं से लाभ उठा रहे थे और मुहावरों का अनुवाद करके हिन्दी और रेख़्ता में खपाते जा रहे थे।

आज ज़बान में कितने ही ऐसे मुहावरे प्रयुक्त हो रहे हैं और किसी को सन्देह भी नहीं होता कि यह किसी ज़माने में दूसरी ज़बान से अनुवाद करके बनाये गये थे। मुहम्मद हुसैन आज़ाद ने 'आब-ए-हयात' में बहुत-से मुहावरों, शब्दों और तरकीबों (समास) के उदाहरण दिये हैं। मसलन—दर आमदन (घुस आना) से दर आना बना लिया गया। अरक़ अरक़ शुदन, आब शुदन (शर्मिन्दा होना) से पानी-पानी होना (आग दोज़ख़ की भी हो जायेगी पानी-पानी), हर्फ़ आमदन (एतराज़ होना, दाग़ लगना) से हर्फ़ आना, दिल ख़ूँ शुदन से दिल का ख़ून होना या दिल का लहू होना, चश्मक ज़दन (इशारा करना, आँखें मिलना, मुक़ाबिला करना) से चश्मक ज़नी करना, पैमाना पुर करदन (मार डालना) से पैमाना भरना (पैमाना मेरी 'उम्र का ज़ालिम तू भर चल), दामन अफ़्शान्दः बरख़ास्तन (बेज़ार होकर उठना) से दामन झाड़ना, दामन झटकना, अज़ जामः बेरूँ शुदन (बेक़ाबू होना) से जामे से बाहर हो जाना, दिल अज़ दस्त रफ़्तन (बे इख़्तियार हो जाना) से दिल का हाथ से जाना (हाथ से जाता रहा दिल देख महबूबाँ की चाल), दिल दादन (आशिक़ होना) से दिल देना, अज़ जाँ गुज़श्तन (जान पर खेल जाना) से जान से गुज़रना वग़ैरा-वग़ैरा। इसी तरह तर दामन (भीगा हुआ दामन यानी गुनाह से भरा हुआ) और चराग़-ए-सहरी (सुबह का चराग़ जो बुझने के क़रीब हो) की तरह की तरकीबों (समास) ने भी ज़बान में अपनी जगह बना ली। मैख़ानः अपनी शराब, सुराही, साग़र, मीना, साक़ी और पीर-ए-मुग़ाँ, ग़रज़ सारे उपकरणों के साथ उर्दू शा'अिरी में दाख़िल हो गया, और आतश-ए-गुल (फूल की आग), दस्त-ए-सुबू (मदिरा पात्र का हत्था), गर्दन-ए-मीना (सुराही की गर्दन) और पा-ए-ख़ुम (मटके का पैंदा) की तरकीबें शा'अिरी में आम हो गईं। बसन्त के साथ बहार की कल्पना आई, भीम अर्जुन के साथ रुस्तम-ओ-सोहराब और सोहिनी-महिवाल, हीर-राँझा के साथ-साथ शीरीं-फ़रहाद, लैला-मजनूँ उर्दू की दुनिया में आबाद हो गये।

मुहम्मद हुसैन आज़ाद के शब्दों में—"इन बातों पर फ़साहत (सुन्दर भाषा का ज्ञान) के आम सिद्धान्त के अनुसार बहुत एतराज़ हुए" मगर सच्चाई यह थी कि "बोलनेवालों की नस्लें और असलें और घर और घराने फ़ारसी से शीर-ओ-शकर (मिल-जुलकर एक) हो रहे थे। जितना इसका प्रभाव अधिक होता था उतना ही मज़ा ज़्यादा होता था और आज देखते हैं तो और ही रंग है। हमारे

विद्वान लेखक अनुवाद करके अंग्रेज़ी के विचारों की नक़ल कर रहे हैं और ऐसा ही चाहिए। जहाँ अच्छा फूल देखा, चुन लिया और दस्तार नहीं तो कोट में ज़ेब-ए-गरीबान (कालर की शोभा) कर लिया।''–**आब-ए-हयात, पृ. 36**।

वह ज़माना वास्तव में फ़ारसी के पतन और हिन्दी और रेख़्ता के उत्थान का था और जिस प्रकार समुद्र की लौटती हुई लहरें किनारों पर सीपियों के ढेर छोड़ जाती हैं, फ़ारसी अपने पीछे बहुत-से जवाहिर पारे छोड़ गयी। उनमें मुहावरों, तरकीबों और शब्दों के अलावा वह बहरें (छन्द) भी थीं जो आज उर्दू ही नहीं बल्कि हिन्दी और गुजराती और मराठी शा'अिरी तक में लोकप्रिय हो चुकी हैं और ज़्यादातर ग़ज़ल के द्वारा ही प्रचलित हुई हैं। कई बहरें तो संस्कृत के छन्दों से क़रीब हैं। मगर जो बहरें ख़ालिस फ़ारसी की हैं उनमें भी यह विशेषता है कि वह बड़ी आसानी के साथ हिन्दी और उर्दू के शब्दों को अपने दामन में समेट लेती हैं और हिन्दुस्तानी संगीत के साँचे में पूरी तरह ढल जाती हैं और गाई जा सकती हैं (यह बात अंग्रेज़ी बहरों में नहीं है। वह हमारी ज़बान के स्वरों से अलग हैं)। यह सम्मिश्रण सिर्फ़ इसलिए सम्भव हुआ कि प्राचीन फ़ारसी और संस्कृत भाषा का मूल एक है।

मीर और सौदा ने इस सम्मिश्रण से जो ज़बान शे'र को प्रदान की वह बड़ी सुन्दर है–

सावन के बादलों की तरह से भरे हुए
यह वह नयन हैं जिनसे कि जंगल हरे हुए

–सौदा

जाते हैं दिन बहार के अबकी भी बाव से
दिल दाग़ हो रहा चमन के सुभाव से

–मीर

ज़बान का यह प्रारम्भिक रूप आज उर्दू और हिन्दी को एक-दूसरे से क़रीब लाने में लाभदायक सिद्ध हो सकता है, लेकिन इसके लिये दोनों ज़बानों का ज्ञान ज़रूरी है।

उसी ज़माने में, या उससे ज़रा पहले एक नई संस्था (Institution) मुशा'अिरे के रूप में स्थापित हुई जो शा'अिरी और ज़बान का सबसे बड़ा स्कूल थी। ये मुशा'अिरे आज की तरह जल्सों के रूप में नहीं होते थे। उनका नाम शुरू-शुरू में मुराख़्तः था जो रेख़्ते शब्द से बना था। उनमें दिल्ली के तमाम प्रसिद्ध शा'अिर एकत्रित होते थे। नये शा'अिर भी शा'अिरी की सनद लेने के लिये वहीं से इब्तिदा (आरम्भ) करते थे। श्रोताओं में सबके सब विद्वान लोग होते थे जो अधिकांश रूप से हिन्दी और रेख़्ता के अलावा फ़ारसी और संस्कृत के विद्वान होते थे। वह भाषा के सिद्धान्त

और छन्द-कला की पेचीदगियों (जटिलताओं और उल्झावों) से परिचित थे और कोई शा'अिर उनको अपने सुर और लय या पढ़ने के अन्दाज़ से धोका नहीं दे सकता था। सौदा और मीर, ख़ान-ए-आरज़ू की और ग़ालिब, मुफ़्ती सदरुद्दीन आज़ुर्दा की निगाहों को पहचानते थे। इन मुशा'अिरों में शे'र परखा जाता था, ज़बान और मुहावरे पर भरी महफ़िल में एतराज़ होते थे और इस प्रकार शा'अिर का स्थान निश्चित किया जाता था। वहाँ पहुँचकर आम बोलचाल के शब्द साहित्यिक हैसियत धारण कर लेते थे और फ़ारसी मुहावरों के अनुवाद ख़ुश मज़ाक़ी (विनोदप्रियता) की छलनी में छाने जाते थे। साहित्य के इतिहास बड़े-बड़े शा'अिरों की साहित्यिक लड़ाइयों से भरे हुए हैं। आज मिस्र'अ-ए-तरह में शे'र कहना मनोरंजन है और मुशा'अिरः आनन्ददायिनी गोष्ठी बन गया है। उस युग में मिस्र'अ-ए-तरह में शेर कहकर मुशा'अिरे में शे'र पढ़ना शा'अिर की परीक्षा थी जिसमें सफल होने के बाद उसके सर पर दस्तार-ए-फ़ज़ीलत (विद्वत्ता की पगड़ी) बाँधी जाती थी। दिल्ली से शे'र की जो ज़मीन निकलती थी वह लखनऊ और दूसरे शहरों में जाती थी और वहाँ की ज़मीनें दिल्ली आती थीं। इस प्रकार साहित्य की कसौटियाँ बन रही थीं और ज़बान और शे'र साँचे में ढल रहे थे।

मीर के जन्म से बाईस वर्ष पहले सन् 1700 ई. में औरंगाबाद का एक शा'अिर वली दकनी देहली आया था। फिर मीर के जन्म से तीन वर्ष पहले सन् 1719 ई. में उसका दीवान देहली आया। यह उर्दू का पहला बड़ा शा'अिर है, जिसने रेख़्ते में कविता की। औरंगाबाद को औरंगज़ेब ने पचास वर्ष तक अपना केन्द्र बनाये रखा और इस प्रकार वहाँ एक छोटी-सी दिल्ली आबाद हो गयी। और इस छोटी-सी दिल्ली ने वली को उर्दू का पैग़म्बर-ए-सुख़न (शा'अिरी का पैग़म्बर) बनाकर बड़ी दिल्ली भेजा, जहाँ के शा'अिर रेख़्ते में शे'र कहने की कोशिश ज़रूर कर रहे थे लेकिन कोई उचित और लोकप्रिय शैली नहीं अपना सके थे। वली के दीवान ने मानो उनके लिये शा'अिरी के महान राजमार्ग खोल दिये। वली ने तुमको तुमन और हमको हमन लिखा, से को सूँ, सें, सेती और को को कूँ लिखा मगर वह आवाज़ बड़ी मीठी, बड़ी सुरीली और दिलनशीन थी और उसने दिल्ली में सबके दिलों में घर कर लिया। जैसे बादलों में बिजली चमकती है, उसी तरह वली की ख़ूबसूरत दक्षिणी ज़बान में कभी-कभी उस उर्दू के कौंदे लपक जाते थे, जिसे मीर और उनके समकालीनों ने अपनाया और जो आज नवीन और प्रमाणित ज़बान समझी जाती है। वली का आम अन्दाज़ यह है—

तुझ लब की सिफ़त ला'ल-ए-बदख़्शाँ से कहूँगा
जादू हैं तिरे नैन ग़िज़ालाँ से कहूँगा

सजन तुम मुख सिती उल्टो निक़ाब आहिस्तः आहिस्तः
कि ज्यूँ गुल से निकसता है गुलाब आहिस्तः आहिस्तः

'अजब कुछ लुत्फ़ रखता है शब-ए-ख़ल्वत में गुलरू सूँ
ख़िताब आहिस्तः आहिस्तः जवाब आहिस्तः आहिस्तः

'अजब नईं गर गुलाँ दौड़ें पकड़कर सूरत-ए-क़ुमरी
अदा सूँ जब चमन भीतर, वह सर्व-ए-सरफ़राज़ आवे

वली उस गौहर-ए-कान-ए-हया की क्या कहूँ ख़ूबी
मिरे घर इस तरह आता है ज्यूँ सीने में राज़ आवे

[लब–होंट। सिफ़त–गुण, विशेषता। ला'ल-ए-बदख़्शाँ–बदख़्शाँ का लाल। ग़िज़ालाँ–ग़िज़ाल (हिरन) का बहुवचन। सिती–से। लुत्फ़–आनन्द। शब-ए-ख़ल्वत–मिलन-यामिनी। गुलरू–फूल-से मुखड़ेवाला माशूक़। सूँ–से। ख़िताब–सम्बोधित। नईं–नहीं। गुलाँ–गुल (फूल) का बहुवचन। सूरत-ए-क़ुमरी–क़ुमरी (गानेवाली चिड़िया) की तरह। अदा सूँ–अदा के साथ। सर्व-ए-सरफ़राज़–लम्बे क़द का सर्व यानी माशूक़। गौहर-ए-कान-ए-हया–लज्जा के ख़ज़ाने का मोती यानी शर्मीला माशूक़। राज़–रहस्य।]

जो कौंदे यहाँ लपक रहे हैं वही कभी-कभी साफ़ शफ़्फ़ाफ़ (निर्मल, स्वच्छ) थरथराता हुआ शो'ला बन जाते हैं, जब वली की शा'अिरी यह रंग धारण करती है–

सफ़र-ए-'अिश्क़ का अगर है ख़याल
हिम्मत-ए-दिल को ज़ाद-ए-राह करो

मेरी तरफ़ साग़र बकफ़ आया है वह मस्त-ए-हया
अय दिल तकल्लुफ़ बर तरफ़ मस्तानः हो मस्तानः हो

मिरा दिल क्यों न जावे उस गली में
गली उस दिलरुबा की दिलकुशा है

ज्यूँ गुल शिगुफ़्तःरू हैं सुख़न के चमन में हम
ज्यूँ शम'अ सरबलन्द हैं हर अंजुमन में हम

मुफ़लिसी सब बहार खोती है
मर्द का ए'तिबार खोती है

[सफ़र-ए-'अिश्क़–प्रेम-यात्रा। ज़ाद-ए-राह–मार्ग का सामान। साग़र बकफ़–हाथों में शराब का प्याला लिये हुए। मस्त-ए-हया–लज्जा के नशे (मस्ती) से चूर। तकल्लुफ़ बर तरफ़–साफ़ बात यह है, तकल्लुफ़ न कर। दिलरुबा–मनमोहक। दिलकुशा–आकर्षक। शिगुफ़्तःरू–हँसमुख। सुख़न–शाइरी। सरबलन्द–ऊँचा सर किये हुए।]

इस रास्ते पर दिल्ली के शा'अिर चल पड़े और सन् 1719 ई. और सन् 1750 ई. के बीच उर्दू शा'अिरी, मीर की शा'अिरी के रूप में अपनी पराकाष्ठा को पहुँची।

मीर के यहाँ वली की शा'अिरी का प्रभाव वर्तमान है। ज़बान के अलावा ग़ज़लों में ज़मीनें और कुछ विचार भी समान हैं। लेकिन मीर का रास्ता बिलकुल अलग है। उनकी शा'अिरी वली की तरह निस्पृहता और प्रेमिका की ख़ातिरदारी तक सीमित नहीं है। उन्होंने ग़ज़ल को इस विचार से आलूदा (भीगा हुआ) कर दिया कि सौन्दर्य और प्रेम के विषय जीवन-समालोचना के विषयों में घुल-मिल गये। इसकी बुनियाद रखी जा चुकी थी लेकिन मीर ने इसको जितना विस्तार दे दिया उतना किसी दूसरे शा'अिर के यहाँ मुश्किल से मिलेगा। इस प्रकार मीर ने ग़ज़ल को अपने युग का आईना बना दिया। इस शा'अिरी पर राजनैतिक और सामाजिक हालात की पूरी धूप पड़ रही है।

उर्दू ग़ज़ल को विरसे में फ़ारसी ग़ज़ल की शानदार परम्परा मिली थी, जिसकी उम्र पाँच सौ वर्ष से अधिक थी। इस परम्परा में सबसे अधिक महत्वपूर्ण प्रभाव हिन्दुस्तान के फ़ारसी शा'अिरों के थे, जिन्होंने सा'दी और हाफ़िज़ की ग़ज़ल को विचारों की सजावट और उपमाओं से सजाया था। बेदिल इस कला के सबसे बड़े इमाम थे। मीर इन प्रभावों से अपना दामन साफ़ बचा गये। कहीं-कहीं इसकी झलक अवश्य मिलती है और चेहरे के उड़े हुए रंग को मीर इस प्रकार बयान करते हैं–

रू आशियान-ए-ताइर-ए-रंग-ए-परीदः था

लेकिन जो मीर का असली रंग-ए-तग़ज़्ज़ुल (ग़ज़ल का रंग) है उसमें उड़े हुए रंग की चिड़िया किसी चेहरे पर अपना घोंसला नहीं बनाती। उनकी ग़ज़ल आम बोलचाल की ज़बान में बातचीत का अन्दाज़ लिये हुए है।

फ़ारसी शब्दों के उपयोग में भी मीर ने हिन्दुस्तानी लब-ओ-लहजे (स्वर) को फ़ारसी लब-ओ-लहजे पर प्रधानता दी है। मसलन वह ख़याल और प्याले की 'ये'

को प्रकट करना आवश्यक नहीं समझते। मुहम्मद हुसैन आज़ाद के बयान के अनुसार उसको उन्होंने दिल्ली निवासियों के मुहावरे की बुनियाद पर सही क़रार दिया। इसी प्रकार उन्होंने 'अत्फ़ और इज़ाफ़त के मामले में भी हिन्दुस्तानी शैली को बरक़रार रखा है और असावधानी बरती है। यह एक आम विचार है कि हिन्दी और फ़ारसी शब्दों के बीच 'अत्फ़ और इज़ाफ़त का उपयोग नहीं करना चाहिये, लेकिन मीर ने वली दकनी और अपने से पहले के दूसरे शा'अिरों की तरह इस मामले में उदारता से काम लिया है।

शब्दों के हिन्दुस्तानी उच्चारण की तरह मीर की ग़ज़लों का तरन्नुम (लय और सुर) भी अवामी स्वर से बहुत ज़्यादा निकट है। उनकी ग़ज़ल में फ़ारसी ग़ज़ल की नफ़ासत (स्वच्छता) से अधिक हिन्दी शा'अिरी की अरज़ी कैफ़ियात हैं। उपमाओं और शाब्दिक चित्रों के मामले में भी वह प्रचलित फ़ारसी ख़ज़ाने पर सन्तोष नहीं करते बल्कि अपने आसपास से चित्र प्राप्त कर लेते हैं। उन्होंने मकड़ी के जालों, चारपाइयों, मुफ़्लिस के चिराग़ों, क़ब्रों से उठते हुए बगूलों, टूटे हुए मकानों और सूखे हुए ख़ून को जिस बेतकल्लुफ़ी से इस्तेमाल किया है उतनी ही बेबाकी के साथ उन्होंने सिख और मराठा जैसे शब्द ग़ज़ल में दाख़िल कर दिये। वर्तमान काल के एक समालोचक सैयद अब्दुल्ला का विचार है कि अपनी कुछ ग़ज़लों में वह भक्ति के दोहों से प्रभावित हैं और उन ग़ज़लों का उन्होंने अधूरे गीतों का नाम दिया है। यह ग़ज़लें एक ख़ास बहर में लिखी गयी हैं जो गीतों के आहंग (अलाप) से भरी हुई हैं। बाद के शा'अिरों, ख़ास तौर पर ग़ालिब और इक़बाल ने इस बहर को हाथ नहीं लगाया। प्रगतिशील आन्दोलन से प्रभावित उर्दू के नये शा'अिरों ने इस बहर को दुबारा शा'अिरी में जगह दी है। ये ग़ज़लें अगर इकतारे पर गाई जाएँ तो सूफ़ियों, फ़क़ीरों और भक्तों के दिल की आवाज़ से मिल जाएँगी।

पत्ता-पत्ता, बूटा-बूटा, हाल हमारा जाने है
जाने न जाने, गुल ही न जाने, बाग़ तो सारा जाने है

किस ताज़ः मक़्तल प कुशिन्दे, तेरा हुआ है गुज़ारा आज
ज़ह दामन की भरी है लहू से, किसको तूने मारा है

कल तक हमने तुमको रखा था, सौ पर्दे में कली के रंग
सुबह शिगुफ़्तः गुल जो हुए तुम, सबने किया नज़्ज़ारा आज

क्या कहिये कुछ बन नहीं आई जंगल जंगल हो आये
छाँह में जाकर फूलों की हम 'अिश्क़-ओ-जुनूँ को रो आये

क्या ही दामनगीर है यारब ख़ाक-ए-मक़्तला गाह-ए-वफ़ा
उस ज़ालिम की तेग़ तले से एक गया तो दो आये

यह अवामी स्वर मीर की दूसरी ग़ज़लों में भी वर्तमान है और मीर के कुछ समकालीनों ने इस पर ए'तराज़ भी किया है। लेकिन सच यह है कि कबीर के बाद यह स्वर केवल मीर के यहाँ मिलता है और मेरा निजी विचार है कि मीर के बाद यह नज़ीर अकबराबादी की शा'अिरी में पाया जाता है, जो मीर से सत्रह (17) वर्ष छोटे थे और आज दो सौ वर्ष के बाद जब शा'अिरी और जनसाधारण के परस्पर सम्बन्ध अधिक मज़बूत हो रहे हैं तो यह स्वर फिर ज़िन्दा हो रहा है। यह मीर की बहुत बड़ी सफलता है।

अब कुछ शब्द इस संकलन के बारे में।

यह संकलन 'कुल्लियात-ए-मीर' से किया गया है, जिसकी तीन आवृत्तियाँ मेरे सामने हैं। नवल किशोर, मौलाना आसी और इबादत बरेलवी। इनके अलावा असर लखनवी, डॉ. अब्दुल हक़ और दूसरे सज्जनों के अनेक संकलन। सन् 1811 ई. का कुल्लियात-ए-मीर (फ़ोर्ट विलियम कॉलेज, कलकत्ता द्वारा प्रकाशित) अनेक कोशिशों के बावजूद मेरे हाथ न लगा। उसके कुछ पृष्ठ मुझे बम्बई में मिल गये थे और सम्पूर्ण कुल्लियात उस समय ब्रिटिश म्यूज़ियम (लन्दन) में नज़र से गुज़रा, जब मेरे संकलन का एक बड़ा भाग छप चुका था। मैंने क़ाज़ी अब्दुल वदूद साहब के द्वारा कुछ हस्तलिखित आवृत्तियों को भी देखा है। मैं विशेष रूप से क़ाज़ी साहब का आभारी हूँ कि उन्होंने कुछ सन्दिग्ध शे'रों के सही शब्द लिखे और अप्रचलित शब्दों को बताया।

कुल्लियात-ए-मीर में दर्जनों मस्नवियाँ, क़सीदे, वासोख़्त और मर्सिये शामिल हैं। इनके अलावा ग़ज़लों के छह दीवान हैं। उनमें दो हज़ार से अधिक ग़ज़लें हैं और शे'रों की संख्या पन्द्रह हज़ार के लगभग होगी। इनमें से लगभग पन्द्रह सौ शे'र चुने गये हैं। संकलन में मेरी रुचि का अवश्य हाथ रहा होगा लेकिन यह प्रयत्न किया गया है कि मीर की शा'अिरी का मिज़ाज विकृत न होने पाये और हर रंग सामने आ जाये। वासनामय और यौन सम्बन्धी अश्लीलता भरे सबके सब शे'र ख़ारिज कर दिये गये हैं। जिन शे'रों में शा'अिराना अतिशयोक्ति है वह कम-से-कम लिये गये हैं। फिर वह शे'र ख़ारिज किये गये हैं जिनमें विषय की तकरार है। यहाँ यह हो सकता है कि किसी को वही शे'र पसन्द हो जो मैंने ख़ारिज किया है, लेकिन

उसके बराबर का शे'र संकलन में अवश्य मिल जायेगा। उदाहरण के लिये निम्नलिखित शे'रों में से हर पहला शे'र संकलन में शामिल है–

यक बयाबाँ बरंग-ए-सौत-ए-जरस
मुझ प है बेकसी-ओ-तन्हाई

यक बयाबाँ है मेरी बेकसी व तन्हाई
मिस्ल-ए-आवाज़-ए-जरस सबसे जुदा जाता हूँ

यक दश्त जूँ सदा-ए-जरस, बेकसी के साथ
मैं हर तरफ़ गया हूँ जुदा कारवान से

[यक बयाबाँ (यक दश्त)–रेगिस्तान-भर। बरंग-ए-सौत-ए-जरस–कारवाँ की घंटियों की आवाज़ की तरह।]

हाल गुल्ज़ार-ए-ज़मानः का है जैसे कि शफ़क़
रंग कुछ और ही हो जावे है इक आन के बीच

हवा रंग बदले है हर आन मीर
ज़मीन-ओ-ज़माँ हर ज़माँ और है

[गुल्ज़ार-ए-ज़मानः–संसार का बाग़। शफ़क़–अरुणिमा, लाली। ज़मीन-ओ-ज़माँ–धरती और समय।]

लज़्ज़त से नहीं ख़ाली, जानों का खपा जाना
कब ख़िज़्र-ओ-मसीहा ने, जीने का मज़ा जाना

नहीं 'अिश्क़ का दर्द लज़्ज़त से ख़ाली
जिसे ज़ौक़ है वह मज़ा जानता है

[लज़्ज़त–आनन्द। ख़िज़्र-ओ-मसीहा–दो पैग़म्बरों के नाम जिन्हें जीवित समझा जाता है। ज़ौक़–अभिरुचि।]

कहे है हर कोई अल्लाह मेरा
'अजब निस्बत है बन्दे की ख़ुदा से

जो है सो मीर उसको अपना ख़ुदा कहे है
क्या ख़ास निस्बत उसको हर फ़र्द से जुदा है

[निस्बत–सम्बन्ध। फ़र्द–व्यक्ति। जुदा–अलग।]

दिल से रुख़सत हुई कोई ख़्वाहिश
गिरियः कुछ बेसबब नहीं आता

सुबह से आँसू नौमीदानाः जैसे विदा'अी आता था
आज किसू ख़्वाहिश की शायद, दिल से हमारे रुख़सत है
[गिरियः–आँसू। नौमीदानः–निराशा के साथ।]

मौसम आया तो नख़्ल-ए-दार में मीर
सर-ए-मंसूर ही का बार आया

हर एक शै का है मौसम, न जाने था मंसूर
कि नख़्ल-ए-दार में हल्क़-ए-बुरीदः बार आवे
[नख़्ल-ए-दार–फाँसी का वृक्ष। सर-ए-मंसूर–मंसूर (एक शहीद) का सिर। बार–फल। शै–वस्तु, चीज़। हल्क़-ए-बुरीदः–कटी हुई गर्दन।]

वे बन्द-ए-क़बा खुले थे शायद
सद चाक गुलों का पैरहन है

थे चाक गरीबान गुलिस्ताँ में गुलों के
निकला है मगर खोले हुए बन्द-ए-क़बा तू
[बन्द-ए-क़बा–लिबास के बन्द। सदचाक–सौ जगह से फटा हुआ।]

पत्ता-पत्ता, बूटा-बूटा, हाल हमारा जाने है
जाने न जाने गुल ही न जाने बाग़ तो सारा जाने है

अगर वह बुत न जाने तो न जाने
हमें जाने हैं सब हिन्दोस्ताँ में

जब नाम तिरा लीजिये तब चश्म भर आवे
इस ज़िन्दगी करने को कहाँ से जिगर आवे

लावें कहाँ से ख़ून-ए-दिल इतना कि मीर हम
जिस वक़्त बात करने लगें चश्म तर करें

[चश्म—आँख। जिगर आवे—हिम्मत आवे।]

जाम-ए-ख़ूँ बिन नहीं मिलता है हमें सुबह को आब
जब से उस चर्ख़-ए-सियःकासः के मेहमान हुए

न सी चश्म-ए-तम'अ ख़्वान-ए-फ़लक पर ख़ाम दस्ती से
कि जाम-ए-ख़ून दे है हर सहर यह अपने मेहमाँ को

[जाम-ए-ख़ूँ—ख़ून से भरा हुआ प्याला। आब—पानी। चर्ख़-ए-सियह कासः—कंजूस और चंडाल आकाश। चश्म-ए-तम'अ—ललचाई हुई आँख। ख़्वान-ए-फ़लक—आकाश का दस्तरख़्वान। ख़ाम दस्ती—कच्चापन, भोलापन, मूर्खता। सहर—सुबह।]

विषय की तकरार के ये शे'र सैकड़ों की संख्या में हैं। संकलन में उनके लिये जगह न सही लेकिन साहित्य और शे'र के विद्यार्थी के लिये उनका तुलनात्मक अध्ययन बहुत लाभदायक होगा। केवल अच्छे और बुरे शे'र ही के समझने में मदद नहीं मिलेगी बल्कि एक ही विचार की विभिन्न शैलियों का अनुमान होगा और बयान के सौन्दर्य की कोमलताओं का ज्ञान होगा। साथ ही साथ मीर के प्रिय विषयों और तरकीबों से परिचित हो जाने के कारण मीर की महानता और शा'अिराना विशेषताओं के समझने में मदद मिलती है। (इस विचार से साहित्य और शे'र का कोई विद्यार्थी कुल्लियात-ए-मीर से अनभिज्ञ नहीं हो सकता)। उदाहरण के लिये मीर का महबूब (प्रिय) फूल की टहनी की तरह लचकता है। इसके लिये उन्होंने एक ही तरकीब को तीन प्रकार से प्रयुक्त किया है। निम्नलिखित पाँच शे'रों में से पहले तीन शे'र संकलन में लिये हैं और अन्तिम दो ख़ारिज कर दिये गये हैं—

उस मिरे नौबावः-ए-गुल्ज़ार-ए-ख़ूबी के हुज़ूर
और ख़ूबाँ जूँ ख़िज़ाँ के गुल हैं मुरझाये हुए

शौक़-ए-क़ामत में तिरे अय नौनिहाल
शाख़-ए-गुल लेने लगी अँगड़ाइयाँ

शाख़-ए-गुल लचके है तो जानूँ हूँ
जल्वःगर यूँ भी यार होता है

जागह से ले गये हैं, नाज़ाँ जब आ गये हैं
नोबावः-गान-ए-ख़ूबी, जूँ शाख़-ए-गुल लचकते
वह नौबावः-ए-गुलशन-ए-ख़ूबी, सबसे रखे है निराली तरह
शाख़-ए-गुल सा जाये है लचका उनने नई यह डाली तरह

[नौबावः-ए-गुल्ज़ार-ए-ख़ूबी–सौन्दर्य के बाग़ की नई कली यानी अल्पव्यस्क माशूक़। हुजूर–सामने। ख़ूबाँ–हसीन, माशूक़। शौक़-ए-क़ामत–आकार से मुक़ाबिला करने का शौक़। नौनिहाल–नया वृक्ष, कमसिन माशूक़। शाख़-ए-गुल–फूलों की डाली। जल्वःगर–प्रकट। नाज़ाँ–नाज़ करते हुए, अदा दिखाते हुए। तरह–अदा, अन्दाज़।]

चूँकि इस संकलन ने मीर के छह दीवानों को एक दीवान में समेट लिया है, इसलिए ग़ज़लों का क्रम बदल गया है। वर्णमाला के क्रम के अनुसार हर अक्षर के अन्तर्गत तमाम दीवानों की सम्बन्धित ग़ज़लें शामिल हैं। 'छोटी ये' और 'बड़ी ये' को भी अलग-अलग कर दिया गया है। विभिन्न दीवानों की कई एक ही तरह की ग़ज़लों के शे'रों को मिलाकर एक ग़ज़ल बना दी गई है। इन सबकी निशानदिही शब्दावली में कर दी गयी है। आम तौर से उर्दू के दीवान हम्द और नात से शुरू होते हैं। चूँकि पहले दीवान का पहला शे'र–

था मुस्त'आर हुस्न से उसके जो नूर था
ख़ुर्शीद में भी उस ही का ज़र्रः ज़ुहूर था

[मुस्त'आर–उधार, माँगा हुआ। नूर–प्रकाश। ख़ुर्शीद–सूर्य। ज़र्रः–कण के बराबर, थोड़ा-सा। ज़ुहूर–प्रकट।]

ख़ारिज कर दिया गया है। इसलिए प्रस्तुत संकलन तीसरे दीवान की पहली ग़ज़ल के चार शे'रों से शुरू हुआ है। पहले दो शे'र हम्द के हैं और आख़िरी शे'र ना'त का। दूसरी ग़ज़ल दूसरे दीवान की पहली ग़ज़ल है। इसमें मीर का शे'र सम्बन्धी सिद्धान्त है। फिर पहले दीवान की पहली ग़ज़ल आती है।

असल दीवान शुरू होने से पहले आठ ग़ज़लों के शे'र ज़मीमे के रूप में प्रकाशित किये गये हैं। ये विभिन्न शिकार-नामों और मस्नवियों में मिलते हैं और मीर साहब की आख़िरी उम्र के शे'र हैं। ये मस्नवियाँ और नज़्में मीर साहब के शायाने-शान नहीं हैं। इनमें कोई-कोई बहुत अच्छा शे'र है। मगर एक सम्पूर्ण कृति के रूप में वह केवल खोजबीन और समालोचना करनेवालों के लिये महत्वपूर्ण हैं, इसलिए इनको संकलन में सम्मिलित नहीं

किया गया है। बुक ट्रस्ट की किसी दूसरी जिल्द में उनके लिये जगह निकल सकेगी।

इस संकलन में वह शे'र सम्मिलित नहीं किये गये हैं, जो ग़लती से मीर के नाम से प्रसिद्ध हैं या जिनकी पुष्टि नहीं हो सकी है।

बदनाम होगे, जाने भी दो इम्तिहान को
रक्खेगा कौन तुमसे 'अज़ीज़ अपनी जान को

ग़ालिब ने अपने एक ख़त में इसको मीर का शे'र क़रार दिया है, लेकिन कहीं से पुष्टि न हो सकी और न यह मा'लूम हो सका कि किसका शे'र है।

रौशन है इस तरह दिल-ए-वीराँ में दाग़ एक
उजड़े नगर में जैसे जले है चराग़ एक

सैय्यद अब्दुल्ला ने 'नक़्द-ए मीर' में और ख़्वाजा अहमद फ़ारूक़ी ने अपनी खोजपूर्ण किताब 'मीर तक़ी मीर' में नक़ल किया है। कुछ संकलनों में भी सम्मिलित है। नमा'लूम किसका शे'र है।

अब आया ध्यान अय आराम-ए-जाँ इस नामुरादी में
कफ़न देना तुम्हें भूले थे हम अस्बाब-ए-शादी में

[आराम-ए-जाँ—हृदय का आनन्द, अतिप्रिय। नामुरादी—बदनसीबी, दुर्भाग्य। अस्बाब-ए-शादी—ब्याह का सामान, जहेज़। कहा जाता है कि मीर ने यह शे'र अपनी बेटी की मृत्यु पर कहा था।]

ख़्वाजा अहमद फ़ारूक़ी ने 'तज़्करः-ए-शा'अिरात-ए-उर्दू' के हवाले से नक़ल किया है। उर्दू के सुप्रसिद्ध गवेषी क़ाज़ी 'अब्दुल वदूद की निश्चित राय है कि यह मीर का शे'र नहीं है।

देख लेता है वह पहले चारसू अच्छी तरह
चुपके से फिर पूछता है, मीर तू अच्छी तरह

केवल एक संकलन 'कलाम-ए-मीर' (अहमद हामिद) में मिलता है। इससे पहले नख़शब जार्चवी ने मुझे जा'फ़र अली ख़ाँ असर के हवाले से सुनाया था। पुष्टि नहीं हो सकी कि किसका शे'र है। शैली कह रही है कि मीर का नहीं है।

शिकस्त-ओ-फ़त्ह नसीबों से है, वले अय मीर
मुक़ाबिलः तो दिल-ए-नातवाँ ने ख़ूब किया

[शिकस्त-ओ-फ़त्ह—हार-जीत। वले—मगर, लेकिन। दिल-ए-नातवाँ—दुर्बल हृदय।]

मीर के नाम से बहुत प्रसिद्ध है। मजनूँ गोरखपुरी ने अपने एक लेख में इस शे'र पर मीर की सारी शा'अिरी की बुनियाद रख दी है। और भी कई जगह यह शे'र नक़ल हुआ है। यह वास्तव में लखनऊ के एक शा'अिर अमीर का शे'र है।

आ के सज्जादः नशीं क़ैस हुआ मेरे बा'द
न रही दश्त में ख़ाली कोई जा मेरे बा'द

तेज़ रखियो सर-ए-हर ख़ार को अय दश्त-ए-जुनूँ
शायद आ जाये कोई आब्लः पा मेरे बा'द

मुँह प रख दामन-ए-गुल रोयेंगे मुर्ग़ान-ए-चमन
हर रविश ख़ाक उड़ायेगी सबा मेरे बा'द

वह हवा ख़्वाह-ए-चमन हूँ कि चमन में हर सुब्ह
पहले मैं जाता था और बाद-ए-सबा मेरे बा'द

पहला शे'र डॉ. यूसुफ़ हुसैन ख़ाँ ने अपनी किताब 'उर्दू ग़ज़ल' में एक जगह मीर और दूसरी जगह ग़ाफ़िल लखनवी के नाम से नक़ल किया है। नासिर काज़मी ने पहले दो शे'र अपने एक लेख में, जो सवेरा (लाहौर) नं. 19-20-21 में प्रकाशित हुआ था, मीर के नाम से नक़ल किये हैं। अन्तिम दो शे'र हैदराबाद के प्रसिद्ध साहित्यिक फ़ज़लुर्रहमान ने सुनाये थे। हनीफ़ नक़वी ने 'नया दौर' (लखनऊ) के अक्तूबर 1959 के अंक में लिखा है कि पहला शे'र ग़ाफ़िल लखनवी का है और दूसरा मिर्ज़ा मुहम्मद तक़ी हवस का। हनीफ़ नक़वी के विचार में इसे मीर के नाम से सम्बन्धित करने की बुनियाद निम्नलिखित शे'र है, जो मौलाना शिबली ने 'शे'रुल'अजम में नक़ल किया है—

बा'द मरने के मिरी क़ब्र प आया वह मीर
याद आई मिरे 'ईसा को दवा मेरे बा'द

लेकिन यह शे'र भी मीर का नहीं है। इस ज़मीन में मीर की कोई ग़ज़ल नहीं है।

यह जो चश्म-ए-पुरआब हैं दोनों
एक ख़ानः ख़राब हैं दोनों

मौलवी अब्दुल हक़ ने 'इन्तिख़ाब-ए-कलाम-ए-मीर' (अंजुमन तरक़्क़ी-ए-उर्दू, अलीगढ़ द्वारा प्रकाशित) में नक़ल किया है। यह लाला बालमुकुन्द हुज़ूर (शागिर्द ख़्वाजा मीर दर्द) का शे'र है। हनीफ़ नक़वी ने अपने लेख में क़ुदरत उल्लाह

क़ासिम के 'मजमू'अः-ए-नग़ज़' (पृष्ठ 213) और मौलवी करीमउद्दीन के तज़्किरः-ए-शो'रा-ए-उर्दू (पृष्ठ 248) का हवाला दिया है।

सुबह होती है, शाम होती है
'अम्र यूँ ही तमाम होती है

झुटपुटा वक़्त है, बहता हुआ दरिया ठहरा
सुबह से शाम हुई, दिल न हमारा ठहरा

कोई मीर का शे'र नहीं है।

वह आये बज़्म में इतना तो मीर ने देखा
फिर उसके बा'द चराग़ों में रौशनी न रही

गत पाँच-छह वर्ष के अन्दर यह शे'र मीर के नाम से प्रसिद्ध हुआ है। पहले कभी सुनने में नहीं आया था। किसी ने जोश मलीहाबादी को सुनाया था। उनके द्वारा औरों तक पहुँचा। मुझे भी वहीं से उपहार में मिला था। उन्होंने मीर का शे'र मानने से इनकार कर दिया।

कुछ और शे'र भी हैं जो मौलाना मुहम्मद हुसैन आज़ाद ने 'आब-ए-हयात' में नक़ल किये हैं।

ख़्वाह प्यालः, ख़्वाह सुबू कर हमें कलाल
हम अपनी ख़ाक पर तुझे मुख़तार कर चले

इसकी पुष्टि किसी और सूत्र से नहीं हो सकी। लखनऊ के मुशा'अिरे वाले क़त'अे का ज़िक्र पहले आ चुका है। सम्भव है कुछ और शे'र भी हों जिनका मुझे ज्ञान नहीं।

इस संकलन में दो शे'र ऐसे भी हैं जो हैं तो मीर के लेकिन दूसरों के नाम से प्रसिद्ध हो गये हैं।

मुग़ाँ, मुझ मस्त बिन, फिर ख़न्द-ए-क़ुलक़ुल न होवेगा
मै-ए-गुलगूँ का शीशः हिचकियाँ ले ले के रोवेगा

मौलाना मुहम्मद हुसैन आज़ाद ने 'आब-ए-हयात' में मीर के उस्ताद और सौतेले मामूँ 'ख़ान-ए-आरज़ू' के संकलन में नक़ल किया है। एक शब्द 'साग़र' (क़ुलक़ुल) के परिवर्तन के साथ यह मीर का शे'र है।

ए'जाज़ मुँह तके है तिरे लब के नाम का
क्या ज़िक्र याँ मसीह-ए-अलैहिस्सलाम का

'कुल्लियात-ए-सौदा' (नवलकिशोर प्रेस लखनऊ द्वारा प्रकाशित) में सौदा के नाम से छपा है। यह भी मीर का शे'र है।

कुछ शे'र जिस तरह ज़बानों पर चढ़े हुए हैं, उस तरह नहीं छापे गये हैं, और लोगों की ज़बानों पर ये 'आब-ए-हयात' से आये हैं। यह भी हो सकता है कि मौलाना मुहम्मद हुसैन आज़ाद ने ये शे'र इसी तरह सुने हों और यह भी सम्भव है कि अज्ञात रूप से उनकी स्मृति ने कुछ शब्द इधर-उधर कर दिये हों। कुछ शे'र नमूने के तौर पर नीचे दिये जा रहे हैं। कोष्टक में 'आब-ए-हयात' वाला परिवर्तित शब्द है–

सरहाने मीर के कोई न बोलो
(आहिस्तः बोलो)
अभी टुक रोते रोते सो गया है

राह-ए-दूर-ए-'अिश्क़ से, रोता है क्या
(इब्तिदा-ए-'अिश्क़ है)
आगे आगे देखिये होता है क्या

'अिश्क़ हमारे ख़याल पड़ा है, ख़्वाब गया आराम गया
(बुरे ही) (चैन)
जी का जाना ठहर रहा है, सुबह गया या शाम गया
(दिल का जाना ठहर गया है)

'कुल्लियात-ए-मीर' में दो शे'र हैं। उनके एक-एक मिसरे से मिलकर आब-ए-हयात में तीसरा शे'र बन गया, और उसमें थोड़ा-सा शब्दों का परिवर्तन है।

अब्र-ए-सियः क़िब्ले से उठकर, आया है मैख़ाने पर
बादः कशों का झुरमुट है, कुछ शीशे पर पैमाने पर

–कुल्लियात-ए-मीर, दीवान पाँचवाँ

तू भी रबात-ए-कुहन से सूफ़ी, सैर को चल टुक सब्ज़े की
अब्र-सियः क़िब्ले से आकर झूम पड़ा मैख़ाने पर

–कुल्लियात-ए-मीर, दीवान पाँचवाँ

अब्र उठा था का'बे से, और झूम पड़ा मैख़ाने पर
बादः कशों का झुरमुट हैगा, शीशे और पैमाने पर

–आब-ए-हयात

आब-ए-हयात के लेखक को का'बे के शब्द पर इतना आग्रह है कि उन्होंने एक क़िस्सा भी लिख दिया है–"किसी व्यक्ति ने कहा कि हज़रत असल मुहावरा

फ़ारसी का है। अहले ज़बान ने अब्र-ए-क़िब्लः कहा है। मीर साहब ने कहा कि हाँ क़िब्ले का शब्द भी आ सकता है, मगर का'बे से ज़रा मिसरे की तरकीब गरम हो जाती है, और यह सच कहा। जिन्हें ज़बान का मज़ा है वह उस आनन्द को समझते हैं।''

एक स्थान पर मिसरों के क्रम में परिवर्तन मिलेगा। इसकी सारी ज़िम्मेदारी मुझ पर है। एक ग़ज़ल के दो शे'र हैं–

क्या है गुल्शन में जो क़फ़स में नहीं
'आशिक़ों का जिला वतन देखा

घर के घर जलते थे पड़े उनके
दाग़-ए-दिल देखे, सो चमन देखा

मेरा और मजरूह सुलतानपुरी का विचार है कि अगर जिला को जला पढ़ा जाये तो भी ये दोनों शे'र मिसरों के इस क्रम के साथ कुछ अर्थहीन-से हो जाते हैं। शायद इनका सही क्रम यह रहा होगा–

क्या है गुल्शन में जो क़फ़स में नहीं
दाग़-ए-दिल देखे, सो चमन देखा

घर के घर जलते थे पड़े उनके
'आशिक़ों का जला वतन देखा

मैंने संकलन में केवल पहला शे'र रखा है

आख़िर में उन सब दोस्तों को धन्यवाद देना मेरा ख़ुशगवार फ़र्ज़ है जिन्होंने इस काम में मेरा हाथ बटाया है। विशेष रूप से मैं बाक़र मेहदी और मजरूह सुलतानपुरी का आभारी हूँ जिन्होंने संकलन और उस पर पुनर्विचार करने में मेरी सहायता की है। मजरूह ने एक त्याग यह भी किया है कि अपने 'इन्तिख़ाब-ए-मीर' का प्रकाशन रोक दिया, जिस पर उन्होंने कई वर्ष परिश्रम किया था। मुग़नी अमरोहवी ने ग़ज़लों और भूमिका को उर्दू से हिन्दी में लिपिबद्ध किया और हिन्दी शब्दावली तैयार की है। दीवान-ए-ग़ालिब की तरह दीवान-ए-मीर के पृष्ठों की सजावट का श्रेय भी डॉ. मुल्कराज आनन्द और मिस डाली सैयार को पहुँचता है। पृष्ठों का पीला रंग मुग़ल कालीन चित्रकारी की पृष्ठभूमि से लिया गया है। वहाँ यह रंग बहुत हल्का होता था, यहाँ ज़रा गहरा है। इस पीले रंग में मीर की शा'अिरी के स्वभाव की झलक है। यह वास्तव में

पतझड़ का नहीं बल्कि बसन्त का रंग है। मीर के यहाँ बहार का रंग लाल नहीं बल्कि पीला है।

सहर सवाद में चल, ज़ोर फूली है सरसों
हुआ है 'अिश्क़ से कुल ज़र्द, क्या बहार है आज

चूँकि मीर ने ज़र्दि-ए-रंग के साथ चश्म-ए-तर की शर्त भी रखी है, इसलिए हाशिया सफ़ेद छोड़ दिया गया है। मीर के स्वभाव और शा'अिरी की सादगी का आदर करते हुए दीवान में किसी और सजावट को जगह नहीं दी गयी है।[1]

बम्बई —**सरदार जा'फ़री**

सितम्बर, 1960

1. इस पुस्तक के पहले संस्करण (हिन्दुस्तानी बुक ट्रस्ट, बम्बई) के लिये अली सरदार जाफ़री द्वारा लिखी गयी यह भूमिका आज अपना ऐतिहासिक महत्व रखती है। इसके इस अन्तिम हिस्से में उसी संस्करण की साज-सज्जा के बारे में कहा गया है।

लिखावट और उच्चारण का नक़्शः

श़		‘अैन
ज़ और श के बीच की आवाज़		‘अ (पूरा) ‘(आधा)
लिखावट	**छोटी है [:]**	**उच्चारण**
नग़मः	अ	नग़मा
नग़मः-ए-	अए	नग़मए
नग़मः-ओ-	अओ	नग़मओ
	‘अत्फ़ [-ओ-]	
	(दो शब्दों का जोड़)	
गुल-ओ-बुलबुल	ओ	गुलो-बुलबुल
लालः-ओ-गुल	अओ	लालओ-गुल
अदा-ओ-नाज़	आओ	अदाओ-नाज़
	इज़ाफ़त [-ए-]	
	(दो शब्दों का सम्बन्ध)	
ग़म-ए-दिल	ए	ग़मे-दिल
नग़मः-ए-दिल	अए	नग़मए-दिल
हवा-ए-दिल	आए	हवाए-दिल

ज़मीमः

1

शब वह जो पिये शराब, निकला
जाना यह, कि आफ़ताब निकला

क़ुरबान - ए - पियालः - ए - मै - ए- नाब
जिससे कि तिरा हिजाब निकला

था ग़ैरत-ए-बादः 'अक्स-ए-गुल से
जिस जू-ए-चमन से आब निकला

2

मौसम-ए-अब्र हो, सुबू भी हो
गुल हो, गुलशन हो और तू भी हो

कब तक आईने का यह हुस्न-ए-क़ुबूल
मुँह तिरा इस तरफ़ कभू भी हो

सरकशी गुल की ख़ुश नहीं आती
नाज़ करने का वैसा रू भी हो

किसको, बुलबुल, है दमकशी का दिमाग़
हो तो गुल ही की गुफ़्तुगू भी हो

दिल तमन्नाकदः तो है, पर मीर
हो तो उसकी ही आरज़ू भी हो

3

रहे 'उम्र-भर देखते, सादगाँ को
यह जीने नहीं देते, दिल दादगाँ को

रहे ज़ेर-ए-दीवार हम, मीर, बरसों
न पूछा कभी ख़ाक उफ़्तादगाँ को

4

जीते रहे तो उससे हम आग़ोश होंगे मीर
लबरेज़ गुल से देखेंगे जैब-ओ-कनार को

5

इस बेकसी से कौन जहाँ में मुआ, कि मैं
जुज़ दाग़-ए-सीनः, आज, चराग़-ए-लहद नहीं

बेसोज़-ए-दिल किन्हूँ ने कहा रेख़्तः तो क्या
गुफ़्तार-ए-ख़ाम पेश-ए-'अज़ीज़ाँ सनद नहीं

सौ बार मस्त का'बे में पकड़े गये हैं हम
रुस्वाई के तरीक़ के कुछ नाबलद नहीं

लुत्फ़-ए-सुख़न भी पीरी में रहता नहीं है मीर
अब शे'र हम पढ़े हैं, तो वह शदूद-ओ-मद नहीं

6

जो-जो ज़ुल्म किये हैं तुमने सो सो हमने उठाये हैं
दाग़ जिगर प जलाये हैं, छाती प जराहत खाये हैं

ख़ुम से लगी मैख़ाने के, दीवार भी अपने घर की है
लुत्फ़-ए-पीर-ए-मुग़ाँ से 'अजब क्या, हम आख़िर हमसाये हैं

शौक़ है, ग़म में बेसब्री है, आह किसूको क्या कहिये
अच्छे अपने जी को हम ने, आप ही रोग लगाये हैं

महव-ए-सुख़न हम फ़िक्र-ए-सुख़न में, रफ़्तः ही बैठे रहते हैं
आपको जब खोया है हमने, तब यह गौहर पाये हैं

तब थे सिपाही अब हैं जोगी, आह जवानी यूँ काटी
ऐसी थोड़ी रात में हम ने, क्या-क्या स्वाँग बनाये हैं

मीर मुक़द्दस आदमी हैं, थे सुबूह बकफ़ मैख़ाने में
सुबूह जो हम भी जा निकले, तो देख के क्या शर्माये हैं

7

न दिमाग़ है कि किसू से हम, करें गुफ़्तुगू ग़म-ए-यार में
न फ़िराग़ है कि फ़क़ीरों से, मिलें जा के दिल्ली दयार में

कहे कौन सैद-ए-रमीदः से, कि उधर भी फिरके नज़र करे
कि निक़ाब उलटे सवार है, तिरे पीछे कोई ग़ुबार में

कोई शो'लः है कि शरारः है, कि हवा है यह कि सितारः है
यही दिल जो लेके गड़ेंगे हम, तो लगेगी आग मज़ार में

8

'अिश्क़ में अय हमरिहाँ, कुछ तो किया चाहिए
गिरियः-ओ-शोर-ओ-फ़ुग़ाँ, कुछ तो किया चाहिए

हाथ रखे हाथ पर, बैठे हो क्या बेख़बर
चलने को है कारवाँ, कुछ तो किया चाहिए

क्या करूँ, दिल ख़ूँ करूँ, शे'र ही मौज़ूँ करूँ
चलती है अब तक ज़बाँ, कुछ तो किया चाहिए

यह तो नहीं दोस्ती, हम से जो तुम को रही
पास-ए-दिल-ए-दोस्ताँ, कुछ तो किया चाहिए

मीर नहीं पीर तुम, काहिली अल्लाह रे
नाम-ए-ख़ुदा हो जवाँ, कुछ तो किया चाहिए

1

हर ज़ी हयात[1] का, है सबब जो हयात का
निकले है जी उसी के लिए, कायनात का

बिखरे है ज़ुल्फ़, उस रुख़-ए-आलम फ़रोज़ पर
वर्नः, बनाव होवे न दिन और रात का

उसके फ़रोग़-ए-हुस्न से, झमके है सब में नूर
शम्-'ए-हरम हो या कि दिया सोमनात का

क्या मीर तुझ को नामः सियाही की फ़िक्र है
ख़त्म-ए-रुसुल सा शख़्स है, ज़ामिन नजात का

2

मेरे मालिक ने, मिरे हक़ में, यह एहसान किया
ख़ाक-ए-नाचीज़[2] था मैं, सो मुझे इनसान किया

मुझको शा'अिर न कहो मीर, कि साहब मैंने
दर्द-ओ-ग़म कितने किये जम्'अ, तो दीवान किया

---

1. ज़ीहयात--प्राणी, जानदार। कायनात--सृष्टि, दुनिया। जुल्फ़--बाल, लट। रुख़-ए-आलम फ़रोज़--सृष्टि को अपने प्रकाश से चमका देनेवाला मुखड़ा। फ़रोग़-ए-हुस्न--सौन्दर्य का प्रकाश। नूर--प्रकाश, रौशनी। शम्-'ए-हरम--का'बे का चिराग़। नामः सियाही--कर्मपत्र की कालख (कुकर्म), मुसलमानों के विश्वास के अनुसार फ़रिश्ते उसके कामों का लेखा-जोखा रखते हैं जो प्रलय के दिन ख़ुदा के सामने पेश होगा। इसे आमाल नामा (कर्मपत्र) कहते हैं। ख़त्म-ए-रुसुल--आख़िरी रसूल, मुहम्मद साहब। ज़ामिन--प्रतिभू, ज़मानत देनेवाला। नजात--निर्वाण, मुक्ति।
2. ख़ाक-ए-नाचीज़--तुच्छ धूल।

3

हंगामः गर्मकुन, जो दिल-ए-नासबूर था
पैदा, हर एक नाले से, शोर-ए-नुशूर था

आतश बलन्द, दिल की, न थी वर्नः अय कलीम
यक शो'लः, बर्क़-ए-ख़िर्मन-ए-सद कोह-ए-तूर था

मज्लिस में रात, एक तिरे पर्तवे बिग़ैर
क्या शम'अ, क्या पतंग, हर इक बेहुज़ूर था

हम ख़ाक में मिले तो मिले, लेकिन अय सिपहर
उस शोख़ को भी राह प लाना ज़रूर था

---

3. हंगामः गर्म कुन--कोलाहल (उपद्रव) मचानेवाला। दिल-ए-नासबूर--सब्र न करनेवाला दिल, अधीर दिल। नाले (नालःः)--आर्तनाद। शोर-ए-नुशूर--क़यामत का शोर, प्रलय का कोलाहल। आतश--अग्नि, आग, ज्वाला। कलीम--बात करनेवाला, हमसुख़न। (एक पैग़म्बर--हज़रत मूसा की पदवी, जिन्होंने तूर नामक पहाड़ी पर खड़े होकर ख़ुदा का प्रकाश देखने की इच्छा की थी और जब वह प्रकाश नज़र आया तो मूसा बेहोश हो गये और तूर जलकर राख हो गया।) बर्क़-ए-ख़िर्मन-ए-सद कोह-ए-तूर--(ख़िर्मन--खलिहान, ढेरी) तूर-जैसे सैकड़ों पहाड़ों को जला देनेवाली बिजली। मज्लिस--गोष्ठी। पर्तवे (पर्तव)--प्रतिबिम्ब, अक्स, छाया। बेहुज़ूर--अनाथ, अनुपस्थित, लुप्त। सिपहर--आकाश, आस्मान।

क़त'अः

कल पाँव एक कासः-ए-सर पर जो आ गया
यकसर वह उस्तुख़्वान, शिकस्तों से चूर था

कहने लगा कि देख के चल राह, बेख़बर
मैं भी कभू किसू का सर-ए-पुरग़ुरूर था

था वह तो रश्क-ए-हूर-ए-बिहिश्ती हमीं में मीर
समझे न हम, तो फ़ह्म का अपनी, क़ुसूर था

कासः-ए-सर—खोपड़ी। यकसर—बिल्कुल। उस्तुख़्वान—हड्डी, अस्थि। शिकस्तों—(शिकस्त का बहुवचन) टूट-फूट। सर-ए-पुरग़ुरूर—स्वाभिमानी सिर। रश्क-ए-हूर-ए-बिहिश्ती—जिसे देखकर जन्नत की हूर भी ईर्ष्या करने लगे। फ़ह्म—बुद्धि, समझ-बूझ।

4

क्या मैं भी परीशानि-ए-ख़ातिर से क़रीं था
आँखें तो कहीं थीं, दिल-ए-ग़मदीदः कहीं था

किस रात नज़र की है, सु-ए-चश्मक-ए-अंजुम
आँखों के तले अपने तो वह माहजबीं था

आया तो सही वह कोई दम के लिए, लेकिन
होंटों प मिरे जब नफ़स-ए-बाज़पसीं था

नाम आज कोई याँ नहीं लेता है उन्हों का
जिन लोगों के, कल मुल्क यह सब ज़ेर-ए-नगीं था

मस्जिद में इमाम आज हुआ आके कहाँ से
कल तक तो यही मीर, ख़राबात नशीं था

---

4. परीशानि-ए-ख़ातिर–दिल की परीशानी। क़रीं–निकट। दिल-ए-ग़मदीदः–दुखी दिल। सू-ए-चश्मक-ए-अंजुम–(सू–ओर, दिशा। चश्मक–इशारा। अंजुम–तारे) तारों की चमक की प्रतिद्वन्द्विता। माहजबीं–चन्द्रमुखी। नफ़स-ए-बाज़पसीं–आख़री साँस। ज़ेर-ए-नगीं–आधीन। इमाम–पुरोहित, नमाज़ पढ़ानेवाला। ख़राबातनशीं–मदिरालय में बैठनेवाला।

5

लुत्फ़ अगर यह है बुताँ, सन्दल-ए-पेशानी का
हुस्न क्या, सुब्ह के फिर चेह्रः-ए-नूरानी का

कुफ़्र कुछ चाहिए इस्लाम की रौनक़ के लिए
हुस्न, ज़ुन्नार है, तस्बीह-ए-सुलैमानी का

दरहमी हाल की है, सारे मिरे दीवाँ में
सैर कर तू भी, यह मजमू'अः परीशानी का

जान घबराती है, अन्दोह से तन में क्या क्या
तंग अहवाल है, इस यूसुफ़-ए-ज़िन्दानी का

खेल लड़कों का समझते थे महब्बत के तईं
है बड़ा हैफ़ हमें अपनी भी नादानी का

उसका मुँह देख रहा हूँ, सो वही देखूँ हूँ
नक़्श का-सा है समाँ, मेरी भी हैरानी का

बुतपरस्ती को तो इस्लाम नहीं कहते हैं
मो'तक़िद कौन है मीर, ऐसी मुसलमानी का

---

5. लुत्फ़–आनन्द, मज़ा। बुताँ (बुत का ब. व.)–अय मूर्तियो! सुन्दरियो! सन्दल-ए-पेशानी–माथे का चन्दन। चेहरः-ए-नूरानी–प्रकाशमान मुखड़ा। कुफ़्र–इस्लाम-विरोध। रौनक़–शोभा। ज़ुन्नार–यज्ञोपवीत, ब्रह्मसूत्र, जनेऊ। तस्बीह–सुमिरिनी, जपमाला। दरहमी–अस्त-व्यस्त होना, ख़राबी। हाल–वर्तमान। मजमू'आ–संग्रह। अन्दोह–ग़म, दुख। अहवाल–हाल, दशा। यूसुफ़-ए-ज़िन्दानी–क़ैद में पड़ा हुआ यूसुफ़ (यूसुफ़ एक पैग़म्बर थे जो बहुत ही सुन्दर थे और उन्होंने उम्र का एक बड़ा हिस्सा क़ैद में गुज़ारा।) हैफ़–अफ़सोस, पश्चात्ताप। नक़्श–तस्वीर, चित्र। समाँ–दृश्य। बुतपरस्ती–मूर्ति-पूजा। मो'तक़िद–श्रद्धा रखनेवाला।

6

इस 'अह्द में इलाही, महब्बत को क्या हुआ
छोड़ा वफ़ा को उनने, मुरव्वत को क्या हुआ

उम्मीदवार-ए-वा'दः-ए-दीदार मर चले
आते ही आते यारो, क़यामत को क्या हुआ

बख़्शिश ने, मुझको, अब्र-ए-करम की किया ख़जिल
अय चश्म, जोश-ए-अश्क-ए-नदामत को क्या हुआ

जाता है यार तेग़ बकफ़, ग़ैर की तरफ़
अय कुश्तः-ए-सितम, तिरी ग़ैरत को क्या हुआ

---

6. 'अहद–ज़माना, दौर, काल। इलाही–अय ख़ुदा। वफ़ा–प्रेम-निर्वाह। मुरव्वत–शील, शीलसंकोच, लिहाज़। उम्मीद-ए-वा'दः-ए-दीदार–वह उम्मीदवार जिसे दर्शन देने का वचन दिया गया था। क़यामत–प्रलय (उर्दू शा'इरी में प्रेमिका के आने को भी क़यामत से उपमा दी जाती है।) बख़्शिश–पुरस्कार, दान। अब्र-ए-करम–दया के बादल। ख़जिल–लज्जित, शर्मिन्दा। चश्म–आँख, नेत्र। जोश-ए-अश्क-ए-नदामत–प्रायश्चित के आँसुओं का उबाल। तेग़बकफ़–तलवार हाथ में लिये हुए। कुश्तः-ए-सितम–अत्याचार का मारा हुआ। ग़ैरत–लज्जा, आत्मसम्मान।

7

कहा मैंने, कितना है गुल का सबात
कली ने यह सुनकर, तबस्सुम किया

ज़माने ने मुझे जुर'अःकश को निदान
किया ख़ाक-ओ-ख़िश्त-ए-सर-ए-ख़ुम किया

जिगर ही में यक क़तरः ख़ूँ है सरश्क
पलक तक गया, तो तलातुम किया

किसू वक़्त पाते नहीं घर उसे
बहुत मीर ने, आपको गुम किया

---

7. सबात—स्थिरता (इस शे'र में जीवन के अर्थ में प्रयुक्त हुआ है।) तबस्सुम—मुस्कराहट। जुर'अःकश—घूँट लेनेवाला, जाम उठानेवाला, शराबी। किया ख़ाक-ओ-ख़िश्त-ए-सर-ए-ख़ुम किया—मट्टी में परिवर्तित करके शराब के मटके का मुँह बन्द करनेवाली ईंट बना दिया। (ख़िश्त—ईंट।) सरश्क—आँसू। तलातुम—तूफ़ान, जोश।

8

उल्टी हो गईं सब तदबीरें, कुछ न दवा ने काम किया
देखा, इस बीमारि-ए-दिल ने, आख़िर काम तमाम किया

'अह्द-ए-जवानी रो रो काटा, पीरी में लीं आँखें मूँद
या'नी रात बहुत थे जागे, सुब्ह हुई आराम किया

नाहक़ हम मजबूरों पर, यह तोह्मत है मुख़्तारी की
चाहते हैं सो आप करें हैं, हमको 'अबस बदनाम किया

सारे रिन्द, औबाश, जहाँ के, तुझ से सुजूद में रहते हैं
बाँके, टेढ़े, तिरछे, तीखे, सब का तुझको इमाम किया

सरज़द हम से बेअदबी तो वहशत में भी कम ही हुई
कोसों उसकी ओर गये, पर सिज्दः हर हर गाम किया

किसका का'बः, कैसा क़िब्लः, कौन हरम है, क्या एह्राम
कूचे के, उसके, बाशिन्दों ने, सबको यहीं से सलाम किया

---

8. 'अह्द-ए-जवानी–यौवन का ज़माना। पीरी–बुढ़ापा। तोह्मत–आरोप, इल्ज़ाम। मुख़्तारी–स्वाधीनता, आज़ादी। 'अबस–व्यर्थ, फ़ुज़ूल। रिन्द–भोग-विलास और मदिरापान में रत रहनेवाला। औबाश–दुराचारी, लम्पट, आवारा। सुजूद–सिज्दे का बहुवचन। इमाम–नेता, अगुवा। सरज़द–घटित। बेअदबी–असभ्यता। वहशत–घबराहट, पागलपन। सिज्दा–माथा टेकना। गाम–क़दम। क़िब्लः–वह दिशा जिधर मुँह करके सिज्दा करते हैं, काबा। हरम–मस्जिद, काबा। एह्राम–हाजियों का वस्त्र, दो चादरें बिना सिली हुई, एक बाँधी और एक ओढ़ी जाती है।

याँ के सुपैद-ओ-सियह में हमको, दख़्ल जो है सो इतना है
रात को रो रो सुब्ह किया, या दिन को जूँ तूँ शाम किया

सुब्ह, चमन में, उसको, कहीं तक्लीफ़-ए-हवा ले आयी थी
रुख़ से गुल को मोल लिया, क़ामत से सर्व ग़ुलाम किया

सा'अिद-ए-सीमीं दोनों उसके, हाथ में लाकर छोड़ दिये
भूले उसके क़ौल-ओ-क़सम पर, हाय ख़याल-ए-ख़ाम किया

काम हुए हैं, सारे ज़ाय'अ, हर सा'अत की समाजत से
इस्तिग़ना की चौगनी उनने, जूँ जूँ मैं इब्राम किया

ऐसे आहु-ए-रमख़ुर्दः की वह्शत खोनी मुश्किल थी
सेह्र किया, ए'जाज़ किया, जिन लोगों ने तुझको राम किया

मीर के दीन-ओ-मज़हब को, अब पूछते क्या हो, उनने तो
क़श्क़ः खेंचा, दैर में बैठा, कब का तर्क इस्लाम किया

तक्लीफ़-ए-हवा–हवा खाने की इच्छा। रुख़–मुख, चेहरा। क़ामत–क़द, आकार सा'अिद-ए-सीमीं–चाँदी-जैसी कलाइयाँ। क़ौल-ओ-क़सम–वचन। ख़याल-ए-ख़ाम–भ्रम, कच्चा ख़याल। ज़ाय'अ–बेकार, नष्ट, व्यर्थ जाना। सा'अत–घड़ी, क्षण, पल। समांजत–ख़ुशामद। इस्तिग़ना–निस्पृहता, अनिच्छा, बेनियाज़ी। इब्राम–आग्रह, ज़िद। आहु-ए-रमख़ुर्दः–पलायित हिरन, (माशूक़ जो वश में नहीं आया हो।) वहशत–आदमियों से भड़कना। सेह्र–जादू। ए'जाज़–चमत्कार। राम किया–वशीभूत किया। क़श्क़ः–तिलक। दैर–मन्दिर। तर्क–त्यागना।

9

चमन में गुल ने, जो कल दा‘वः-ए-जमाल किया
जमाल-ए-यार ने, मुँह उसका, ख़ूब लाल किया

फ़लक ने आह, तिरी रह में, हम को पैदा कर
बरंग-ए-सब्ज़ः-ए-नौरस्तः, पायमाल किया

बहार-ए-रफ़्तः फिर आयी, तिरे तमाशे को
चमन को, युम्न-ए-क़दम ने तिरे निहाल किया

लगा न दिल को कहीं, क्या सुना नहीं तू ने
जो कुछ कि मीर का, इस ‘आशिक़ी ने, हाल किया

---

9. दा‘वः-ए-जमाल—सौन्दर्य का दावा। जमाल-ए-यार—माशूक़ का सौन्दर्य। फ़लक—आकाश। बरंग-ए-सब्ज़ः-ए-नौरस्तः—नई उगी हुई दूब की तरह। पायमाल—पैरों से कुचलना। बहार-ए-रफ़्तः—बहार जो जा चुकी है। युम्न-ए-क़दम—क़दमों की शुभकारिता। निहाल—ख़ुश, समृद्ध, प्रसन्न।

10

मुन'इम ने, बिना ज़ुल्म की रख, घर तो बनाया
पर आप कोई रात ही मेह्मान रहेगा

छूटूँ कहीं ईज़ा से, लगा एक ही जल्लाद
ता हश्र, मिरे सर प, यह एह्सान रहेगा

जाने का नहीं शोर, सुख़न का मिरे हरगिज़
ता हश्र, जहाँ में मिरा दीवान रहेगा

---

10. मुन'इम—धनवान। बिना—बुनियाद, नींव। ईज़ा—तकलीफ़, कष्ट। जल्लाद—बधिक, सर काटनेवाला। ता हश्र—क़यामत तक, प्रलय के दिन तक। सुख़न—शे'र, शा'इरी। जहाँ—संसार।

11

ता गोर के ऊपर, वह गुल अन्दाम न आया
हम ख़ाक के आसूदों को, आराम न आया

बेहोश-ए-मै-ए-'अिश्क़ हूँ, क्या मेरा भरोसा
आया जो बख़ुद सुब्ह, तो मैं शाम न आया

किस दिल से, तिरा तीर-ए-निगह, पार न गुज़रा
किस जान को, यह मर्ग का पैग़ाम, न आया

देखा न उसे, दूर से भी, मुन्तज़िरों ने
वह रश्क-ए-मह-ए-'ईद, लब-ए-बाम न आया

अब के जो तिरे कूचे से जाऊँगा, तो सुनियो
फिर जीते जी, इस राह, वह बदनाम न आया

ने ख़ून हो आँखों से बहा, टुक न हुआ दाग़
अपना तो यह दिल मीर, किसू काम न आया

---

11. ता–जब तक। गोर–क़ब्र, समाधि। गुल-अंदाम–फूल-जैसे शरीरवाला। हम ख़ाक के आसूदों को–ख़ाक में सन्तुष्ट, सोये हुओं को। बेहोश-ए-मै-ए-'अिश्क़–प्रेममदिरा में मस्त। बख़ुद–अपने आप में, होश में। तीर-ए-निगह–नज़र का तीर। मर्ग–मौत, मृत्यु। पैग़ाम–सन्देश। मुन्तज़िरों (मुन्तज़िर)–प्रतीक्षक। रश्क-ए-मह-ए-'ईद–ईद के चाँद को शर्मानेवाला (ईद का चाँद देखकर ख़ुशी होती है और प्रेमिका का चाँद-सा चेहरा देखकर और ख़ुशी होती है।) लब-ए-बाम–कोठे पर, छज्जे पर।

12

जिस सर को गुरूर आज है, याँ ताजवरी का
कल उस प यहीं शोर है, फिर नौहःगरी का

आफ़ाक़ की मंज़िल से गया कौन सलामत
अस्बाब लुटा राह में, याँ हर सफ़री का

ज़िन्दाँ में भी, शोरिश न गयी अपने जुनूँ की
अब संग मुदावा है, इस आशुफ़्तःसरी का

हर ज़ख़्म-ए-जिगर, दावर-ए-मह्शर से, हमारा
इन्साफ़ तलब है तिरी बेदादगरी का

अपनी तो जहाँ आँख लड़ी, फिर वहीं देखो
आईने को लप्का है, परीशाँ नज़री का

ले साँस भी आहिस्तः, कि नाज़ुक है बहुत काम
आफ़ाक़ की, इस कारगह-ए-शीशःगरी का

टुक मीर-ए-जिगर सोख़्तः की जल्द ख़बर ले
क्या यार भरोसा है चराग़-ए-सहरी का

---

12. ताजवरी–मुकुट धारिता, बादशाहत। नौहःगरी–मातम करना, दुख मनाना। आफ़ाक़–उफ़ुक़ (क्षितिज) का बहुवचन, संसार। सफ़री–यात्री। ज़िन्दाँ–क़ैदख़ाना। शोरिश–अशान्ति, कोलाहल। जुनूँ–उन्माद, पागलपन। संग–पत्थर। मुदावा–इलाज। आशुफ़्तःसरी–बदहवासी, उद्विग्नता। दावर-ए-महशर–क़यामत के दिन न्याय करनेवाला, ख़ुदा। बेदादगरी–ज़ुल्म, अत्याचार। परीशाँ नज़री–दृष्टि की अस्थिरता। आफ़ाक़–संसार। कारगह-ए-शीशःगरी–शीशे का कारख़ाना। मीर-ए-जिगर सोख़्तः–जिगर जला हुआ मीर। चिराग़-ए-सहरी–प्रातःकाल का चिराग़ (बुझने के क़रीब)।

13

मुँह तका हीं करे है, जिस तिस का
हैरती है यह आईनः, किसका

शाम से, कुछ बुझा-सा रहता है
दिल हुआ है, चराग़ मुफ़्लिस का

फ़ैज़ अय अब्र, चश्म-ए-तर से उठा
आज दामन वसी'अ है इसका

ताब किसको, जो हाल-ए-मीर सुने
हाल ही और कुछ है, मज्लिस का

14

उलझाव पड़ गया, जो हमें उसके 'अिश्क़ में
दिल-सा 'अज़ीज़, जान का जंजाल हो गया

क़ामत ख़मीदः, रंग शिकस्तः, बदन नज़ार
तेरा तो मीर ग़म में 'अजब हाल हो गया

---

13. हैरती—चकित। फ़ैज़—लाभ, फ़ायदा। अब्र—बादल। चश्म-ए-तर—आँसुओं से भीगी हुई आँख। वसी'अ—फैला हुआ। मज्लिस—गोष्ठी।
14. 'अज़ीज़—प्रिय। क़ामत—क़द, आकार। ख़मीदः—झुका हुआ। शिकस्तः—टूटा हुआ। नज़ार—कमज़ोर, निर्बल।

15

बेताब जी को देखा, दिल को कबाब देखा
जीते रहे थे क्यों हम, जो यह 'अज़ाब देखा

पौदा सितम का जिसने, इस बाग़ में लगाया
अपने किये का उनने, सम्रः शिताब देखा

दिल का नहीं ठिकानः, बाबत जिगर की गुम है
तेरे बलाकशों का, हम ने हिंसाब देखा

आबाद जिसमें तुझको, देखा था एक मुद्दत
उस दिल की मुम्लिकत को, अब हम ख़राब देखा

लेते ही नाम उसका, सोते से चौंक उठे हो
है ख़ैर, मीर साहब, क्या तुमने ख़्वाब देखा

16

दिल बहम पहुँचा बदन में, तब से सारा तन जला
आ पड़ी यह ऐसी चिंगारी, कि पैराहन जला

बद्र साँ अब आख़िर आख़िर छा गयी मुझ पर यह आग
वर्नः पहले था मिरा, जूँ माह-ए-नौ दामन जला

15. अज़ाब–दुख, पीड़ा, पापों का दंड। समरः–फल। शिताब–जल्दी। बाबत–खाता, लेखाशीर्ष। बलाकश–विपत्तियाँ झेलनेवाला। मुम्लिकत–राष्ट्र, देश।
16. बहम पहुँचा–प्राप्त हुआ। पैराहन–वस्त्र। बद्र साँ–पूरे चाँद की तरह। जूँ माह-ए-नौ–नये चाँद की तरह।

17

जब जुनूँ से हमें तवस्सुल था
अपनी ज़ंजीर-ए-पा ही का गुल था

बिस्तरा था चमन में, जूँ बुलबुल
नालः सर्मायः-ए-तवक्कुल था

यक निगह को वफ़ा न की, गोया
मौसम-ए-गुल, सफ़ीर-ए-बुलबुल था

उनने पहचानकर, हमें मारा
मुँह न करना इधर, तजाहुल था

शह्र में जो नज़र पड़ा, उसका
कुश्तः-ए-नाज़ या तग़ाफ़ुल था

अब तो दिल को न ताब है न क़रार
याद-ए-अय्याम, जब तहम्मुल था

ख़ूब दर्याफ़्त जो किया हम ने
वक़्त-ए-ख़ुश, मीर, नक्हत-ए-गुल था

---

17. जुनूँ—उन्माद। तवस्सुल—लगाव, सिलसिला, सहारा पकड़ना। ज़ंजीर-ए-पा—पाँव की ज़ंजीर। नालः—आर्त्तनाद। सर्मायः-ए-तवक्कुल—निस्पृहता का धन। ग्क निगह—क्षण-भर। मौसम-ए-गुल—फूलों का मौसम, वसन्त। सफ़ीर-ए-बुलबुल—बुलबुल की आवाज़। तजाहुल—जानबूझकर अनजान बनना। कुश्तः-ए-नाज़—नाज़ (सौन्दर्याभिमान) का मारा हुआ। तग़ाफ़ुल—उपेक्षा, असावधानी। याद-ए-अय्याम—बीते हुए दिनों की याद। तहम्मुल—सहिष्णुता, सहनशीलता। वक़्त-ए-ख़ुश—अच्छा समय। नकहत-ए-गुल—फूलों की महक।

18

शायद किसू के दिल को लगी उस गली में चोट
मेरी बग़ल में शीशः-ए-दिल चूर हो गया

19

मर रहते जो गुल बिन, तो सारा यह ख़लल जाता
निकला ही न जी वर्नः, काँटा-सा निकल जाता

मैं गिरियः-ए-ख़ूनीं को, रोके ही रहा, वर्नः
यक दम में ज़माने का, याँ रंग बदल जाता

---

19. गुल बिन—बिना फूल के। गिरियः-ए-ख़ूनीं—ख़ून के आँसू।

20

सुनियो जब वह कभू सवार हुआ
ता बरूहुलअमीं शिकार हुआ

उस फ़रेबिन्दः को न समझे, आह
हमने जाना, कि हम से यार हुआ

नालः हम ख़ाकसारों का, आख़िर
ख़ातिर-ए-'अर्श का गुबार हुआ

मर चले बेक़रार होकर हम
अब तो तेरे तईं क़रार हुआ

वह जो ख़ंजर बकफ़ नज़र आया
मीर सौ जान से निसार हुआ

---

20. ता ब रूहुल अमीं–रूहुलअमीं (सबसे बड़े फ़रिश्ते–जिब्रील की पदवी) तक। फ़रेबिन्दः–फ़रेब देनेवाला, धोखेबाज़, कपटी। नाला–आर्तनाद। ख़ाकसार–विनीत, नम्र। ख़ातिर-ए-'अर्श–आस्मान का दिल। गुबार–धूल। (ख़ातिर पर गुबार आना–दिल पर मैल आना।) ख़ंजर बकफ़–हाथ में ख़ंजर लिये हुए। निसार–क़ुर्बान, बलि, न्यौछावर।

21

शह्र-ए-दिल एक मुद्दत, उजड़ा बसा, ग़मों में
आख़िर उजाड़ देना उसका क़रार पाया

आहों के शो'ले जिस जा, उठते थे मीर शब को
वाँ जाके सुब्ह देखा, मुश्त-ए-गुबार पाया

22

दी आग रंग-ए-गुल ने, वाँ अय सबा चमन को
याँ हम जले क़फ़स में, सुन हाल आशियाँ का

कम फ़ुर्सती जहाँ के मज्मे'अ की, कुछ न पूछो
अह्वाल क्या कहूँ मैं, इस मज्लिस-ए-रवाँ का

या रोये या रुलाया, अपनी तो यूँ ही गुज़री
क्या ज़िक्र हम सफ़ीराँ, यारान-ए-शादमाँ का

---

21. क़रार पाया--तय हुआ, निश्चित हुआ। शब--रात। मुश्त-ए-गुबार--मुट्ठी-भर धूल।

22. सबा--समीर। क़फ़स--पिंजरा। आशियाँ--घोंसला। कम फ़ुर्सती--क्षणिकता, अवकाशहीनता। अह्वाल--(हाल का बहुवचन) हालत, कैफ़ियत। मज्लिस-ए-रवाँ--(मज्लिस--गोष्ठी) चलता-फिरता जनसमूह। हम सफ़ीराँ--(हम सफ़ीर--हम आवाज़, साथ-साथ चहचहानेवाले) अय मित्रो। यारान-ए-शादमाँ--ख़ुश रहनेवाले दोस्त।

23

हमारे आगे, तिरा जब किसू ने नाम लिया
दिल-ए-सितम ज़दः को, हमने थाम थाम लिया

ख़राब रहते थे, मस्जिद के आगे मैख़ाने
निगाह-ए-मस्त ने साक़ी की, इन्तिक़ाम लिया

वह कज रविश न मिला रास्ती में मुझसे कभू
न सीधी तरह से उनने मिरा सलाम लिया

मिरे सलीक़े से, मेरी निभी महब्बत में
तमाम 'उम्र, मैं नाकामियों से काम लिया

अगरचेः गोशः गुज़ीं हूँ मैं शा'इरों में मीर
प मेरे शोर ने, रू-ए-ज़मीं तमाम लिया

---

23. दिल-ए-सितम ज़दः—दुखी हृदय। कज रविश—टेढ़ी चाल चलनेवाला। रास्ती में—सीधी तरह। गोशः गुज़ीं—एकान्तप्रिय, एकान्तवासी। रू-ए-ज़मीं—ज़मीन की सतूह, भूतल।

24

उगते थे दस्त-ए-बुलबुल-ओ-दामान-ए-गुल बहम
सह्न-ए-चमन, नमूनः-ए-यौमुलहिसाब था

दिल जो न था तो रात ज़िख़ुदरफ़्तगी में मीर
गह इन्तिज़ार-ओ-गाह मुझे इज़्तिराब था

25

क्या तरह है, आश्ना गाहे, गहे नाआश्ना
या तो बेगाने ही रहिये, हूजिये या आश्ना

कौन-से यह बह्र-ए-ख़ूबी की, परीशाँ जुल्फ़ है
आती है आँखों में मेरे, मौज-ए-दरिया आश्ना

---

24. दस्त-ए-बुलबुल-ओ-दामान-ए-गुल–बुलबुल के हाथ और फूलों के दामन। सह्न-ए-चमन–बाग़ के भीतर का हरा-भरा तख़्ता। नमूनः-ए-यौमुल्हिसाब–(यौमुल्हिसाब–हिसाब का दिन, क़यामत) का नमूना। ज़िख़ुद रफ़्तगी–अपने-आप में न होना, निश्चेष्टता। गह (गाह)–कभी। इज़्तिराब–बेचैनी, व्याकुलता।
25. तरह–शैली, अन्दाज़। आश्ना–परिचित (नाआश्ना–अपरिचित)। गाहे (गहे)–कभी। बह्र-ए-ख़ूबी–सौन्दर्य-सागर। मौज-ए-दरिया आश्ना–वह मौज जो स्वयं दरिया हो।

26

गुल को, महबूब हम क़ियास किया
फ़र्क़ निकला बहुत, जो बास किया

दिल ने हमको, मिसाल-ए-आईनः
एक 'आलम का, रूशिनास किया

कुछ नहीं सूझता हमें, उस बिन
शौक़ ने हमको बेहवास किया

सुब्ह तक, श्म'अ सर को धुन्ती रही
क्या पतंगे ने, इल्तिमास किया

ऐसे वह्शी कहाँ हैं, अय ख़ूबाँ
मीर को तुम 'अबस उदास किया

---

26. महबूब–प्रिय, माशूक़। क़ियास–कल्पना, विचार। फ़र्क़–अन्तर। बास किया–सूँघा। मिसाल-ए-आईना–आईने की तरह। 'आलम–संसार। रूशिनास–परिचित। शौक़–अभिलाषा, रुचि, प्रेम। बेहवास–बेसुध। इल्तिमास–विनय, प्रार्थना, निवेदन। वह्शी–घबराया हुआ। ख़ूबाँ–माशूक़, प्रिय (यह शब्द बहुवचन है।) 'अबस–व्यर्थ, फ़ुजूल, अकारण।

27

दाग़-ए-फ़िराक़-ओ-हस्रत-ए-वस्ल, आरज़ू-ए-शौक़
मैं साथ ज़ेर-ए-ख़ाक भी हंगामः ले गया

28

देगी न चैन लज़्ज़त-ए-ज़ख़्म, उस शिकार को
जो खा के तेरे हाथ की तलवार, जायेगा

---

27. दाग़-ए-फ़िराक़—विरह का दाग़। हस्रत-ए-वस्ल—मिलन की अभिलाषा। आरज़ू-ए-शौक़—प्रेम की अभिलाषा। ज़ेर-ए-ख़ाक—धरती के नीचे। हंगामः—कोलाहल।
28. लज़्ज़त-ए-ज़ख़्म—ज़ख़्म का आनन्द।

29

मुद्द‘आ जो है, सो वह पाया नहीं जाता कहीं
एक ‘आलम जुस्तुजू में, जी को अपने खो गया

बेकसी मुद्दत तलक बरसा की, अपनी गोर पर
जो हमारी ख़ाक पर से हो के गुज़रा, रो गया

30

है उसके हर्फ़-ए-ज़ेर-ए-लबी का सभों में ज़िक्र
क्या बात थी, कि जिसका यह बिस्तार हो गया

तू वह मता‘अ है कि पड़ी जिसकी तुझ प आँख
वह जी को बेचकर भी ख़रीदार हो गया

---

29. मुद्द‘आ—उद्देश्य, कामना। आलम—संसार। जुस्तुजू—तलाश, खोज। गोर—क़ब्र।

30. हर्फ़-ए-ज़ेर-ए-लबी—होंठों-ही-होंठों में कहा हुआ बोल जिसे किसी ने न सुना हो। ज़िक्र—चर्चा। मता‘अ—धन-दौलत।

31

निकली थी तेग़, बेदरेग़ उसकी
मैं ही इक इम्तिहान से निकला

नामुरादी की रस्म, मीर से है
तौर यह उस जवान से निकला

32

हम ख़स्तःदिल हैं, तुझसे भी नाज़ुक मिज़ाजतर
त्योरी चढ़ाई तू ने, कि याँ जी निकल गया

गर्मी-ए-'अिश्क़, माने'-ए-नश्व-ओ-नुमा हुई
मैं वह निहाल था, कि उगा और जल गया

---

31. तेग़—तलवार। बेदरेग़—बेझिझक। नामुरादी—दुर्भाग्य, असफलता। रस्म—रीत। तौर—ढंग, तरीक़ा।
32. ख़स्तःदिल—क्षत हृदय। नाज़ुक मिज़ाजतर—ज़्यादा नाज़ुक मिज़ाज, मृदुल स्वभाव का। गर्मी-ए-'अिश्क़—इश्क़ की गमी। माने'-ए-नश्व-ओ-नुमा—उगने या विकसित होने में बाधक। निहाल—वृक्ष, पेड़।

33

सुना है हाल, तिरे कुश्तगाँ बिचारों का
हुआ न गोर गढ़ा, उन सितम के मारों का

हज़ार रंग खिले गुल चमन के, हैं शाहिद
कि रोज़गार के सर, ख़ून है हज़ारों का

मिला है ख़ाक में किस-किस तरह का 'आलम याँ
निकल के शह्र से टुक सैर कर मज़ारों का

निगाह-ए-मस्त के मारे तिरे, ख़राब हैं, शोख़
न ठोर है न ठिकाना है, होशियारों का

करें हैं दा'वः-ए-ख़ुशचश्मी, आहुवान-ए-दश्त
टुक एक देखने चल, मुल्क उन गँवारों का

तड़प के मरने से दिल के, कि मग़्फ़िरत हो उसे
जहाँ में कुछ तो रहा नाम, बेक़रारों का

तड़प के ख़िरमन-ए-गुल पर कभी गिर अय बिजली
जलाना क्या है, मिरे आशियाँ के ख़ारों का

---

33. कुश्तगाँ—क़त्ल किये हुए, बधित। गोर गढ़ा होना—अन्तिम संस्कार। शाहिद—गवाह। रोज़गार—संसार, समय। आलम—संसार। मज़ारों (मज़ार)—क़ब्र। निगाह-ए-मस्त—मस्त अंखड़ियाँ। शोख़—चंचल। दा'वः-ए-ख़ुश चश्मी—सुन्दर नेत्रों का दावा। आहुवान-ए-दश्त—जंगल के हिरन। मग़्फ़िरत—मुक्ति। ख़िरमन-ए-गुल—फूलों का ढेर। आशियाँ—घोंसला। ख़ारों—काँटों।

34

सद ख़ानुमाँ ख़राब हैं, हर हर क़दम प दफ़्न
कुश्तः हूँ यार मैं तो तिरे घर की राह का

ज़ालिम ज़मीं से, लोटता दामन उठा के चल
होगा कमीं में हाथ किसू दादख़्वाह का

35

दिल से शौक़-ए-रुख़-ए-निकू न गया
झाँकना, ताकना, कभू न गया

हर क़दम पर थी उसकी मंज़िल, लेक
सर से सौदा-ए-जुस्तुजू न गया

सब गये, होश ओ-सब्र, ताब-ओ-तवाँ
लेकिन अय दाग़, दिल से तू न गया

सुब्ह: गर्दां ही मीर हम तो रहे
दस्त-ए-कोताह, ता सुबू, न गया

---

34. सद–सैकड़ों। ख़ानुमाँ-ख़राब–जिनके घर उजड़ गये हों, अभागे। कुश्तः–घायल, मारा हुआ। कमीं–आड़, शिकार की ताक में छुपकर बैठने का स्थान। दादख़्वाह–न्याय माँगनेवाला, मज़लूम।
35. शौक़-ए-रुख़-ए-निकू–सुन्दर मुखड़ों का प्रेम। लेक–लेकिन। सौदा-ए-जुस्तुजू–खोज की लगन। ताब-ओ-तवाँ–शक्ति, ताक़त। सुबहःगर्दां–माला का जाप। दस्त-ए-कोताह–छोटा हाथ, वह हाथ जो पहुँच न सके। ता–तक। सुबू–मदिरा-घट।

36

जिन बलाओं को मीर, सुनते थे
उनको इस रोज़गार में देखा

37

यह तुम्हारी, इन दिनों दोस्ताँ, मिश़ः जिसके ग़म में है ख़ूँचकाँ
वही आफ़त-ए-दिल-ए-'आशिक़ाँ, किसू वक़्त हम से भी यार था

कभू जायगी जो उधर सबा, तो यह कहियो उससे कि बेवफ़ा
मगर एक मीर-ए-शिकस्तःपा, तिरे बाग़-ए-ताज़ः में ख़ार था

---

37. मिश़ः–पलक। ख़ूँचकाँ–ख़ून टपकाती हुई, ख़ून भरी। आफ़त-ए-दिल-ए-'आशिक़ाँ–'आशिक़ों के दिल के लिए आफ़त। सबा–समीर, हवा। बेवफ़ा–जो वचन का पक्का न हो, प्रेम निर्वाह न कर सके। मगर–शायद। मीर-ए-शिकस्तःपा–(शिकस्तःपा–जिसके पैर टूट गये हों) निस्सहाय मीर। बाग़-ए-ताज़ः–हरा-भरा बाग।

38

मेहूर की तुझसे तवक़्क़ो'अ थी, सितमगर निकला
मोम समझे थे तिरे दिल को, सो पत्थर निकला

दाग़ हूँ रश्क-ए-महब्बत से, कि इतना बेताब
किसकी तस्कीं के लिए, घर से तू बाहर निकला

जीते जी, आह तिरे कूचे से, कोई न फिरा
जो सितम दीदः रहा जाके, सो मर कर निकला

दिल की आबादी की, इस हद है ख़राबी, कि न पूछ
जाना जाता है, कि इस राह से लश्कर निकला

अश्क-ए-तर, क़तरः-ए-ख़ूँ, लख़्त-ए-जिगर, पारः-ए-दिल
एक से एक 'अदद, आँख से बहकर निकला

हमने जाना था लिखेगा तू कोई हर्फ़ अय मीर
पर तिरा नामः तो, इक शौक़ का दफ़्तर निकला

---

38. मेहूर–प्रेम, महब्बत। तवक़्क़ो'अ–आशा। सितमगर–अन्यायी। रश्क-ए-महब्बत –प्रेम-ईर्ष्या। तस्कीं–तृप्ति। सितम दीदः–मुसीबत झेला हुआ, दुखी। अश्क-ए-तर–आँसू। क़तरः-ए-ख़ूँ–रक्त की बूँद। लख़्त-ए-जिगर–जिगर का टुकड़ा। पारः-ए-दिल–दिल का टुकड़ा। अदद–संख्या, नग। नामः–पत्र, ख़त।

39

उसका ख़िराम देख के जाया न जायगा
अय कब्क, फिर बहाल भी आया न जायगा

हम कुश्तगान-ए-'अिश्क़ हैं, अबरु-ओ-चश्म-ए-यार
सर से हमारे, तेग़ का साया न जायगा

हम रह्रवान-ए-राह-ए-फ़ना हैं, बरंग-ए-'अुम्र
जावेंगे ऐसे, खोज भी पाया न जायगा

अब देखले, कि सीनः भी ताज़ः हुआ है चाक
फिर हम से अपना हाल दिखाया न जायगा

हम बेख़ुदान-ए-मह्फ़िल-ए-तस्वीर, अब गये
आइन्दः हम से आप में आया न जायगा

याद उसकी इतनी ख़ूब नहीं मीर, बाज़ आ
नादान, फिर वह जी से भुलाया न जायगा

---

39. ख़िराम—गति। कब्क—चकोर। बहाल—पूर्ववत, स्वस्थ। कुश्तगान-ए-'अिश्क़—प्रेम के मारे हुए। अबरु—भौं। चश्म-ए-यार—प्रेमिका के नेत्र। रह्रवान-ए-राह-ए-फ़ना—मृत्यु-पथ के पथिक (ब.व.)। बरंग-ए-'अुम्र—आयु की तरह। चाक—खुलना, फटना (यहाँ ज़ख़्मी के अर्थ में है।) बेख़ुदान-ए-मह्फ़िल-ए-तस्वीर—मूर्तियों की तरह निश्चेष्ट। आइन्दः—आगे चलकर, भविष्य में। बाज़ आ—मान जा (बाज़ आना—लौट आना, किसी काम को छोड़ देना, हाथ उठा लेना।) नादान—नासमझ।

40

फिर नौहःगरी कहाँ, जहाँ में
मातम ज़दः मीर अगर न होगा

41

उनने तो मुझको झूँटे भी पूछा न एक बार
मैंने उसे हज़ार जताया, तो क्या हुआ

मत रंजः कर किसी को, कि अपने तो ए'तिक़ाद
दिल ढाय कर जो का'बः बनाया, तो क्या हुआ

जीते तो मीर उनने मुझे दाग़ ही रखा
फिर गोर पर चराग़ जलाया, तो क्या हुआ

---

40. नौहः गरी—शोकालाप। मातम ज़दः—शोकग्रस्त, शोक पीड़ित।
41. रंजः—रंजीदा, ग़मगीन, दुखी। ए'तिक़ाद—आस्था, विश्वास।

42

दिल की वीरानी का क्या मज़्कूर है
यह नगर सौ मरतबः लूटा गया

43

इतनी गुज़री जो तिरे हिज्र में, सो उसके सबब
सब्र मरहूम 'अजब मूनिस-ए-तन्हाई था

42. मज़्कूर—चर्चा, ज़िक्र।
43. हिज्र—विरह। सब्र मरहूम—स्वर्गवासी धीरज। मूनिस-ए-तन्हाई—एकान्त का साथी।

44

अय दोस्त, कोई मुझ-सा, रुस्वा न हुआ होगा
दुश्मन के भी दुश्मन पर, ऐसा न हुआ होगा

इस कुह्नः ख़राबे में, आबादी न कर मुन'इम
इक शह्र नहीं याँ जो, सह्रा न हुआ होगा

आँखों से तिरी हम को, है चश्म कि अब होवे
जो फ़ितनः कि दुनिया में, बर्पा न हुआ होगा

जुज़, मरतबः-ए-कुल को, हासिल करे है आख़िर
यक क़तरः न देखा जो, दरिया न हुआ होगा

---

44. रुस्वा—बदनाम, निन्दित, ज़लील, अपमानित। कुह्नः—पुराना। ख़राबे (ख़राबा)—खंडहर, वीराना। मुन'इम—धनवान, अमीर। सह्रा—जंगल, वीराना। चश्म—उम्मीद, आशा। फ़ितनः—उपद्रव, विपत्ति। बरपा—उपस्थित। जुज़—टुकड़ा, भाग, अंश। मर्तबः-ए-कुल—पूर्णता का स्थान (पद)।

45

हक़ ढूँढने का, आपको आता नहीं वर्नः
'आलम है सभी यार, कहाँ यार न पाया

46

चश्म-ए-ख़ूँबस्तः से कल रात लहू फिर टपका
हम ने जाना था कि बस अब तो यह नासूर गया

45. चश्म-ए-ख़ूँबस्तः—वह आँख जिसमें ख़ून जमा हुआ हो।

47

दुश्मनी हम से की, ज़माने ने
कि जफ़ाकार तुझ-सा यार किया

यह तवह्हुम का कारख़ानः है
याँ वही है जो ए'तिबार किया

सद रग-ए-जाँ को, ताब दे, बाहम
तेरी ज़ुल्फ़ों का एक तार किया

हम फ़क़ीरों से बेअदाई क्या
आन बैठे जो तुमने प्यार किया

सख़्त काफ़िर था जिनने पहले मीर
मज़्हब-ए-'अश्क़ इख़्तियार किया

---

47. जफ़ाकार–ज़ालिम, अत्याचारी। तवह्हुम–भ्रम। सद–सैकड़ों, सौ। रग-ए-जाँ–ख़ून की सबसे बड़ी रग जो दिल में जाती है। ताब–बल, पेच (आभा के अर्थ में भी प्रयुक्त होता है।)। बाहम–परस्पर। तार–बाल। बेअदाई–बेरुख़ी। मज़्हब-ए-'अश्क़–प्रेम धर्म।

48

आये बरंग-ए-अब्र-ए-'अरक़नाक तुम यहाँ
हैरान हूँ कि आज किधर को करम हुआ

काफ़िर हमारे दिल की न पूछ अपने 'अिश्क़ में
बैतुल-हराम था, सो वह बैतुस्सनम हुआ

क्या क्या 'अज़ीज़ दोस्त मिले मीर ख़ाक में
नादान याँ किसू को किसू का भी ग़म हुआ

49

नुमूद करके वहीं, बह्र-ए-ग़म में बैठ गया
कहे तू, मीर भी इक बुलबुला था पानी का

---

48. बरंग-ए-अब्र-ए-'अरक़नाक—बरसते हुए बादल की तरह। हैरान—आश्चर्यचकित, अचम्भित। करम—दया। बैतुलहराम—का'बा। बैतुस्सनम—मूर्तिगृह, मन्दिर।
49. नुमूद—आविर्भाव, प्रकटन। बह्र-ए-ग़म—शोक का सागर।

50

कभू न आँखों में आया वह शोख़ ख़्वाब की तरह्
तमाम 'उम्र हमें उसका इन्तिज़ार रहा

शराब-ए-'अैश मुयस्सर हुई जिसे यक शब
फिर उसको, रोज़-ए-क़यामत तलक, ख़ुमार रहा

गली में उसकी गया, सो गया, न बोला फिर
मैं मीर मीर कर उसको बहुत पुकार रहा

---

50. शराब-ए-ऐश–भोग विलास की मदिरा। मुयस्सर–प्राप्त, उपलब्ध। यक शब–एक रात। रोज़-ए-क़यामत–प्रलय का दिन। ख़ुमार–मदिरालय।

51

जीते जी, कूचः-ए-दिलदार से, जाया न गया
उसकी दीवार का, सर से मिरे साया न गया

गुल में उसकी-सी जो बू आई, तो आया न गया
हमको बिन दोश-ए-सबा, बाग़ से लाया न गया

दिल में रह दिल में, कि मे'मार-ए-क़ज़ा से अब तक
ऐसा मतबू'अ मकाँ कोई बनाया न गया

क्या तुनुक हौसलः थे दीदः-ओ-दिल अपने, आह
एक दम राज़ महब्बत का छुपाया न गया

मह ने आ सामने, शब याद दिलाया था उसे
फिर वह ता सुब्ह मिरे जी से भुलाया न गया

गुल ने हरचन्द कहा, बाग़ में रह, पर उस बिन
जी जो उचटा, तो किसी तरह लगाया न गया

---

51. कूच-ए-दिलदार—प्रेमिका की गली। बू—सुगन्ध। दोश-ए-सबा—हवा का कन्धा। मे'मार-ए-क़ज़ा—(मे'मार—निर्माता। क़ज़ा—ईश्वर आज्ञा) संसार का बनानेवाला। मतबू'अ—मनोवांछित, पसन्दीदा। तुनुक हौसला—कम हिम्मत। दीदः-ओ-दिल—आँख और हृदय। एकदम—क्षण-भर। राज़—मर्म, भेद। मह (माह)—चन्द्रमा। शब—रात। ता सुब्ह—सुबह तक।

सरनशीन-ए-रह-ए-मैख़ानः हूँ, मैं क्या जानूँ
रस्म-ए-मस्जिद के तईं, शैख़, कि आया न गया

ख़ौफ़-ए-आशोब से ग़ौग़ा-ए-क़यामत के लिए
ख़ून-ए-ख़्वाबीदः-ए-'उश्शाक़ जगाया न गया

शहर-ए-दिल आह 'अजब जाय थी, पर उसके गये
ऐसा उजड़ा कि किसी तरह बसाया न गया

ज़ेर-ए-शम्शीर-ए-सितम, मीर, तड़पना कैसा
सर भी तस्लीम-ए-महब्बत में हिलाया न गया

सर नशीन-ए-रह-ए-मैख़ाना--मदिरालय की राह में बैठा हुआ। रस्म-ए-मस्जिद--मस्जिद की रीति, आराधना। ख़ौफ़-ए-आशोब--उपद्रव का डर। ग़ौग़ा-ए-क़यामत--प्रलय का कोलाहल। ख़ून-ए-ख़्वाबीदः-ए-'अुश्शाक़--क़त्ल किये हुए आशिक़ों का सोया हुआ ख़ून। शहर-ए-दिल--दिल का नगर। जाय--जगह, स्थान। ज़ेर-ए-शमशीर-ए-सितम--अत्याचार की तलवार के नीचे। तस्लीम-ए-महब्बत--प्रेम-स्वीकृति, प्रेमाभिवादन।

52

गये जूँ शम्'अ, उस मज्लिस में जलने
सभों पर हाल है रौशन हमारा

बहुत चाहा था अब्र-ए-तर ने, लेकिन
न मिन्नतकश हुआ, गुल्शन हमारा

चमन में हम भी ज़ंजीरी रहे हैं
सुना होगा कभू, शेवन हमारा

किया था रेख़्तः पर्दः सुख़न का
सो ठहरा है यही, अब फ़न हमारा

न बहके मैकदे में मीर क्योंकर
गिरौ सौ जा है, पैराहन हमारा

52. जूँ शम्'अ–चिराग़ की तरह। मज्लिस–गोष्ठी, महफ़िल। रौशन–प्रकाशित, प्रकट। अब्र-ए-तर–पानी से भरा हुआ बादल। मिन्नतकश–आभारी। ज़ंजीरी–बँधा हुआ, बन्दी। शेवन–आर्तनाद, रोना, प्रलाप। रेख़्तः–कविताबद्ध। सुख़न–वार्तालाप। फ़न–कला। मैकदा–शराबख़ाना, मदिरालय। गिरौ–गिरवी। सौ जा–सौ जगह।

53

गलियों में अब तलक तो, मज़्कूर है हमारा
अफ़सानः-ए-महब्बत, मशहूर है हमारा

हैं मुश्त-ए-ख़ाक, लेकिन, जो कुछ हैं मीर हम हैं
मक़्दूर से ज़ियादः मक़्दूर है हमारा

53. मज़्कूर—ज़िक्र, चर्चा। अफ़साना-ए-महब्बत—प्रेम-कथा। मुश्त-ए-ख़ाक—मुट्ठी-भर मिट्टी। मक़्दूर—सामर्थ्य, साहस।

54

सहर गह 'ईद में, दौर-ए-सुबू था
पर अपने जाम में, तुझ बिन, लहू था

ग़लत था आप से ग़ाफ़िल गुज़रना
न समझे हम, कि इस क़ालिब में तू था

चमन की वज़्'अ ने, हम को किया दाग़
कि हर गुंचः दिल-ए-पुर आरज़ू था

गुल-ओ-आईनः क्या, ख़ुर्शीद-ओ-मह क्या
जिधर देखा, तिधर तेरा ही रू था

जहाँ पुर है फ़साने से हमारे
दिमाग़-ए-'अिश्क़ हम को भी कभू था

मगर दीवानः था गुल भी किसू का
कि पैराहन में सौ जागह रफ़ू था

---

54. सहरगह—प्रातःकाल। 'ईद—ख़ुशी। दौर-ए-सुबू—शराब का दौर। ग़ाफ़िल—असावधान, निश्चेत। क़ालिब—देह, ढाँचा। वज़्'अ—वेशभूषा, सजधज। गुंचा—कली। दिल-ए-पुर आरज़ू—अरमान भरा दिल। गुल-ओ-आईनः—पुष्प और दर्पण। ख़ुर्शीद-ओ-मह—सूरज और चाँद। रू—चेहरा, मुख। जहाँ (जहान)—संसार। पुर—भरा हुआ। फ़साना—कहानी। दिमाग़-ए-'अिश्क़—महब्बत का अभिमान (गर्व)। मगर—शायद।

कहीं क्या बाल तेरे खुल गये थे
कि झोंका बाओ का कुछ मुश्कबू था

न देखा मीर-ए-आवारः को लेकिन
गुबार इक नातवाँ सा, कू-ब-कू था

मुश्कबू–कस्तूरी की सुगन्ध से भरा हुआ। गुबार–धूल, गर्द। नातवाँ–दुर्बल। कू-ब-कू–गली-गली, हर जगह।

55

राह-ए-दूर-ए-'अिश्क़ से, रोता है क्या
आगे आगे देखिये होता है क्या

सब्ज़ होती ही नहीं, यह सरज़मीं
तुख़्म-ए-ख़्वाहिश, दिल में तू बोता है क्या

ग़ैरत-ए-युसूफ़ है, यह वक़्त-ए-'अज़ीज़
मीर इसको रायगाँ खोता है क्या

56

पंजः-ए-गुल की तरह, दीवानगी में हाथ को
गर निकाला मैं गरीबाँ से, तो दामन में रहा

हम न कहते थे, कि मत दैर-ओ-हरम की राह चल
अब यह दा'वा, हश्र तक शैख़-ओ बिरहमन में रहा

---

55. राह-ए-दूर-ए-'अिश्क़–प्रेम का लम्बा मार्ग। सब्ज़–हरी। सरज़मीं–भूमि। तुख़्म-ए-ख़्वाहिश–इच्छा का बीज। ग़ैरत-ए-यूसुफ़–(यूसुफ़–एक पैग़म्बर, जो बहुत ख़ूबसूरत थे। उन्हें उनके भाइयों ने एक कुएँ में फेंक दिया था।) इतना सुन्दर और मूल्यवान जिस पर यूसुफ़ को भी ईर्ष्या होने लगे। वक़्त-ए-'अज़ीज़–बहुमूल्य समय। रायगाँ–व्यर्थ।
56. पंजः-ए-गुल–फूल का प्रहस्त (हाथ)। दैर-ओ-हरम–मन्दिर-मस्जिद। दा'वा–झगड़ा। हश्र–क़यामत, प्रलय।

57

ग़म्ज़े ने उसके, चोरी में दिल की, हुनर किया
उस ख़ानुमाँ ख़राब ने, आँखों में घर किया

रंग उड़ चला चमन में गुलों का तो क्या, नसीम
हम को तो रोज़गार ने बे बाल-ओ-पर किया

क्या जानूँ बज़्म-ए-'अैश, कि साक़ी की चश्म देख
मैं सोहबत-ए-शराब से आगे सफ़र किया

जिस दम कि तेग़-ए-'अिश्क़ खिंची, बुलहवस कहाँ
सुन लीजियो कि हम ही ने सीनः सिपर किया

है कौन आप में, जो मिले तुझसे, मस्त-ए-नाज़
ज़ौक़-ए-ख़बर ही ने तो हमें बेख़बर किया

---

57. ग़मज़े–(ग़मज़ः)–कटाक्ष। हुनर किया–प्रवीणता दिखाई। ख़ानुमाँ ख़रांब–निर्वासी। (यहाँ मीर ने इस शब्द को ऐसे चोर-उचक्के के अर्थ में प्रयुक्त किया है, जिसका अपना कोई घर न हो और जो गली-कूचों में मार-मारा फिरता हो।) नसीम–समीर। रोज़गार–समय, ज़माना। बे बाल-ओ-पर–जिसके पर नोच लिये गये हों। बज़्म-ए-'अैश–भोग-विलास की महफ़िल। चश्म–आँख (टेढ़ी आँख)। सोहबत-ए-शराब–मदिरा पान। जिस दम–जिस समय। तेग़-ए-'अिश्क़–प्रेम की तलवार। बुल्हवस–नितान्त लोभी। सीनः सिपर करना–सीने की ढाल बना लेना यानी तलवार खाने के लिये सीना आगे कर देना। मस्त-ए-नाज़–अपने सौन्दर्याभिमान में खोया हुआ। ज़ौक़-ए-ख़बर–ख़बर मिलने का शौक़।

वह दश्त-ए-ख़ौफ़नाक, रहा है मिरा वतन
सुनकर जिसे, ख़िज़र ने सफ़र से हज़र किया

कुछ कम नहीं हैं शो'बदःबाज़ों से मैगुसार
दारू पिला के शैख़ को आदम से ख़र किया.

लुक्नत तिरी ज़बान की है सेह्र, जिससे शोख़
इक हर्फ़-ए-नीम गुफ़्तः ने दिल पर असर किया

दश्त-ए-ख़ौफ़नाक–भयानक जंगल। ख़िज़र–(ख़िज़्र)–मार्ग-प्रदर्शक, पैग़म्बर। हज़र–आपत्ति, उपेक्षा, बचना, डरना। शो'ब्दःबाज़–बाज़ीगर, तमाशा दिखानेवाला। मैगुसार–शराब पीनेवाले। आदम–आदमी। ख़र–गधा। लुक्नत–ज़बान का लड़खड़ाना। सेह्र–जादू। शोख़–चंचल। हर्फ़-ए-नीम गुफ़्तः–आधा कहा हुआ शब्द।

58

कुछ न देखा फिर, बजुज़ इक शो'लः-ए-पुर पेच-ओ-ताब
शमू'अ तक तो हम ने देखा था कि परवाना गया

एक ही चश्मक बनी थी सोहबत-ए-अहबाब की
दीदः-ए-तर साथ ले मज्लिस से पैमाना गया

गुल खिले सद रंग तो क्या, बे परी से अय नसीम
मुद्दतें गुज़रीं कि वह गुलज़ार का जाना गया

---

58. बजुज़—सिवा, अलावा। शो'लः-ए-पुर पेच-ओ-ताब—लपकता हुआ शोला। शम'अ—दीपक। परवानः—पतंगा। चश्मक—पलक झपकना, इशारा। सोहबत-ए-अहबाब—यार-दोस्तों की संगत, मित्र-मिलन। दीदः-ए-तर—आँसू-भरी आँख। मज्लिस—महफ़िल, गोष्ठी। पैमाना—मधुपात्र, शराब पीने का गिलास। सदरंग—सैकड़ों रंग के। बेपरी—पर न होना। नसीम—समीर।

59

हाथ से तेरे अगर, मैं नातवाँ मारा गया
सब कहेंगे यह, कि क्या इक नीमजाँ मारा गया

वस्ल-ओ-हिज्राँ, यह जो दो मंज़िल हैं राह-ए-'अिश्क़ की
दिल ग़रीब इनमें ख़ुदा जाने कहाँ मारा गया

दिल ने सर खेंचा दयार-ए-'अिश्क़ में, अय बुल्हवस
वह सरापा आरज़ू, आख़िर जवाँ मारा गया

कब नियाज़-ए-'अिश्क़, नाज़-ए-हुस्न से खेंचे है हाथ
आख़िर आख़िर मीर सर बर आस्ताँ मारा गया

---

59. नातवाँ—दुर्बल। नीम जाँ—अधमुआ। वस्ल-ओ-हिजराँ—मिलन और विरह। मंज़िल—पड़ाव। राह-ए-'अिश्क़—प्रेम मार्ग। सर खेंचा—सर उठाया। दयार-ए-'अिश्क़—प्रेम नगर। बुल्हवस—अत्यन्त लोभी। सरापा आरज़ू—पूर्ण अभिलाषा। नियाज़-ए-'अिश्क़—प्रेम-श्रद्धा। नाज़-ए-हुस्न—सौन्दर्याभिमान। सर बर आस्ताँ—चौखट पर सर रखे हुए।

60

दिल से रुख़्सत हुई कोई ख़्वाहिश
गिरियः कुछ बे सबब नहीं आता

दूर बैठा, गुबार-ए-मीर, उससे
'अिश्क़ बिन, यह अदब नहीं आता

61

मैंने तो सर दिया, मगर जल्लाद
किसकी गर्दन प यह वबाल पड़ा

शैख़ क़ल्लाश है, जुए में न लाओ
याँ हमारा रहे है माल, पड़ा

ख़ूब रू अब नहीं हैं गन्दुम गूँ
मीर हिन्दोस्ताँ में काल पड़ा

---

60. गिरियः—रोना, आँसू। गुबार-ए-मीर—मीर की राख (धूलि)। अदब—सभ्यता।
61. क़ल्लाश—निर्धन। ख़ूबरू—अच्छी सूरतवाले। गन्दुमगूँ—गेहुँआ रंग।

62

रह-ए-तलब में गिरे होते सर के भल हम भी
शिकस्तः पाई न अपनी, हमें सँभाल लिया

63

क़द्र रखती न थी मता'-ए-दिल
सारे 'आलम में, मैं दिखा लाया

दिल, कि यक क़तरः ख़ूँ नहीं है बेश
एक 'आलम के सर, बला लाया

दिल मुझे उस गली में ले जाकर
और भी ख़ाक में मिला लाया

इब्तिदा ही में मर गये सब यार
'अिश्क़ की, कौन इन्तिहा लाया

अब तो जाते हैं बुतकदे से मीर
फिर मिलेंगे अगर ख़ुदा लाया

---

62. रह-ए-तलब—अन्वेषण, अभिलाषा का मार्ग। शिकस्ता पाई—असमर्थता, पैरों का टूटा हुआ होना।

63. क़द्र—मूल्य। मता'-ए-दिल—दिल की दौलत, दिल का माल। 'आलम—संसार। यक क़तरः—बूँद-भर। बेश—ज़्यादा। बला—विपत्ति। इन्तिहा लाना—आख़िर तक पहुँचना।

64

सब्ज़ान-ए-ताज़ः रो की जहाँ जल्वः गाह थी
अब देखिये तो वाँ नहीं सायः दरख़्त का

जूँ बर्गहा-ए-लालः, परीशान हो गया
मज़्कूर क्या है अब, जिगर-ए लख़्त लख़्त का

दिल्ली में आज भीख भी मिलती नहीं उन्हें
था कल तलक दिमाग़ जिन्हें ताज-ओ-तख़्त का

ख़ाक-ए-सियह से मैं जो बराबर हुआ हूँ मीर
सायः पड़ा है मुझ प किसू तीरः बख़्त का

---

64. सब्ज़ान-ए-ताज़ः रो—नये उगे हुए (तरोताज़ा) पौधे। जल्वःगाह—दर्शनस्थल। बर्गहा-ए-लालः—लाले के फूल की पंखुड़ियाँ। मज़्कूर—ज़िक्र, चर्चा। जिगर-ए-लख़्त लख़्त—टुकड़े-टुकड़े जिगर। दिमाग़—घमंड। ख़ाक-ए-सियह—तुच्छ रज। तीरः बख़्त—अभागा, काली क़िस्मतवाला।

65

न हो क्यों ग़ैरत-ए-गुल्ज़ार वह कूचः, ख़ुदा जाने
लहू , उस ख़ाक पर, किन किन 'अज़ीज़ों का बहा होगा

66

यह 'ऐशगह नहीं है, याँ रंग और कुछ है
हर गुल है इस चमन में, साग़र भरा लहू का

बुलबुल, ग़ज़ल सराई, आगे हमारे मत कर
सब हम से सीखते हैं, अन्दाज़ गुफ़्तगू का

---

65. ग़ैरत-ए-गुल्ज़ार—बाग़ के समान। 'अज़ीज़—प्यारे, यार-दोस्त, सगे सम्बन्धी।
66. 'ऐशगह ('ऐशगाह)—भोग-विलास की जगह। साग़र—प्याला। ग़ज़ल सराई करना—ग़ज़ल गाना।

67

शोहरः-ए-'आलम इसी युम्न-ए-महब्बत ने किया
वर्नः मजनूँ एक ख़ाक उफ़्तादः-ए-वीरानः था

मंज़िल उस मह की रहा जो मुद्दतों, अय हमनशीं
अब वह दिल, गोया कि, इक मुद्दत का मातम ख़ानः था

इक निगाह-ए-आश्ना को भी वफ़ा करता नहीं
वा हुईं मिश़गाँ, कि सब्ज़ः सब्ज़ः-ए-बेगानः था

याद-ए-अय्यामे, कि अपनी रोज़-ओ-शब की जा-ए-बाश
या दर-ए-बाज़-ए-बयाबाँ, या दर-ए-मैख़ानः था

बा'द ख़ूँरेज़ी के, मुद्दत बेहिना रंगीं रहा
हाथ उसका, जो मिरे लोहू में गुस्ताख़ानः था

---

67. शोहरः-ए-'आलम—जगत प्रसिद्ध। युम्न-ए-महब्बत—महब्बत की बरकत, प्रेम का प्रताप। ख़ाक उफ़्तादः-ए-वीराना—वीराने की धूल में पड़ा हुआ। मंज़िल—स्थान, जगह। मह (माह)—चाँद, मा'शूक़। हमनशीं—साथी, दोस्त। गोया कि—जैसे, मानो। मातम ख़ानः—विलाप गृह। निगाह-ए-आश्ना—परिचित दृष्टि, महब्बत की नज़र। वफ़ा—प्रेम-निर्वाह। वा होना—खुलना। मिश़गाँ—पलकें। सब्ज़ः—हरियाली, दूब। याद-ए-अय्यामे—वह दिन याद हैं। रोज़-ओ-शब—दिन-रात। जा-ए-बाश—रहने की जगह। दर-ए-बाज़-ए-बयाबाँ—खुला जंगल। दर-ए-मैख़ानः— मदिरालय का दरवाज़ा। ख़ूँरेज़ी—ख़ून बहाना, रक्तपात। मुद्दत—बहुत दिनों तक। बेहिना—बिना मेहँदी के। रंगीं—रक्त-रंजित। गुस्ताख़ाना—उद्दंडता के साथ।

शब फ़रोग़-ए-बज़्म का बा'अिस हुआ था हुस्न-ए-दोस्त
शम्'अ का जल्वः, गुबार-ए-दीदः-ए-पर्वानः था

रात उसकी चश्म-ए-मैगूँ ख़्वाब में देखी थी मैं
सुब्ह सोते से उठा तो सामने पैमानः था

शब—रात को। फ़रोग़-ए-बज़्म— महफ़िल की चमक-दमक। बा'अिस—कारण, सबब। हुस्न-ए-दोस्त—माशूक़ का सौन्दर्य। शम'अ—चिराग़, दीपक। जल्वः—छवि, कान्ति। गुबार- ए-दीद-ए-परवानः—पतिंगे की आँखों में पड़ी हुई रेत। चश्म-ए-मैगूँ—शराब के रंग की आँख, गुलाबी या शराबी आँख। ख़्वाब—स्वप्न। पैमानः—मदिरा पात्र।

68

पैग़ाम-ए-ग़म जिगर का, गुल्ज़ार तक न पहुँचा
नालः मिरा, चमन की दीवार तक न पहुँचा

जूँ नक़्श-ए-पा है गुर्बत, हैरान-ए-कार उसकी
आवारः हो वतन से, जो यार तक न पहुँचा

यह बख़्त-ए-सब्ज़ देखो बाग़-ए-ज़मानः में से
पशमुर्दः गुल भी, अपनी दस्तार तक न पहुँचा

यूसुफ़ से ले के ता गुल, फिर गुल से लेके ता शम्'अ
यह हुस्न किसको लेकर, बाज़ार तक न पहुँचा

---

68. पैग़ाम-ए-ग़म—ग़म का सन्देश। गुल्ज़ार—चमन, बाग़। नालः—आर्तनाद। नक़्श-ए-पा—पैरों के निशान, पदचिह्न। गुर्बत—बेवतनी, परदेसी होना, दरिद्रता। हैरान-ए-कार—आश्चर्यचकित, विस्मित। बख़्त-ए-सब्ज़—दुर्भाग्य। बाग़-ए-ज़मानः—बाग़रूपी संसार। पशमुर्दः गुल—मुरझाया हुआ फूल। दस्तार—पगड़ी। यूसुफ़—एक पैग़म्बर, जो अपने हुस्न की वजह से गुलाम बनाकर मिस्र के बाज़ार में बेचे गये थे। ता गुल—फूल तक। ता शम'अ—चिराग़ तक।

69

मा'मूर शराबों से, कबाबों से, है सब दैर
मस्जिद में है क्या शैख़, पियाला न निवाला

गुज़रे है लहू वाँ, सर-ए-हर ख़ार से अब तक
जिस दश्त में फूटा है, मिरे पाँव का छाला

देखे है मुझे दीदः-ए-पुरख़श्म से वह, मीर
मेरे ही नसीबों में था, यह ज़हर का प्याला

---

69. मा'मूर—भरा हुआ। दैर—पारसियों और ईसाइयों का आराधना-गृह। सर-ए-हर ख़ा़र—हर काँटे की नोक। दश्त—जंगल, रेगिस्तान। दीदः-ए-पुरख़श्म—क्रोधभरी आँख।

70

दैर-ओ-हरम से गुज़रे, अब दिल है घर हमारा
है ख़त्म इस आब्ले पर, सैर-ओ-सफ़र हमारा

हैं तेरे आइने की तिम्साल हम, न पूछो
इस दश्त में नहीं है, पैदा असर हमारा

नश्व-ओ-नुमा है अपनी, जूँ गर्द बाद अनोखी
बालीदः ख़ाक-ए-रह से, है यह शजर हमारा

इस कारवाँ सरा में, क्या मीर बार खोलें
याँ कूच लग रहा है, शाम-ओ-सहर हमारा

---

70. दैर-ओ-हरम—मन्दिर-मस्जिद। आब्ले (आबलः)—छाला। आइने की तिमसाल—दर्पण की तरह। असर—प्रभाव। नश्व-ओ-नुमा—विकास। गर्दबाद—बगूला। बालीदः—विकसित। ख़ाक-ए-रह—रास्ते की धूल। शजर—पेड़, वृक्ष। कारवाँसरा—सराय, विश्रामगृह। बार—सामान, अस्बाब। शाम-ओ-सहर—सुबह-शाम।

71

दिल न पहुँचा, गोशः-ए-दामाँ तलक
क़तरः-ए-ख़ूँ था मिशः पर जम रहा

जामः-ए-एह्राम-ए-ज़ाहिद पर न जा
था हरम में, लेक ना महरम रहा

मेरे रोने की हक़ीक़त जिसमें थी
एक मुद्दत तक वह काग़ज़ नम रहा

सुब्ह-ए-पीरी, शाम होने आयी मीर
तू न चेता, याँ बहुत दिन कम रहा

72

मज्लिस-ए-आफ़ाक़ में पर्वानः साँ
मीर भी शाम अपनी सह्र कर गया

---

71. गोशः-ए-दामाँ—दामन का कोना। क़तरः-ए-ख़ूँ—ख़ून की बूँद। मिशः—पलक। जामः-ए-एह्राम-ए-ज़ाहिद—हज के वक़्त पहना जानेवाला कपड़ा जो ज़ाहिद (संयमी) ने बाँध रखा है। हरम—का'बा। लेक—लेकिन। ना महरम—अपरिचित। हक़ीक़त—वृत्तान्त (यथार्थ)। नम—भीगा हुआ, गीला। सुब्ह-ए-पीरी—बुढ़ापे की सुबह।
72. मज्लिस-ए-आफ़ाक़—संसार की महफ़िल। परवानः साँ—पतिंगे की तरह। सह्र—सुबह, प्रातःकाल।

73

सरसरी तुम जहान से गुज़रे
वर्नः हर जा, जहान-ए-दीगर था

दिल की कुछ क़द्र करते रहियो तुम
यह हमारा भी नाज़ परवर था

अब ख़राबः हुआ जहानाबाद
वर्नः हर यक क़दम प याँ घर था

क़त'अः

बे ज़री का न कर गिलः ग़ाफ़िल
रह तसल्ली, कि यूँ मुक़द्दर था

इतने मुन'अिम जहान में गुज़रे
वक़्त रह्लत के, किस कने ज़र था
साहब-ए-जाह-ओ-शौकत-ओ-इक़्बाल
इक अज़ाँ जुमलः, अब सिकन्दर था

---

73. जा–जगह। जहान-ए-दीगर–दूसरा ही संसार। क़द्र–आदर, सम्मान। नाज़ परवर–नाज़ों का पाला हुआ, लाडला। ख़राबः–वीराना। जहानाबाद–दिल्ली का पुराना नाम। बेज़री–निर्धनता। ग़ाफ़िल–असावधान। रह तसल्ली–धीरज धरो। मुक़द्दर–भाग्य। मुन'अिम–धनवान। जहान–दुनिया, संसार। रह्लत–मृत्यु। ज़र–धन। साहब... इक़्बाल–प्रतिष्ठित, वैभवी और प्रतापी। अज़ाँ जुमलः–उनमें से एक।

थी यह सब कायनात, ज़ेर-ए-नगीं
साथ, मोर-ओ-मलख़ सा लश्कर था

ला'ल-ओ-याक़ूत, हम ज़र-ओ-गौहर
चाहिए जिस क़दर, मुयस्सर, था

आख़िर-ए-कार, जब जहाँ से गया
हाथ ख़ाली कफ़न से बाहर था

ख़ुश रहा, जब तलक रहा जीता
मीर, मा'लूम है, क़लन्दर था

कायनात—संसार। ज़ेर-ए-नगीं—शासनाधीन, मातहत देश। मोर-ओ-मलख़—कीड़े-मकौड़े। ज़र-ओ-गौहर—सोना और मोती। मुयस्सर—प्राप्त, उपलब्ध। क़लन्दर—फ़क़ीर, महात्मा।

74

पा-ए-पुर आब्लः से, मैं गुमशुदः गया हूँ
हर ख़ार बादिये का, मेरा निशान देगा

75

कब मुसीबत ज़दः दिल, माइल-ए-आज़ार न था
कौन से दर्द-ओ-सितम का, यह तरफ़दार न था

आदम-ए-ख़ाकी से, 'आलम को जिला है, वर्नः
आइनः था यह, वले क़ाबिल-ए-दीदार न था
धूप में जलती हैं, गुर्बत वतनों की लाशें
तेरे कूचे में मगर, सायः-ए-दीवार न था

रात, हैरान हूँ, कुछ चुप ही मुझे लग गयी मीर
दर्द-ए-पिन्हाँ थे बहुत, पर लब-ए-इज़्हार न था

---

74. पा-ए-पुर आब्लः–पाँव, जिसमें छाले पड़े हुए हों। गुमशुदः–खोया हुआ (आत्मलीन)। ख़ार–काँटा। बादयः–मैदान। निशान–चिह्न।

75. मुसीबत ज़दः–पीड़ित, दुखी। माइल-ए-आज़ार–दुखों से प्रेम करनेवाला। आदम-ए-ख़ाकी–ख़ाक का पुतला, इंसान। जिला–चमक, रौनक़, शोभा। वले–लेकिन। क़ाबिल-ए-दीदार–देखने के योग्य। गुर्बत वतनों–परदेसियों। मगर–शायद। सायः-ए-दीवार–दीवार की छाया। दर्द-ए-पिन्हाँ–छुपा हुआ दर्द। लब-ए-इज़्हार–कहने की शक्ति।

76

कल चमन में, गुल-ओ-समन देखा
आज देखा, तो बाग़ बन देखा

क्या है गुल्शन में, जो क़फ़स में नहीं
दाग़-ए-दिल देखे, सो चमन देखा

एक चश्मक, दोसद सिनान-ए-मिश़ः
उस नुकीले का बाँकपन देखा

हस्रत उसकी जगह थी ख़्वाबीदः
मीर का खोल कर कफ़न, देखा

---

76. गुल-ओ-समन–गुलाब और चमेली। गुल्शन–उपवन। क़फ़स–पिंजरा। चश्मक–इशारा। दो सद–दो सौ (सैकड़ों)। सिनान-ए-मिश़ः–पलकों की बर्छियाँ। हस्रत–निराशा। ख़्वाबीदः–सोई हुई।

77

जहाँ को फ़ितने से ख़ाली कभू नहीं पाया
हमारे वक़्त में, तू आफ़त-ए-ज़मानः हुआ

ख़लिश नहीं किसू ख़्वाहिश की रात से, शायद
सरश्क-ए-यास के पर्दे में, दिल रवानः हुआ

खुला नशे में, जो पगड़ी का पेच उसकी मीर
समन्द-ए-नाज़ को इक और ताज़ियानः हुआ

---

77. फ़ित्ने–उपद्रव। आफ़त-ए-ज़मानः–दुनिया के लिये मुसीबत। ख़लिश–चुभन। ख़्वाहिश–इच्छा। सरश्क-ए-यास–निराशा के आँसू। समन्द-ए-नाज़–गर्व का अश्व। ताज़ियानः–कोड़ा।

78

क्या दिन थे वे, कि याँ भी दिल-ए-आरमीदः था
रू, आशियान-ए-ताइर-ए-रंग-ए-परीदः था

जिस सैदगाह-ए-'अिश्क़ में, यारों का जी गया
मर्ग, उस शिकार गह का, शिकार-ए-रमीदः था

हासिल न पूछ, गुल्शन-ए-मशहद का, बुल्हवस
याँ फल हर इक दरख़्त का, हल्क़-ए-बुरीदः था

78. दिल-ए-आरमीदः—सन्तुष्ट दिल। रू—चेहरा। आशियान...परीदः—उड़े हुए रंग की चिड़िया का घोंसला। सैदगाह-ए-'अिश्क़—'अिश्क़ की शिकार गाह। जी—मन, दिल। मर्ग—मृत्यु। शिकारगह—शिकार गाह। शिकार-ए-रमीदः—भागा हुआ शिकार। हासिल—प्राप्त। गुल्शन-ए-मशहद—वध स्थल का बाग़ (ख़ून के धब्बों को फूलों से उपमा दी है।) बुल्हवस—बहुत बड़ा लालची, लोलुप। हल्क़-ए-बुरीदः—कटी हुई गर्दन।

79

आये अगर बहार, तो अब हम को क्या सबा
हम से तो आशियाँ भी गया और चमन गया

80

सर-ए-दौर-ए-फ़लक भी देखूँ, अपने रू-ब-रू टूटा
कि संग-ए-मोह्तसिब से, पा-ए-ख़ुम, दस्त-ए-सुबू टूटा

कहाँ आते मुयस्सर, तुझसे, मुझको ख़ुदनुमा इतने
हुआ यूँ इत्तिफ़ाक़, आईनः मेरे रू-ब-रू टूटा

---

80. सर-ए-दौर-ए-फ़लक—आस्मान का चक्कर। रु-ब-रू—सामने। संग-ए-मोह्तसिब—मद्यनिषेध-निरीक्षक का फेंका हुआ पत्थर। पा-ए-ख़ुम—शराब के मटके का पाँव। दस्त-ए-सुबू—मदिरा घट का हाथ। मुयस्सर—प्राप्त, उपलब्ध। ख़ुदनुमा—ख़ुद को दिखानेवाला (घमंडी)। इत्तिफ़ाक़—संयोग।

81

कैसा चमन, कि हम से असीरों को मन्‘अ है
चाक-ए-क़फ़स से, बाग़ की दीवार देखना

आँखें चुराइयो न टुक, अब्र-ए-बहार से
मेरी तरफ़ भी दीदः-ए-ख़ूँबार देखना

सय्याद, दिल है दाग़-ए-जुदाई से रश्क-ए-बाग़
तुझको भी हो नसीब, यह गुल्ज़ार देखना

गर ज़मज़मः यही है कोई दिन, तो हमसफ़ीर
इस फ़स्ल ही में, हम को गिरफ़्तार देखना

शायद हमारी ख़ाक से कुछ हो भी अय नसीम
ग़िरबाल करके कूचः-ए-दिल्दार देखना

---

81. असीरों—गिरफ़्तारों, क़ैदियों। चाक-ए-क़फ़स—पिंजरे की तीलियों के बीच की जगह। अब्र-ए-बहार—वसन्त का बादल। दीदः-ए-ख़ूँबार—ख़ून रोनेवाली आँख। सय्याद—शिकारी। दाग़-ए-जुदाई—विरह का दाग़। रश्क-ए-बाग़—जिसे देखकर बाग़ को भी ईर्ष्या होने लगे, बाग़ से भी सुन्दर। ज़मज़मः—राग, गान। हम-सफ़ीर—सखा, मित्र। नसीम—ठंडी हवा, मृदु समीर। ग़िरबाल—छलनी। कूच-ए-दिलदार—प्रेमिका की गली।

82

ग़लत है 'अिश्क़ में, अय बुल्हवस, अन्देशः राहत का
रिवाज, इस मुल्क में है, दर्द-ओ-दाग़-ओ-रंज-ओ-कुल्फ़त का

क़दम टुक देखकर रख मीर, सर दिल से निकालेगा
पलक से शोख़ तर काँटा है, सहूरा-ए-महब्बत का

83

दिल 'अिश्क़ का, हमेशः हरीफ़-ए-नबर्द था
अब जिस जगह कि दाग़ है, याँ आगे दर्द था।

गुज़री मुदाम उसकी जवानान-ए-मस्त में
पीर-ए-मुग़ाँ भी तुर्फ़ः कोई पीर मर्द था

---

82. बुल्हवस–लोलुप, बहुत बड़ा लालची। अन्देशः–शंका, भय। राहत–सुख, आराम। दर्द-ओ-दाग़-ओ-रंज-ओ-कुल्फ़त–पीड़ा, दुख, शोक और उलझन। शोख़ तर–अत्यधिक चंचल। सहूरा-ए-महब्बत–प्रेम का जंगल।

83. हरीफ़-ए-नबर्द–युद्ध करने के योग्य। मुदाम–हमेशा, सदैव। जवानान-ए-मस्त–मतवाले जवान। पीर-ए-मुग़ाँ–शराब बनानेवाला बूढ़ा। तुर्फ़ः–अनोखा, अद्‌भुत। पीर-मर्द–बूढ़ा, वृद्ध।

84

याँ बुलबुल और गुल प तू 'अिबरत से आँख खोल
गुलगश्त सरसरी नहीं, इस गुलसितान का

गुल यादगार-ए-चेह्रः-ए-ख़ूबाँ है, बेख़बर
मुर्ग़-ए-चमन, निशाँ है किसू ख़ुश ज़बान का

85

मुग़ाँ, मुझ मस्त बिन, फिर ख़न्दः-ए-साग़र न होवेगा
मै-ए-गुलगूँ का शीशः हिचकियाँ ले ले के रोवेगा

किया है ख़ूँ मिरा पामाल, यह सुर्ख़ी न छूटेगी
अगर क़ातिल, तू अपने हाथ सौ पानी से धोवेगा

---

84. 'अिब्रत–शिक्षा। गुलगश्त–बाग़ की सैर। सरसरी–यूँही। यादगार-ए-चेह्रः-ए-ख़ूबाँ–प्रेमिकाओं के चेहरों की निशानी। मुर्ग़-ए-चमन–बाग़ का पंछी। निशाँ–निशान, चिह्न। ख़ुश-ज़बान–मधुर-भाषी, मीठी बोली बोलनेवाला।
85. मुग़ाँ–अय शराब बनानेवाले। ख़न्दः-ए-साग़र–मदिरा के प्याले की हँसी। मै-ए-गुलगूँ–फूल के रंग की शराब। पामाल–नष्ट, बरबाद, पैरों से कुचलना।

86

‘अित्र आगीं है बाद-ए-सुब्ह, मगर
खुल गया पेच, ज़ुल्फ़-ए-ख़ुशबू का

एक-दो हों, तो सेह्र-ए-चश्म कहूँ
कारख़ानः है वाँ तो, जादू का

87

आह की मैं, दिल-ए-हैरान-ओ-ख़फ़ा को सौंपा
मैं ने यह गुंचः-ए-तस्वीर, सबा को सौंपा

तेरे कुचे में, मिरी ख़ाक भी पामाल हुई
था वह बेदर्द, मुझे जिनने वफ़ा को सौंपा

---

86. ‘अित्र-आगीं–इत्र में बसी हुई। बाद-ए-सुबह–प्रातः-समीर। ज़ुल्फ़-ए-ख़ुशबू–सुगन्धित लटें। सेहर-ए-चश्म–आँख का जादू।

87. दिल-ए-हैरान-ओ-ख़फ़ा–नाराज़ और अचम्भित दिल। गुंचः-ए-तस्वीर–चित्रकार द्वारा बनाया गया फूल। सबा–प्रातः-समीर। पामाल–नष्ट, बरबाद। बेदर्द–निर्दयी। वफ़ा–प्रेम-निर्वाह।

88

ख़ुदा को काम तो सौंपे हैं मैंने सब, लेकिन
रहे है ख़ौफ़ मुझे, वाँ की बेनियाज़ी का

बसान-ए-ख़ाक हो, पामाल-ए-राह-ए-ख़ल्क़, अय मीर
रखे है दिल में अगर क़स्द सरफ़राज़ी का

89

जल्वः है उसी का सब, गुल्शन में ज़माने के
गुल फूल को है उनने, पर्दा-सा बना रक्खा

---

88. बेनियाज़ी—बेपरवाही, निस्पृहता। बसान-ए-ख़ाक—ख़ाक की तरह। पामाल-ए-राह-ए-ख़ल्क़—जनता के क़दमों में बिछनेवाला। क़स्द—इरादा। सरफ़राज़ी—सम्मान।

89. जल्वः—दर्शन।

90

ख़ून कम कर अब, कि कुश्तों के तो पुश्ते लग गये
क़त्ल करते करते तेरे तईं जुनूँ हो जायेगा

91

यार 'अजब तरह निगह कर गया
देखना वह, दिल में जगह कर गया

तंग क़बाई का समाँ, यार की
पैरहन-ए-गुंचः को तह कर गया

---

90. कुश्तों–क़त्ल किये हुए। पुश्ते–ढेर। तेरे तईं–तुझे। जुनूँ–पागलपन।

91. निगाह–दृष्टि। तंग क़बाई–कपड़ों की चुस्ती। समाँ–दृश्य। पैरहन-ए-गुंचः–फूलों के वस्त्र।

92

आह-ए-सहर ने, सोज़िश-ए-दिल को मिटा दिया
इस बाद ने हमें तो दिया-सा बुझा दिया

आवारगान-ए-'अिश्क़ का, पूछा जो मैं निशाँ
मुश्त-ए-गुबार ले के, सबा ने उड़ा दिया

93

लज़्ज़त से नहीं ख़ाली, जानों का खपा जाना
कब ख़िज़्र-ओ-मसीहा ने, जीने का मज़ा जाना

अय शोर-ए-क़यामत हम, सोते ही न रह जावें
इस राह से निकले तो, हम को भी जगा जाना

जावे है गुज़र जी पर, उस वक़्त, क़यामत-सी
याद आवे है जब तेरा, इकबारगी आ जाना

---

92. आह-ए-सहर–प्रातःकाल का आर्तनाद। सोजिश-ए-दिल–दिल की जलन। बाद–हवा। आवारगान-ए-'अिश्क़–प्रेम की राह में भटकनेवाले। मुश्त-ए-गुबार–मुट्ठी-भर धूल। सबा–हवा, प्रातः समीर।

93. लज़्ज़त–आनन्द। ख़िज़्र-ओ-मसीहा–दो पैग़म्बरों के नाम, जो अमर हैं। शोर-ए-क़यामत–प्रलय का कोलाहल। इकबारगी–सहसा।

94

कुछ गुल से हैं शिगुफ़्तः, कुछ सर्व से हैं क़द कश
उसके ख़याल में हम, देखे हैं ख़्वाब क्या क्या

95

रफ़्तार-ओ-तौर-ओ-तर्ज़-ओ-रविश का, यह ढब है क्या
पहले सुलूक ऐसे ही तेरे थे, अब है क्या

'अिज़्ज़त भी, बा'द-ए-ज़िल्लत-ए-बिस्यार छेड़ है
मज्लिस में जब ख़फ़ीफ़ किया, फिर अदब है क्या

तुमने हमेशः जौर-ओ-सितम, बे सबब किये
अपना ही ज़र्फ़ था, जो न पूछा सबब है क्या

क्योंकर तुम्हारी बात करे कोई ए'तिबार
ज़ाहिर में क्या कहो हो, सुख़न ज़ेर-ए-लब है क्या

---

94. शिगुफ़्तः–ताज़े। सर्व–एक नाजुक और सदा हरा-भरा रहनेवाला वृक्ष जो बहुत ऊँचा होता है, सरौ। क़दकश–खड़े हुए।

95. रफ़्तार...रविश–गति, शैली और चलन। सुलूक–बर्ताव, व्यवहार। बा'द-ए-ज़िल्लत-ए-बिस्यार–बहुत सारे अपमान के बाद। मज्लिस–गोष्ठी, महफ़िल। ख़फ़ीफ़–अपमानित। अदब–शिष्टाचार। जौर-ओ-सितम–अत्याचार। ज़र्फ़–साहस, हौसला। सुख़न–कहना, बातचीत। ज़ेर-ए-लब–होंठों ही होंठों में, धीरे-धीरे बात करना।

96

अब भी दिमाग़-ए-रफ़्तः हमारा, है 'अर्श पर
गो आस्माँ ने ख़ाक में हम को मिला दिया

97

'आलम की सैर मीर की सोह्बत में हो गई
ताले' से मेरे हाथ यह बेदस्त-ओ-पा लगा

98

समझे थे हम तो मीर को 'आशिक़ उसी घड़ी
जब सुन के तेरा नाम वह बेताब-सा हुआ

---

96. दिमाग़-ए-रफ़्तः–खोया हुआ दिमाग़। 'अर्श–आकाश। गो–यद्यपि।
97. 'आलम–संसार। सोह्बत–संगति। ताले' से–भाग्य से। बेदस्त-ओ-पा–बिना हाथ-पाँव का, मजबूर, विवश।
98. बेताब–व्याकुल।

99

देख आरसी को, यार हुआ मह्व नाज़ का
ख़ानः ख़राब हूजियो, आईनः साज़ का

मारा न अपने हाथ से मुझको, हज़ार हैफ़
कुश्तः हूँ यार मैं तो, तिरे इम्तियाज़ का

इस लुत्फ़ से न गुंचः-ए-नरगिस खिला कभू
खुलना तो देख उस मिश्ः-ए-नीम बाज़ का

हिलती है यूँ पलक, कि गड़ी दिल में जाये है
अन्दाज़ दीदनी है मिरे दिलनवाज़ का

फिर मीर आज मस्जिद-ए-जामे' में थे इमाम
दाग़-ए-शराब धोते थे कल जानमाज़ का

---

99. मह्व नाज़ का—नाज़ (अभिमान) में डूबा हुआ (लीन)। ख़ानः ख़राब—घर बरबाद हो जाये। आईनः साज़—आईना बनानेवाला। हज़ार हैफ़—हज़ार अफ़सोस। कुश्तः—क़त्ल किया हुआ, मारा हुआ। इम्तियाज़—फ़र्क़ करना, अन्तर करना। लुत्फ़—आनन्द। गुंचः-ए-नरगिस—नरगिस की कली। मिश्ः-ए-नीमबाज़—अधखुली पलकें। अन्दाज़—ढंग, शैली। दीदनी—देखने योग्य। दिलनवाज़—मन मोहक। मस्जिद-ए-जामे'—बड़ी मस्जिद। दाग़-ए-शराब—शराब का धब्बा। जानमाज़—वह कपड़ा जिस पर नमाज़ पढ़ी जाती है।

100

नज़र में तौर रख, उस कम नुमा का
भरोसा क्या है, 'अुम्र-ए-बेवफ़ा का

परस्तिश अब उसी बुत की है हर सू
रहा होगा कोई बन्दः ख़ुदा का
कहीं उस जुल्फ़ से क्या लग चली है
पड़े है पाँव बेढब कुछ सबा का

101

रह मीर ग़रीबानः, जाता था चला रोता
हर गाम, गिलः लब पर, यारान-ए-वतन का था

---

100. तौर—तरीक़ा, ढंग। कमनुमा—कम दिखाई देनेवाला। परस्तिश—पूजा, आराधना। बुत—मूर्ति, प्रेमिका। हर सू—हर तरफ़, चहुँ ओर। बन्दः—भक्त, साधु। जुल्फ़—बाल, लटें। सबा—प्रातःसमीर।

101. रह—रास्ता, मार्ग। ग़रीबानः—दरिद्रता की हालत में। हर गाम—हर क़दम। गिलः—शिकायत। लब—होंठ। यारान-ए-वतन—देशवासी।

102

यह रविश है दिलबरों की, न किसू से साज़ करना
कोई ख़ाक से हो यकसाँ, वही उनको नाज़ करना

यह भी तुर्फ़ः माजिरा है, कि उसी को चाहता हूँ
मुझे चाहिये है जिससे, बहुत एह्तिराज़ करना

103

नीमचः हाथ में, मस्ती से लहू-सी आँखें
सज तिरी देख के, अय शोख़, हज़र हमने किया

पाँव के नीचे की मिट्टी न होगी हम-सी
क्या कहें, 'उम्र को किस तौर बसर हमने किया

जैसे हस्रत लिये, जाता है जहाँ से कोई
आह यूँ कूचः-ए-दिलबर से सफ़र हम ने किया

---

102. रविश—रवैया, ढंग। दिलबरों—प्रेमिकाओं। साज़ करना—मेल-जोल, दोस्ती। ख़ाक से हो यकसाँ—ख़ाक के समान हो, (मिट्टी में मिले)। नाज़—गर्व, घमंड। तुर्फ़ः—अजीब, अनोखा, अद्‌भुत। माजिरा—बात, मामला। एह्तिराज़—बचना, दूर रहना।
103. नीमचः—छोटा नेज़ा। शोख़—चंचल। हज़र—उपेक्षा, बचना। किस तौर—किस प्रकार, किस तरह। हस्रत—निराशा। जहाँ—दुनिया। कूचः-ए-दिलबर—प्रेमिका की गली।

104

फिरता है ज़िन्दगी के लिये आह ख़्वार क्या
इस वह्‌म की नुमूद का है ए'तिबार क्या

क्या जानें हम असीर-ए-क़फ़स ज़ाद, अय नसीम
गुल कैसे, बाग़ कहते हैं किसको, बहार क्या

आँखें बरंग-ए-नक़्श-ए-क़दम हो गईं सुफ़ैद
फिर और कोई उसका करे इन्तिज़ार क्या

मारा हो एक-दो को, तो हो मुद्द'ई कोई
कुश्तों का उसके, रोज़-ए-जज़ा में शुमार क्या

पाते हैं अपने हाल में मजबूर सबको हम
कहने को इख़्तियार है, पर इख़्तियार क्या

---

104. ख़्वार–अपमानित। वह्‌म–भ्रम। नुमूद–आविर्भाव, ज़ूहूर। असीर-ए-क़फ़स ज़ाद–पैदायशी बन्दी। नसीम–हवा, ठंडी हवा, मृदु समीर। बरंग-ए-नक़्श-ए-क़दम–पदचिह्‌नों की तरह। मुद्द'ई–प्रतिवादी। कुश्तों–मरे हुओं, क़त्ल किये हुओं। रोज़-ए-जज़ा–क़यामत के दिन, प्रलय के दिन। शुमार–गिनती, गणना। हाल–स्थिति, हालत। इख़्तियार–अधिकार।

105

सर बसर कीं है, लेक वह पुरकार
देखो तो मेह्रबान है गोया

हैरत-ए-रू-ए-गुल से मुर्ग़-ए-चमन
चुप है यूँ, बे ज़बान है गोया

मस्जिद ऐसी भरी भरी कब है
मैकदः इक जहान है गोया

106

इक निगह, एक चश्मक, एक सुख़न
इसमें भी तुमको है ताम्मुल सा

---

105. सरबसर—सम्पूर्ण। कीं—द्वेष। लेक—लेकिन। पुरकार—चालाक। गोया—मानो, जैसे। हैरत-ए-रू-ए-गुल—फूल के मुखड़े से आश्चर्यचकित। मुर्ग़-ए-चमन—बाग़ का पंछी, बुलबुल। मैकदः—मदिरालय। जहान—संसार।

106. चश्मक—इशारा। सुख़न—कहना, बोलना, सम्बोधन। ताम्मुल—संकोच, झिझक।

107

उससे यूँ गुल ने रंग पकड़ा है
शमु'अ से जैसे लें चराग़ लगा

108

तमाम रोज़ जो कल मैं पिये शराब, फिरा
बसान-ए-जाम लिये दीदः-ए-पुर आब फिरा

कहीं ठहरने की जा, याँ न देखी मैंने मीर
चमन में 'आलम-ए-इम्काँ के, जैसे आब, फिरा

---

108. बसान-ए-ज़ाम–जाम की तरह, मदिरा पात्र की तरह। दीदः-ए-पुरआब–आँसुओं से भरी हुई आँख। जा–जगह। 'आलम-ए-इम्काँ–संसार, दुनिया। आब–पानी।

109

बे रंग, बे सबाती, यह गुलसिताँ बनाया
बुलबुल ने क्या समझकर, याँ आशियाँ बनाया

उड़ती है ख़ाक यारब, शाम-ओ-सहर जहाँ में
किसके गुबार-ए-दिल से, यह ख़ाकदाँ बनाया

इक रंग पर न रहना, याँ का 'अजब नहीं है
क्या क्या न रंग लाये, तब यह जहाँ बनाया

नक़्श-ए-क़दम से उसके, गुलशन की तरह डाली
गर्द-ए-रह उसकी लेकर, सर्व-ए-रवाँ बनाया

इस सह्न पर यह वुस'अत, अल्लाह री तेरी सन'अत
मे'मार ने क़ज़ा के, दिल क्या मकाँ बनाया

---

109. बेसबाती–असारता, अस्थायित्व। आशियाँ–घोंसला। यारब–हे भगवान, या ख़ुदा। शाम-ओ-सहर–सुबह-शाम। गुबार-ए-दिल–दिल की राख। ख़ाकदाँ–मिट्टी से बना हुआ संसार। अजब–आश्चर्य। नक़्श-ए-क़दम–पद-चिह्न। तरह–बुनियाद, नींव। गर्द-ए-रह–मार्ग की धूल। सर्व-ए-रवाँ– सरो, एक वृक्ष जो हमेशा हरा रहता है। सह्न–आँगन। वुस'अत–फैलाव, विस्तार। सन'अत–कला, शिल्प, कारीगरी। मे'मार ने क़ज़ा के–भाग्य के निर्माता ने अर्थात् ईश्वर ने।

110

हम 'आजिज़ों पर आकर, यूँ कोह-ए-ग़म गिरा है
जैसे ज़मीं के ऊपर, इक आस्मान मारा

111

किस मर्तबः थी हस्रत-ए-दीदार, मिरे साथ
जो फूल मिरी ख़ाक से निकला निगराँ था

---

110. 'आजिज़–मजबूर। कोह-ए-ग़म–दुख का पहाड़, ग़म का पहाड़।

111. किस मर्तबः–कितनी अधिक। हसरत-ए-दीदार–दर्शनाभिलाषा। निगराँ–तकता हुआ।

112

यहीं हैं दैर-ओ-हरम, अब तो यह हक़ीक़त है
दिमाग़ किसको है, हर दर की जबूह् साई का

रखा है बाज़ हमें, दर बदर के फिरने से
सरों प अपने है एहसाँ शिकस्तः पाई का

113

क्या कहें कुछ कहा नहीं जाता
और चुप भी रहा नहीं जाता

---

112. दैर-ओ-हरम—मन्दिर-मस्जिद। हक़ीक़त—यथार्थ, वृत्तान्त। दर—दरवाज़ा। जब्ह् साई—सिज्दा, माथा टेकना। रखा है बाज़—(बाज़ रखना) रोका है। एहसाँ—एहसान, आभार। शिकस्तः पाई—थके हुए पाँव, टूटे हुए पाँव।

114

अल्लह रे गुरूर-ओ-नाज़ तेरा
मुतलक़ नहीं हम से साज़ तेरा

हम से, कि तुझी को जानते हैं
जाता नहीं, एह्तिराज़ तेरा

मिल जिन से, शराब तू पिये है
कह देते हैं वह ही, राज़ तेरा

कुछ 'अिश्क़-ओ-हवस में फ़र्क़ भी कर
कीधर है वह इम्तियाज़ तेरा

कहते न थे, मीर मत कुढ़ाकर
दिल हो न गया गुदाज़ तेरा

---

114. गुरूर-ओ-नाज़—गर्व और घमंड। मुतलक़—बिलकुल। साज़—मेल। एह्तिराज़—बचना। राज़—भेद, रहस्य। हवस—लोभ, बहुत लालच, लोलुपता। इम्तियाज़—फ़र्क़, अन्तर। गुदाज़—कोमल।

115

कहते तो हो यूँ कहते, यूँ कहते जो वह आता
यह कहने की बातें हैं, कुछ भी न कहा जाता

116

शायद कि क़ल्ब-ए-यार भी टुक इस तरफ़ फिरे
मैं मुन्तज़िर ज़माने से हूँ, इन्क़िलाब का

116. क़ल्ब-ए-यार--प्रेमिका का दिल। इन्क़िलाब--परिवर्तन।

117

कभू जो आन के हम से भी तू मिला करता
तो तेरे दिल में, मुख़ालिफ़ न इतनी जा करता

गये प तेरे न था हमनफ़स कोई, अय गुल
कभू नसीम से मैं दर्द-ए-दिल कहा करता

कहीं की ख़ाक, कोई मुँह प कब तलक मलता
ख़राब-ओ-ख़्वार कहाँ तक भला फिरा करता

---

117. मुख़ालिफ़–विरोधी, दुश्मन। जा–जगह। हमनफ़स–साथी, मित्र। नसीम–हवा। दर्द-ए-दिल–दिल का दर्द। ख़राब-ओ-ख़्वार–अपमानित, बुरे हालों।

118

बँधा रात आँसू का कुछ तार सा
हुआ अब्र-ए-रहमत गुनहगार सा

कोई सादः ही उसको सादः कहे
लगे है हमें तो, वह 'अय्यार सा

गुल-ओ-सर्व, अच्छे सभी हैं वले
न निकला चमन में कोई यार सा

फ़लक ने बहुत खेंचे आज़ार, लेक
न पहुँचा बहम, उस दिल आज़ार सा

मगर आँख तेरी भी चिपकी कहीं
टपकता है चितवन से कुछ प्यार सा

---

118. अब्र-ए-रहमत–रहमत (दया) का बादल। गुनहगार–पापी। 'अय्यार–चालाक, धूर्त। गुल-ओ-सर्व–फूल और पौधे। वले–लेकिन। फ़लक–आकाश। खेंचे आज़ार–दुख उठाए। बहम पहुँचना–उपलब्ध होना। दिल आज़ार–दिल दुखानेवाला। मगर–शायद।

119

मीर भी दैर के लोगों ही की सी कहने लगा
कुछ ख़ुदा लगती भी कहता, जो मुसलमाँ होता

120

फ़रो आता नहीं सर नाज़ से अब के अमीरों का
अगर्चेः आस्माँ तक शोर जावे हम फ़क़ीरों का

हमारे देखते, ज़ेर-ए-नगीं था मुल्क सब जिनके
कोई अब नाम भी लेता नहीं, उन मुल्कगीरों का

---

119. दैर—मन्दिर। ख़ुदा लगती—सच्ची।
120. फ़रो आना—झुकना। नाज़—गर्व। ज़ेर-ए-नगीं—शासनाधीन। मुल्कगीर—देशों को जीतनेवाला, योद्धा।

121

कभू तो दैर में हूँ मैं, कभू हूँ मैं का'बे में
कहाँ कहाँ लिये फिरता है शौक़ उस दर का

बता के का'बे का रस्तः उसे, भुलाऊँ राह
निशाँ जो पूछे कोई मझसे यार के घर का

122

हाथ दामन में तिरे मारते झुँझला के न हम
अपने जामे में अगर आज गरीबाँ होता

---

121. दैर–मन्दिर। शौक़–अभिलाषा। दर–दरवाज़ा, ठिकाना।
122. जामे–वस्त्र, कपड़े।

123

मैं जवानी में मै परस्त रहा
गर्दन-ए-शीशः ही में दस्त रहा

मीर के होश के हैं हम 'आशिक़
फ़स्ल-ए-गुल जब तलक थी, मस्त रहा

124

अय नुकीले, यह थी कहाँ की अदा
खुब गयी जी में, तेरी बाँकी अदा

जादू करते हैं इक निगाह के बीच
हाय रे चश्म-ए-दिलबराँ की अदा

बात कहने में गालियाँ दे है
सुनते हो, मेरे बदज़बाँ की अदा

ख़ाक में मिल के मीर, हम समझे
बेअदाई थी, आस्माँ की अदा

---

123. मै परस्त—शराबी। गर्दन-ए-शीशः—सुराही की गर्दन। दस्त—हाथ। फ़स्ल-ए-गुल—फूलों का मौसम, बहार।

124. चश्म-ए-दिलबराँ—माशूक़ों की आँख। बदज़बाँ—कटुभाषी। बे अदाई—बेरुख़ी।

125

फ़ितने फ़साद उठेंगे, घर घर में ख़ून होंगे
गर शह्र में ख़िरामाँ, वह ख़ानः जंग आया

बुश्रे की अपने रौनक़, अय मीर 'आरज़ी है
जब दिल को ख़ूँ किया तो, चेह्रे प रंग आया

126

गया हुस्न, ख़ूबान-ए-बद राह का
हमेशः रहे नाम, अल्लाह का

पशेमाँ हुआ, दोस्ती करके मैं
बहुत मुझको अरमान था, चाह का

असीरी का देता है मुश़दः मुझे
मिरा ज़मज़मः गाह-ओ-बेगाह का

125. फ़ितने फ़साद—उपद्रव। ख़िरामाँ—चलता हुआ। ख़ानःजंग—गृहयुद्ध करनेवाला। बुश्रा—चेहरा। रौनक़—शोभा। 'आरज़ी—अस्थायी।

126. ख़ूबान-ए-बद-राह—बुरी राह चलनेवाले माशूक़। पशेमाँ—शर्मिन्दा, लज्जित। असीरी—क़ैद। मुश़दः—ख़ुशख़बरी। ज़मज़मः—गीत। गाह-ओ-बेगाह—वक़्त बे वक़्त।

127

एʼजाज़ मुँह तके है, तिरे लब के नाम का
क्या ज़िक्र याँ मसीह-ए-ʻअलैहिस्सलाम का

128

ʻउम्र आवारगी में सब गुज़री
कुछ ठिकाना नहीं दिल-ओ-जाँ का

127. एʼजाज़—चमत्कार। लब—होंठ। ज़िक्र—वर्णन, चर्चा। मसीह-ए-अलैहिस्सलाम—हज़रत ईसा, जिनके होंठ हिलने से मुर्दे जीवित हो जाते थे।

129

रहने के क़ाबिल तो हरगिज़ थी न यह 'अिब्रत सराय
इत्तिफ़ाक़न इस तरफ़ अपना भी आना हो गया

130

क्या कहिये दिमाग़ उसका, कि गुलगश्त में कल मीर
गुल शाख़ों से झुक आये थे, पर मुँह न लगाया

---

129. 'अिब्रत सराय–शिक्षा ग्रहण करने की जगह। इत्तिफ़ाक़न–संयोगवश।
130. गुलगश्त–फूलों की सैर।

131

मुरीद-ए-पीर-ए-मुग़ाँ, सिद्क़ से न हम होते
जो हक़ शनास कोई और भी नज़र आता

किसू हुनर से तो मिलते थे बाहम अगले लोग
हमें भी काश के ऐसा कोई हुनर आता

शराब ख़ाने में शब मस्त हो रहा शायद
जो मीर होश में होता तो अपने घर आता

---

131. मुरीद-ए-पीर-ए-मुग़ाँ–शराब बेचनेवाले बूढ़े का शिष्य। सिद्क़–सच्चाई, सच्चे दिल से। हक़ शनास–सत्य को पहचाननेवाला, न्यायप्रिय। हुनर–गुण। बाहम–परस्पर, आपस में। काश के–क्या ही अच्छा होता। शब–रात।

132

है 'अिश्क़ में सब्र नागवारा
फिर सब्र बिन और क्या है चारा

यूँ बात करे है मेरे ख़ूँ से
गोया नहीं उनने मुझको मारा

देखो हो तो दूर भागते हो
कुछ पास नहीं तुम्हें हमारा

---

132. सब्र—सन्तोष, धैर्य। नागवारा—बुरा लगना, असह्य। गोया—यानी। दिमाग़-ए-बाग़—बाग़ में जाने की इच्छा।

133

क्या कहे हाल, कहीं दिलज़दः, जाकर अपना
दिल न अपना है महब्बत में, न दिल्बर अपना

यक घड़ी साफ़ नहीं, हमसे हुआ यार कभू
दिल भी जूँ शीशः-ए-सा'अत, है मुकद्दर अपना

उस गुल-ए-तर की क़बा के, कहीं खोले थे बन्द
रंगों गुलबर्ग के, नाख़ुन है मु'अत्तर अपना

पेश कुछ आओ, यहीं हम तो हैं हर सूरत से
मिस्ल-ए-आईनः, नहीं छोड़ते हम घर अपना

दिल बहुत खेंचती है, यार के कूचे की ज़मीं
लोहू उस ख़ाक प गिरना है, मुक़र्रर अपना

---

133. दिलज़दः—टूटे हुए दिलवाला। दिल्बर—माशूक़, प्रेमिका। शीशः-ए-सा'अत—वक़्त नापने का पैमाना, रेत-घड़ी। मुकद्दर—मलिन, मैला, अप्रसन्न। गुल-ए-तर—ताज़ा फूल। क़बा—पैरहन, बन्दवाला कुर्ता। रंगों-गुलबर्गे के—फूल की पत्ती की तरह। नाख़ुन—नाख़ून। मु'अत्तर—इत्र में बसा हुआ, सुगन्धित। पेश कुछ आओ—चाहे जो कुछ हो जाये। मिस्ल-ए-आईनः—आईने की तरह। मुक़र्रर—तयशुदा, निश्चित।

134

उनने खेंचा है मिरे हाथ से, दामाँ अपना
क्या करूँ, गर न करूँ चाक, गरीबाँ अपना

135

दिल 'अजब शह्र था ख़यालों का
लूटा मारा है, हुस्न वालों का

मू-ए-दिल्बर से, मुश्कबू है नसीम
हाल ख़ुश, उसके ख़स्तः हालों का

दम न ले, उसकी, ज़ुल्फ़ का मारा
मीर, काटा जिये न कालों का

---

135. मू-ए-दिल्बर—माशूक़ के बाल। मुश्क बू—कस्तूरी की सुगन्ध में बसा हुआ। नसीम—हवा, समीर। ख़ुश—अच्छा। ख़स्तः हाल—बुरे हाल, ज़ख़्मी।

136

हमेशः इल्तिफ़ात उसका, किसू के बख़्त से होगा
नहीं शर्मिन्दः मैं तो उसके लुत्फ़-ए-गाह गाही का

ख़राब एहवाल कुछ बकता फिरे है, दैर-ओ-का'बे में
सुख़न क्या मो'तबर है, मीर से वाही तबाही का

137

करता हूँ अल्लह अल्लाह, दर्वेश हूँ सदा का
सरमायः-ए-तवक्कुल, याँ नाम है ख़ुदा का

यह दो ही सूरतें हैं, या मुन'अकिस है 'आलम
या 'आलम आइनः है, उस यार-ए-ख़ुदनुमा का

---

136. इल्तिफ़ात—लगाव। बख़्त—भाग्य, नसीब। लुत्फ़-ए-गाह गाही—कभी-कभी होनेवाली कृपा। ख़राब एहवाल—बुरे हाल। दैर-ओ-का'बः—मन्दिर और काबा। सुख़न—बोल। मो'तबर—विश्वस्त। वाही तबाही—औलफ़ौल बकनेवाला।

137. दर्वेश—फ़क़ीर, संन्यासी। सरमायः-ए-तवक्कुल—निस्पृहता की पूँजी। मुन'अकिस—प्रतिबिम्बित। आलम—दुनिया, संसार। यार-ए-ख़ुदनुमा—प्रेमिका जो आत्म-प्रदर्शन की इच्छुक है।

138

डरता हूँ, मालिकान-ए-जज़ा, छाती देखकर
कहने लगें न, वाह रे ज़ख़्म उसके हात का

वा'अिज़ कहे सो सच है, वले मैफ़रोश से
हम ज़िक्र भी सुना नहीं, सौम-ओ-सलात का

'आलम, किसू हकीम का बाँधा तिलिस्म है
कुछ हो, तो ए'तिबार भी हो कायनात का

---

138. मालिकान-ए-जज़ा–प्रलय के दिन के मालिक (फ़रिश्ते)। वा'अिज़–उपदेशक। वले–लेकिन। मैफ़रोश–शराब बेचनेवाला। सौम-ओ-सलात–रोज़ा-नमाज़। 'आलम–दुनिया, संसार। हकीम–बुद्धिमान, वैज्ञानिक। तिलिस्म–जादू। कायनात–सृष्टि।

139

गो बेकसी से, 'अिश्क़ की आतश में जल बुझा
मैं जूँ चराग़-ए-गोर, अकेला जला किया

140

ख़ानः आबादी हमें भी दिल की है, यूँ आरजू
जैसे जल्वे से तिरे, घर आरसी का भर गया

139. गो—यद्यपि, जो भी। बेकसी—मजबूरी। आतश—आग। चराग़-ए-गोर—क़ब्र का चिराग़।
140. ख़ानः आबादी—घर बसना। आरज़ू—कामना। जल्वे—दर्शन।

141

ख़ूब किया, जो अह्ल-ए-करम के जूद का कुछ न ख़याल किया
हम जो फ़क़ीर हुए, तो हम ने, पहले ही तर्क-ए-सवाल किया

रौंद के जौर से उसने हम को, पाँव हिनाई अपने किये
ख़ून हमारा बिस्मिल गह में, किन रंगों पामाल किया

मीर सदा बे हाल रहो हो, मेह्र-ओ-वफ़ा सब करते हैं
तुमने 'अिश्क़ किया सो साहब, क्या यह अपना हाल किया

---

141. अह्ल-ए-करम–उदार, दानी। जूद–दानशीलता, उदारता। तर्क-ए-सवाल–याचना का त्याग। जौर–अत्याचार। हिनाई–लाल, मेहँदी लगे हुए। बिस्मिल गह–वधस्थल। पामाल–नष्ट, बरबाद। मेह्र-ओ-वफ़ा–प्रेम और निर्वाह।

142

बहार आयी चलो चमन में, हवा के ऊपर भी रंग आया
कहाँ तलक गुल न होवे गुंचः, रहा मुँदे मुँह, सो तंग आया

वही है रोना, वही है कुढ़ना, वही है सोज़िश जवानी की सी
बुढ़ापा आया है 'अिश्क़ ही में, प मीर हम को न ढंग आया

143

कोशिश में सर मारा, लेकिन दर प किसी के जा न सका
तन प जुबान-ए-शुक्र है हर मू , अपनी शिकस्तः पाई का

आना सुन, नादारी से हम ने, जी देना ठहराया है
क्या कहिये, अन्देशः बड़ा था, उसकी मुँह दिखलाई का

---

142. सोज़िश—तपन, जलन।

143. दर—दरवाज़ा। ज़बान-ए-शुक्र—आभार माननेवाली ज़बान। मू—बाल, रोंगटा। शिकस्तः पाई—टूटे पाँव, थके हुए पाँव होना। नादारी—ग़रीबी, दरिद्रता। अन्देशः—आशंका।

144

दूर बहुत भागो हो हम से, सीख तरीक़ ग़िज़ालों का
वह्शत करना शेवः है क्या, अच्छी आँखोंवालों का

सर्व-ए-लब-ए-जू, लालः-ओ-गुल, नसरीन-ओ-समन हैं, शिगूफ़ः है
देखो जिधर, इक बाग़ लगा है, अपने रंगीं ख़यालों का

गुंचः हुआ है ख़ार-ए-बयाबाँ, बा'द ज़ियारत करने के
पानी तबर्रुक करते हैं सब, पाँव के मेरे छालों का

---

144. तरीक़—तरीक़ा। ग़िज़ालों—हिरनों। वह्शत—घबराहट। शेवः—तरीक़ा, चलन। सर्व-ए-लब-ए-जू—पानी के किनारे लगा हुआ सरौ। नसरीन-ओ-समन—बेला चमेली। शिगूफ़ः—फूल। गुंचः—कली। ख़ार-ए-बयाबाँ—जंगल के काँटे। ज़ियारत—दर्शन। तबर्रुक—प्रसाद।

145

रखे रहते हैं दिल पर हाथ, अय मीर
यहीं शायद कि है सब ग़म हमारा

146

'अिश्क़ हमारे ख़याल पड़ा है, ख़्वाब गया आराम गया
जी का जाना ठहर रहा है, सुबूह गया या शाम गया

---

146. ख़्वाब—नींद।

147

आज हमारा दिल तड़पे है, कोई उधर से आवेगा
या कि नविश्तः उन हाथों का, क़ासिद हम तक लावेगा

रंज बहुत खेंचे थे हम ने, ताक़त जी की तमाम हुई
अपने किये पर, याद रहे यह, वह भी बहुत पछतावेगा

आँखें मूँदे यह दिलबर, जो सोते रहें सो बेहूतर है
चश्मक करना एक उन्हों का, सौ सौ फ़ितने जगावेगा

क्या सूरत है, क्या क़ामत है, दस्त-ओ-पा क्या नाज़ुक हैं
ऐसे पुतले, मुँह देखो, जो कोई कलाल बनावेगा

चितवन बेढब, आँखें फिरी हैं, पल्कों से भी नज़र छोटी
'अिश्क़ अभी क्या जाने, हम को, क्या क्या मीर दिखावेगा

---

147. नविश्तः—ख़त, पत्र, चिट्ठी। क़ासिद—पत्रवाहक। तमाम—ख़त्म, समाप्त। दिल्बर—प्रेमिका, माशूक़। बेहतर—अच्छे। चश्मक—इशारा, संकेत। फ़िले—उपद्रव। क़ामत—क़द, उुँचाई। दस्त-ओ-पा—हाथ-पाँव।

148

बा'द हमारे, इस फ़न का जो कोई माहिर होवेगा
दर्द आगीं अन्दाज़ की बातें, अक्सर पढ़ पढ़ रोवेगा

चश्म-ए-तमाशा वा होवे, तो देखा भाली ग़नीमत है
मत मूँदे आँखों को ग़ाफ़िल, देर तलक फिर सोवेगा

149

दिल तड़पे है, जान खपे है, हाल जिगर का क्या होगा
मजनूँ मजनूँ लोग कहें हैं, मजनूँ क्या हम सा होगा

---

148. माहिर—प्रवीण, ज्ञाता। दर्द आगीं अन्दाज़—दर्द से भरे हुए अन्दाज़ की बातें। चश्म-ए-तमाशा—दुनिया का तमाशा देखनेवाली आँख। ग़नीमत—सन्तोष की बात। ग़ाफ़िल—मूर्ख, असावधान।

150

गुर्बत है दिल आवेज़ बहुत, शहर की उसके
आया न कभू हम को ख़याल अपने वतन का

151

ग़ैर अज़ ख़ुदा की ज़ात, मिरे घर में कुछ नहीं
या'नी कि अब मकान मिरा लामकाँ हुआ

वे तो खड़े खड़े मिरे घर आके फिर गये
मैं बे दयार-ओ-बे-दिल-ओ-बेख़ानुमाँ हुआ

---

150. गुर्बत—दरिद्रता, बेवतनी, प्रवास। दिल-आवेज़—आकर्षक, मनमोहक।
151. ग़ैर-अज़-ख़ुदा—ख़ुदा के सिवा। ज़ात—अस्तित्व। लामकाँ—बे घरबार। बेदयार—बे घरबार। बेख़ानुमाँ—बेघर।

152

देर, बद'अहृद वह जो यार आया
दूर से देखते ही प्यार आया

मौसम आया, तो नख़्ल-ए-दार में मीर
सर-ए-मंसूर ही का बार आया

153

जो क़ाफ़ले गये थे, उन्हों की उठी भी गर्द
क्या जानिये, गुबार हमारा कहाँ रहा

---

152. बद'अहृद—वचन का कच्चा। मौसम—ऋतु। नख़्ल-ए-दार—(नख़्ल—वृक्ष। दार—फाँसी का तख़्तः) फाँसी के तख़्ते को वृक्ष से उपमा दी है। सर-ए-मंसूर—मंसूर का सर (एक सूफ़ी जिन्हें सत्य बोलने पर फाँसी की सज़ा दी गयी थी।) बार—फल।

153. गर्द—गुबार। गुबार—धूल।

154

किसकी मस्जिद, कैसा मैख़ानः, कहाँ के शैख़-ओ-शाब
एक गर्दिश में, तिरी चश्म-ए-सियह के, सब ख़राब

155

फूल इस चमन के, देखते क्या क्या झड़े हैं हाय
सैल-ए-बहार आँखों से मेरी रवाँ है अब

जिन्न-ओ-मलक, ज़मीन-ओ-फ़लक, सब निकल गये
बार-ए-गिरान-ए-'अिश्क़-ओ-दिल-ए-नातवाँ है अब

पेश अज़ दम-ए-सहर, मिरा रोना लहू का देख
फूले है जैसे साँझ, वही याँ समाँ है अब

---

154. मैख़ानः—मदिरालय। शैख़-ओ-शाब—बड़े बूढ़े, बुज़ुर्ग। गर्दिश—घूमना। चश्म-ए-सियह—काली आँख।

155. सैल-ए-बहार—वसन्त का प्रवाह। रवाँ—प्रवाह। जिन्न-ओ-मलक—जिन और फ़रिश्ते। ज़मीन-ओ-फ़लक—धरती और आकाश। बार-ए-गिरान-ए-'अिश्क़—इश्क़ का भारी बोझ। दिल-ए-नातवाँ—कमज़ोर दिल। पेश अज़ दम-ए-सह्र—सुबह से पहले। समाँ—दृश्य, मंज़र।

156

कल कुछ सबा हुई थी गुल अफ़्शाँ क़फ़स में भी
वह बेकली तो जान को बारे नहीं है अब

157

इल्तिफ़ात-ए-ज़मानः पर मत जा
मीर, देता है रोज़गार फ़रेब

158

चोर, उचक्के, सिख, मरहट्टे, शाह-ओ-गदा, ज़र ख़्वाहाँ हैं
चैन में हैं जो कुछ नहीं रखते, फ़क़्र ही इक दौलत है अब

---

156. सबा—हवा। गुल अफ़्शाँ—फूल बिखेरनेवाली। क़फ़स—पिंजरा।
157. इल्तिफ़ात-ए-ज़मानः—संसार की दया, आकृष्टि। रोज़गार—ज़माना, समय। फ़रेब—धोखा।
158. शाह-ओ-गदा—धनवान और निर्धन। ज़र ख़्वाहाँ—धन-लोलुप। फ़क़्र—फ़क़ीरी, निर्धनता। दौलत—धन।

159

पल्कों प थे पारः-ए-जिगर, रात
हम आँखों में ले गये बसर रात

इक दिन तो वफ़ा भी करते वा'दः
गुज़री है उमीदवार, हर रात

मुखड़े से उठायीं उनने ज़ुल्फ़ें
जाना भी न हम, गयी किधर रात

खुलती है जब आँख शब को, तुझ बिन
कटती नहीं आती फिर नज़र रात

क़त'अः

जागे थे हमारे बख़्त-ए-ख़ुफ़्तः
पहुँचा था बहम वह अपने घर रात

करने लगा पुश्त-ए-चश्म नाज़ुक
सोते से उठा जो चौंककर रात

---

159. पारः-ए-जिगर—जिगर के टकड़े।
शब—रात। बख़्त-ए-ख़ुफ़्तः—सोए हुए भाग्य। पहुँचा था बहम—आया था। पुश्त-ए-चश्म नाजुक करना—(फ़ारसी का मुहावरा है) चिड़चिड़ाना, बिगड़ना।

थी सुबूह, जो मुँह को खोल देता
हरचन्द कि तब थी इक पहर रात

पर जुल्फ़ों में मुँह छुपा के पूछा
अब होवेगी मीर किस क़दर रात

किस क़दर—कितनी।

160

फिर न आये, जो हुए ख़ाक में जा आसूदा
ग़ालिबन ज़ेर-ए-ज़मीं, मीर, है आराम बहुत

161

अब तो चुप लग गयी है हैरत से
फिर खुलेगी ज़ुबान, जब की बात

नुक्तः दानान-ए-रफ़्तः की न कहो
बात है वह, जो होवे अब की बात

किसका रू-ए-सुख़न नहीं है उधर
है नज़र में हमारे, सबकी बात

ज़ुल्म है, क़ह्र, है, क़यामत है
गुस्से में, उसके ज़ेर-ए-लब की बात

---

160. आसूदा—सन्तुष्ट, तृप्त। ग़ालिबन—शायद। ज़ेर-ए-ज़मीं—ज़मीन के नीचे।

161. हैरत—आश्चर्य। नुक्तः दानान-ए-रफ़्तः—प्राचीन रसिक, कला-मर्मज्ञ। रु-ए-सुख़न—सम्बोधन। क़ह्र—विपत्ति। क़यामत—प्रलय। ज़ेर-ए-लब—होंठों ही होंठों में।

162

देर कुछ खिंचती, तो कहते भी मुलाक़ात की बात
मिलना अपना जो हुआ उससे, सो वह बात की बात

गुफ़्तगू शाहिद-ओ-मै से है, न ग़ीबत न गिलः
ख़ानक़ः की-सी नहीं बात, ख़राबात की बात

मुँह इधर और सुख़न-ए-ज़ेर-ए-लबी ग़ैर के साथ
उस फ़रेबिन्दः की नागुफ़्तनी है घात की बात

162. गुफ़्तुगू—बातचीत, वार्तालाप। शाहिद-ओ-मै—माशूक़ और शराब। ग़ीबत—पीठ पीछे बुराई करना। गिलः—शिकवा, शिकायत। ख़ानक़ः—आराधना घर, इबादत गाह। ख़राबात—मैख़ाना, मदिरालय। सुख़न-ए-ज़ेर-ए-लबी—होंठों ही होंठों में बातचीत। ग़ैर—रक़ीब। फ़रेबिन्दः—फ़रेबी, धोखा देनेवाला। नागुफ़्तनी—न कहने योग्य।

163

देखें तो, क्या दिखाये, यह इफ़्रात-ए-इश्तियाक़
लगती हैं तेरी आँखें हमें प्यारियाँ बहुत

शिकवः ख़राब होने का क्या, चाहने में मीर
ऐसी तो अय 'अज़ीज़, हैं याँ ख़्वारियाँ बहुत

164

हुर्मत में मै के, कहने से वा'अिज़ के, है फ़ुतूर
क्या ए'तिबार रखती है, उस पोचगो की बात

हम सोख़्तों में, आतश-ए-सरकश का ज़िक्र क्या
चल भी पड़ी है बात, तो उस तुन्दख़ू की बात

---

163. इफ़्रात-ए-इश्तियाक़—उत्सुकता की अधिकता, अत्यधिक अभिलाषा। शिकवः—शिकायत। 'अज़ीज़—प्यारे, मित्र। ख़्वारियाँ—अपमान।

164. हुर्मत—इज़्ज़त, आदर। मै—शराब। वा'अिज़—उपदेशक। फ़ुतूर—विकार, ख़राबी। पोचगो—पोच बात कहनेवाला, बकवास करनेवाला। सोख़्तों—जले हुओं। आतश-ए-सरकश—बिफरी हुई आग, विद्रोही आग। ज़िक्र—वर्णन। तुन्दख़ू—तीव्र स्वभाव, क्रोधी, शीघ्र-कोपी।

165

बुलबुल के बोलने से, है क्यों बेदिमाग़ गुल
आपस में, यूँ तो होती है यारो, हज़ार बात

यूँ बार-ए-गुल से अब के, झुके हैं निहाल-ए-बाग़
झुक झुक के जैसे करते हैं, दो चार यार बात

165. बेदिमाग़—क्रोधी, गुस्सेवाला। बार-ए-गुल—फूल का बोझ। निहाल-ए-बाग़—बाग़ के पौधे।

166

होती है गर्चेः कहने से यारो, पराई बात
पर हम से तो थमी न कभू , मुँह पर आई बात

कहते थे, उससे मिलिये, तो क्या क्या न कहिये, लेक
वह आ गया तो सामने उसके न आई बात

अब तो हुए हैं हम भी, तिरे ढब से आश्ना
वाँ तू ने कुछ कहा, कि इधर हमने पाई बात

'आलम सियाह ख़ानः है किसका, कि राज़-ओ-शब
यह शोर है, कि देती नहीं कुछ सुनाई बात

ख़त लिखते लिखते मीर ने दफ़्तर किये रवाँ
इफ़्रात-ए-इश्तियाक़ ने, आख़िर बढ़ाई बात

---

166. आश्ना—परिचित। सियाहख़ानाः—कालाघर। रोज़-ओ-शब—दिन-रात। इफ़्रात-ए-इश्तियाक़—अत्यधिक अभिलाषा, उत्सुकता की अधिकता।

167

‘अजब नहीं है, न जाने जो मीर चाह की रीत
सुना नहीं है मगर यह, कि जोगी किसके मीत

ग़म-ए-ज़मानः से फ़ारिग़ हैं मायः बाख़्तगाँ
क़िमार ख़ानः-ए-आफ़ाक़ में है हार ही जीत

कहा था हमने, बहुत बोलना नहीं है ख़ूब
हमारे यार को, सो अब हमीं से बात न चीत

---

167. ग़म-ए-ज़मानः–दुनिया का ग़म। फ़ारिग़–निश्चिन्त, निवृत्त। मायः बाख़्तगाँ–दौलत लुटानेवाले। क़िमार ख़ानः-ए-आफ़ाक़–दुनिया का जुआ घर। ख़ूब–अच्छा।

168

फूल गुल, शम्स-ओ-क़मर, सारे ही थे
पर हमें उनमें, तुम्हीं भाये बहुत

वह जो निकला सुबूह, जैसे आफ़्ताब
रश्क से गुल फूल, मुरझाये बहुत

मीर से पूछा जो मैं, 'आशिक़ हो तुम
हो के कुछ चुपके से, शर्माये बहुत

169

मारना 'आशिक़ों का गर है सवाब
तो हुआ है तुम्हें सवाब बहुत

---

168. शम्स-ओ-क़मर--सूरज और चाँद। आफ़्ताब–सूर्य। रश्क–ईर्ष्या, जलन।
169. सवाब–पुण्य।

170

दिल की तह की कही नहीं जाती, नाज़ुक है असरार बहुत
अंछर हैं तो 'अिश्क़ के दो ही, लेकिन है बिस्तार बहुत

काफ़िर मुस्लिम, दोनों हुए, पर निस्बत उससे कुछ न हुई
बहुत लिये तस्बीह फिरे हम, पहना है जुन्नार बहुत

हिज्र ने जी ही मारा हमारा, क्या कहिये क्या मुश्किल है
उससे जुदा रहना होता है, जिससे हमें है प्यार बहुत

171

आये हैं मीर, मुँह को बनाये ख़फ़ा से आज
शायद बिगड़ गयी है कुछ उस बेवफ़ा से आज

साक़ी, टुक एक मौसम-ए-गुल की तरफ़ तो देख
टपका पड़े है रंग चमन में हवा से आज

---

170. नाजुक–कोमल, मृदुल। असरार–रहस्य (बहुवचन)। निस्बत–सम्बन्ध। तस्बीह–जपमाला। जुन्नार–यज्ञोपवीत, जनेऊ। हिज्र–विरह, जुदाई।

172

बरअफ़्रोख़्तः रुख़ है उसका, किस ख़ूबी से, मस्ती में
पी के शराब शिगुफ़्तः हुआ है, उस नौगुल प बहार है आज

उसका बह्र-ए-हुस्न सरासर, औज-ए-मौज-ओ-तलातुम है
शौक़ की अपने, निगाह जहाँ तक जावे, बोस-ओ-कनार है आज

क्या पूछो हो, साँझ तलक पहलू में क्या क्या तड़पा है
कल की निस्बत दिल को हमारे, बारे कुछ तो क़रार है आज

ख़ूब जो आँखें खोल के देखा, शाख़-ए-गुल प नज़र आया
उन रंगों फूलों में मिला, कुछ मह्व-ए-जल्वः-ए-यार है आज

---

172. बरअफ़्रोख़्तः—तमतमाया हुआ। रुख़—चेहरा। शिगुफ़्तः—ताज़ा। नौगुल—नया फूल, कली। बह्र-ए-हुस्न—सौन्दर्य का सागर। सरासर—सम्पूर्ण, सब-का-सब। औज-ए-मौज-ओ-तलातुम—लहर और तूफ़ान की उुंचाई। बोस-ओ-कनार—चुम्बन और आलिंगन। कल की निस्बत—कल की अपेक्षा। क़रार—ठहराव, सन्तोष। शाख़-ए-गुल—फूलों की डाली। मह्व-ए-जल्वः-ए-यार—प्रेमिका के दर्शन में तल्लीन।

173

कहूँ सो क्या कहूँ, ने सब्र-ओ-ने क़रार है आज
जो इस चमन में यह इक तुर्फ़ः इन्तिशार है आज

सर अपना 'अिश्क़ में हमने भी यूँ तो फोड़ा था
पर इसको क्या करें, औरों का ए'तिबार है आज

सह्र सवाद में चल, ज़ोर फूली है सरसों
हुआ है 'अिश्क़ से कुल ज़र्द, क्या बहार है आज

सवारी उसकी है, सरगर्म-ए-गश्तः-ए-दश्त, मगर
कि ख़ीरः तीरः नमूदार इक गुबार है आज

---

173. तुर्फ़ः—अजीब, अद्भुत, अनोखा। इन्तिशार—बेचैनी, अस्तव्यस्तता। सह्र—सुबह, प्रातःकाल। सवाद—मैदान। सरगर्म-ए-गश्त-ए-दश्त—जंगल के चक्कर काटने में निमग्न। ख़ीरः तीरः—भयंकर। नमूदार—प्रकट। गुबार—धूल, मिट्टी।

174

चश्म हो, तो आईनः ख़ानः है दह्र
मुँह नज़र आता है, दीवारों के बीच

हैं ‘अनासिर की, यह सूरत बाज़ियाँ
शो‘बदे क्या क्या हैं इन चारों के बीच

---

174. चश्म–आँख, नेत्र। आईनः ख़ानः–आरसी गृह। दह्र–दुनिया। ‘अनासिर–तत्व, भूत, (आग, पानी, हवा और मिट्टी)। सूरत बाज़ियाँ–सूरतों का खेल। शो‘बदे–करतब।

175

आग सा तू जो हुआ अय गुल-ए-तर, आन के बीच
सुब्ह की बाद ने क्या फूँक दिया, कान के बीच

हाल गुल्ज़ार-ए-ज़मानः का है, जैसे कि शफ़क़
रंग कुछ और ही हो जावे है, इक आन के बीच

ताक की छाओं में, जूँ मस्त, पड़ी सोती हैं
ऐण्डती हैं निगहें, साया-ए-मिश्गान के बीच

हम न कहते थे, कहीं जुल्फ़, कहीं रुख़ न दिखा
इक ख़िलाफ़ आया न, हिन्दु-ओ-मुसलमान के बीच

बावुजूद-ए-मलकीयत, न मलक में पाया
वह तक़द्दुस, कि जो है हज़रत-ए-इंसान के बीच

जैसी 'अिज़्ज़त मिरे दीवाँ की अमीरों में हुई
वैसी ही उनकी भी होगी, मिरे दीवान के बीच

घर में आईने के, कब तक तुम्हें नाज़ाँ देखूँ
कभू तो आओ मिरे दीदः-ए-हैरान के बीच

---

175. गुल-ए-तर—ताज़ा फूल। आन—क्षण। बाद—प्रातःसमीर। गुल्ज़ार-ए-ज़मानः—बाग़ रूपी संसार। शफ़क़—अरुणिमा। ताक—अंगूर की बेल। निगहें—निगाहें, दृष्टि। सायः-ए-मिश्गान—पलकों का साया। जुल्फ़—लट, बाल। रुख़—चेहरा। ख़िलाफ़—विरोध। बावुजूद-ए-मलकियत—फ़रिश्तेपन के बावुजूद। मलक—फ़रिश्ता। तक़द्दुस—पवित्रता। हज़रत-ए-इंसान—मानव। दीवाँ—दीवान। नाज़ाँ—गर्वित, नाज़ करते हुए। दीदः-ए-हैरान—आश्चर्यचकित आँखें।

176

अय बू-ए-गुल, समझ के महकियो पवन के बीच
ज़ख़्मी पड़े हैं मुर्ग़ हज़ारों, चमन के बीच

सुथराई और नाज़ुकी गुलबर्ग की दुरुस्त
पर वैसी बू कहाँ, कि जो है उस बदन के बीच

या साथ ग़ैर के है तुम्हें वैसी बातचीत
सौ सौ तरह का लुत्फ़ है, एक इक सुख़न के बीच

या पास मेरे, लगती है चुप ऐसी आन कर
गोया ज़ुबाँ नहीं है तुम्हारे दहन के बीच

फ़रहाद-ओ-क़ैस-ओ-मीर, यह आवारगान-ए-'अिश्क़
यूँ ही गये हैं, सबकी रही मन की मन के बीच

---

176. बू-ए-गुल—फूल की सुगन्ध। मुर्ग़—पक्षी। नाज़ुकी—कोमलता। गुलबर्ग—फूल की पत्ती। दुरुस्त—ठीक। बू—गन्ध। लुत्फ़—आनन्द। सुख़न—बोल। दहन—मुँह। क़ैस—मजनूँ। आवारगान-ए-'अिश्क़—आवारा प्रेमी।

177

आती है ख़ून की बू, दोस्ति-ए-यार के बीच
जी लियें उनने हज़ारों के, यूँ ही प्यार के बीच

किसकी ख़ूबी के तलबगार हैं, 'अिज़्ज़त तलबाँ
ख़िर्क़े बिकने को चले आते हैं, बाज़ार के बीच

तौबः सद बार, कि मस्ती में पिरो डाले हैं
दाने तस्बीह के हैं, रिश्तः-ए-ज़ुन्नार के बीच

आरज़ूमन्द है ख़ुर्शीद, मुयस्सर है कहाँ
कि तुनुक ठहरे, तिरे सायः-ए-दीवार के बीच

मिल गया फूलों में, इस रंग से करते हुए सैर
कि ताम्मुल किये पाया उसे, गुलज़ार के बीच

---

177. ख़ून की बू–रक्त की गन्ध। ख़ूबी–अच्छाई। तलबगार–इच्छुक, चाहनेवाला। 'अिज़्ज़त तलबाँ–प्रतिष्ठा के इच्छुक। ख़िर्क़े–कपड़े। सदबार–सौ बार। तस्बीह–जपमाला। रिश्तः-ए-ज़ुन्नार–जनेऊ का धागा। आरज़ूमन्द–इच्छुक। ख़ुर्शीद–सूरज। मुयस्सर–उपलब्ध, प्राप्त। तुनुक (तनिक)–थोड़ा-सा। सायः-ए-दीवार–दीवार का साया। इस रंग से–इस प्रकार, इस तरह। ताम्मुल–ग़ौर, चिन्तन। गुलज़ार–बाग़।

178

मैं बेदिमाग़-ए-'अिश्क़ उठा सो चला गया
बुलबुल पुकारती ही रही गुलसिताँ के बीच

क्या जानूँ लोग कहते हैं किसको सुरूर-ए-क़ल्ब
आया नहीं यह लफ़्ज़ तो हिन्दी ज़बाँ के बीच

ख़ूगर हुए हैं 'अिश्क़ की गर्मी से ख़ार-ओ-ख़स
बिजली पड़ी रहे है मिरे आशियाँ के बीच

---

178. बेदिमाग़-ए-'अिश्क़–प्रेम के कारण नाजुक मिज़ाज हो जानेवाला। गुलसिताँ–बाग़, उपवन। सुरूर-ए-क़ल्ब–मन की प्रसन्नता। ख़ूगर–आदी, व्यसनी, लती, अभ्यस्त। ख़ार-ओ-ख़स–काँटे और तिनके। आशियाँ–घोंसला।

179

सुथराओ कर दिया है, तमन्ना-ए-वस्ल ने
क्या क्या 'अज़ीज़ मर गये, इस आरजू के बीच

180

उसके रंग खिला है शायद, कोई फूल बहार के बीच
शोर पड़ा है क़यामत का सा, चार तरफ़ गुलज़ार के बीच

रोने से जो रोद बहा, तो उसका क्या है यार 'अजब
जज़्ब हुए हैं क्या क्या दरिया, अपने जैब-ओ-कनार के बीच

---

179. तमन्ना-ए-वस्ल–मिलन की इच्छा। 'अज़ीज़–प्रिय। आरजू–कामना।

180. बहार–बसन्त। शोर–कोलाहल। क़यामत–प्रलय। रोद–नदी, दरिया। 'अजब–अनोखा। जज़्ब–सोखना। जैब-ओ-कनार–कुर्ते का गला और दामन।

181

अय गुल-ए-नौ दमीदः के मानिन्द
है तू किस आफ़रीदः के मानिन्द

हम उम्मीद-ए-वफ़ा प तेरी, हुए
गुंचः-ए-देर चीदः के मानिन्द

ख़ाक को मेरी, सैर कर के फिरा
वह ग़िज़ाल-ए-रमीदः के मानिन्द

सर उठाते ही, हो गये पामाल
सब्ज़-ए-नौ दमीदः के मानिन्द

न कटे रात हिज्र की, जो न हो
नालः तेग़-ए-कशीदः के मानिन्द

हम गिरफ़्तार-ए-हाल हैं अपने
ताइर-ए-पर बुरीदः के मानिन्द

मीर साहब भी उसके हाँ थे, लेक
बन्दः-ए-ज़र ख़रीदः के मानिन्द

---

181. गुल-ए-नौदमीदः—नया खिला हुआ फूल। मानिन्द (मानन्द)—प्रकार, तरह। आफ़रीदः—पैदा किया हुआ, उत्पादित। उम्मीद-ए-वफ़ा—निर्वाह की आशा। गुंचः-ए-देर चीदः—वह फूल जिसे देर में तोड़ा गया हो, मुर्झाया हुआ फूल। ग़िज़ाल-ए-रमीदः—घबराया हुआ हिरन। पामाल—नष्ट, बरबाद। सब्ज़ः-ए-नौदमीदः—नई उगी हुई घास। हिज्र—विरह, जुदाई। नालः—आर्तनाद। तेग़-ए-कशीदः—खिंची हुई तलवार। गिरफ़्तार-ए-हाल—परिस्थितियों में ग्रस्त। ताइर-ए-पर बुरीदः—परकटा पक्षी। लेक—लेकिन। बन्दः-ए-ज़र ख़रीदः—ख़रीदा हुआ व्यक्ति, गुलाम।

182

क़फ़स तो याँ से गये पर, मुदाम है सय्याद
चमन की सुब्ह, कोई दम को शाम है सय्याद

बहुत हैं हाथ ही तेरे, न कर क़फ़स की फ़िक्र
मिरा तो काम, इन्हीं में तमाम है सय्याद

चमन में मैं नहीं ऐसा फँसा, कि यूँ छूटूँ
मुझे तो हर रग-ए-गुल, तार-ए-दाम है सय्याद

183

ख़ाक भी सर प डालने को नहीं
किस ख़राबे में हम हुए आबाद

चार दीवारि-ए-'अनासिर मीर
ख़ूब जागह है, पर है बे बुनियाद

---

182. क़फ़स–पिंजरा। मुदाम–हमेशा। सैयाद–शिकारी। सुबूह–प्रातःकाल। रग-ए-गुल–फूल की पत्ती की लकीरें। तार-ए-दाम–जाल के फन्दे।

183. ख़राबा–खंडहर, वीराना। चार दीवारि-ए-अनासिर–चार तत्वों (हवा, पानी, मिट्टी और आग) की चार दीवारी। जागह–जगह। बेबुनियाद–नींव रहित।

184

असीर करके, न ली तू ने तो ख़बर सय्याद
उड़ा किये मिरे परकालः-ए-जिगर सय्याद

शिकस्तः बाली को चाहे तो हम से ज़ामिन ले
शिकार मौसम-ए-गुल में हमें न कर सय्याद

हुआ न वा, दर-ए-गुलज़ार अपने ढब से कभू
खुला, सो मुँह प हमारे क़फ़स का दर सय्याद

असीर मीर न होते, अगर ज़ुबाँ रहती
हुई, हमारी यह ख़ुश ख़्वानि-ए-सहर, सय्याद

---

184. असीर–गिरफ़्तार। परकालः-ए-जिगर–जिगर के टुकड़े। शिकस्तः बाली–टूटे हुए पर। मौसम-ए-गुल–फूलों का मौसम, वसन्त ऋतु। ज़ामिन–प्रतिभू। वा–खुलना। दर-ए-गुलज़ार–बाग़ का दरवाज़ा। क़फ़स का दर–पिंजरे की खिड़की। ख़ुश ख़्वानि-ए-सहर–प्रातःकाल की चहचहाहट।

185

न दर्दमन्दी से यह राह तुम चले, वर्नः
क़दम क़दम प थी, याँ जा-ए-नालः-ओ-फ़रियाद

चमन में उठते हैं सन्नाहटे से, अय बुलबुल
जिगर ख़राश यह ना ले हैं तेरे मुँह से ज़ियाद

सबात-ए-क़स्र-ओ-दर-ओ-बाम-ओ-ख़िश्त-ओ-गिल कितना
'अिमारत-ए-दिल-ए-दर्वेश की रखो बुनियाद

चमन में यार हमें ले गये थे, वा न हुए
हमारे साथ यही ग़म, यही दिल-ए-नाशाद

---

185. दर्द मन्दी—सहानुभूति, हमदर्दी। जा-ए-नालः-ओ-फ़रियाद—रोने-पीटने की जगह। जिगर ख़राश—जिगर चीर देनेवाली। ज़ियाद—अधिक, ज़्यादा। सबात...गिल—महल, दरवाज़े, कोठे, ईंट और मिट्टी का स्थायित्व। 'अिमारत-ए-दिल-ए-दर्वेश—फ़क़ीर के दिल की इमारत। वा न हुए—न खुले। दिल-ए-नाशाद—खिन्न मन, उदास मन।

186

गये दिन 'अिज्ज़-ओ-नाले के, कि अब है
दिमाग़-ए-नालः चर्ख़-ए-हफ़्तुमीं पर

हुआ है हाथ गुलदस्तः हमारा
कि दाग़-ए-ख़ूँ बहुत है आस्तीं पर

क़दम दश्त-ए-महब्बत में न रख मीर
कि सर जाता है गाम-ए-अव्वलीं पर

---

186. 'अिज्ज़ (अज्ज़)-ओ-नालः—नम्रता और आर्तनाद। दिमाग़-ए-नालः—आर्तनाद का दिमाग़। चर्ख़-ए-हफ़्तुमीं—सातवाँ आसमान। दाग़-ए-ख़ूँ—ख़ून का धब्बा। दश्त-ए-महब्बत—प्रेम का जंगल। गाम-ए-अव्वलीं—पहला क़दम।

187

गुल-ए-पश्मुर्दः का, नहीं ममनून
हम असीरों का, गोशः-ए-दस्तार

शुक्र कर दाग़-ए-दिल का, अय ग़ाफ़िल
किसको देते हैं दीदः-ए-बेदार

मीर साहब ज़मानः नाज़ुक है
दोनों हाथों से थामिये दस्तार

188

दिल वह नगर नहीं, कि फिर आबाद हो सके
पछताओगे, सुनो हो, यह बस्ती उजाड़ कर

---

187. गुल-ए-पशमुर्दा–मुर्झाया हुआ फूल। ममनून–आभारी। असीरों–गिरफ़्तारों, बन्दियों। गोशः-ए-दस्तार–पगड़ी का पल्लू। ग़ाफ़िल–असावधान, अचेत। दीदः-ए-बेदार–जागती हुई आँखें। दस्तार–पगड़ी।

189

जाता है आस्माँ लिये कूचे में यार के
आता है जी भरा, दर-ओ-दीवार देखकर

जी में था उससे मिलिये, तो क्या-क्या न कहिये मीर
पर जब मिले, तो रह गये नाचार देखकर

190

देखो न चश्म-ए-कम से, मा'मूरः-ए-जहाँ को
बनता है एक घर याँ, सौ सूरतें बिगड़कर

190. चश्म-ए-कम—उचटती हुई नज़र। मा'मूरः-ए-जहाँ—भरी-पूरी दुनिया।

191

न मिलें गोकि, हिज्र में मर जाएँ
'आशिक़ों का विसाल है कुछ और

मीर तलवार चलती है, तो चले
ख़ुश ख़िरामों की चाल है कुछ और

192

शिक्वः-ए-आब्लः, अभी से मीर
है पियारे, हनोज़ दिल्ली दूर

---

191. गोकि–यद्यपि। हिज्र–विरह। विसाल–मिलन। ख़ुश ख़िराम–मस्ती-भरी चाल चलनेवाला।
192. शिक्वः-ए-आब्लः–पैरों में छाले पड़ जाने की शिकायत। हनोज़–अभी तक, अभी।

193

मुश्त-ए-ख़ाक अपनी जो पामाल है याँ, इस प न जा
सर को खेंचेगा फ़लक तक यह गुबार, आख़िर-ए-कार

चश्म वा, देख के इस बाग़ में कीजो नर्गिस
आँखों से जाती रहेगी यह बहार, आख़िर-ए-कार

अव्वल-ए-कार महब्बत तो बहुत सह्ल है मीर
दिल से जाता है वले सब्र-ओ-क़रार, आख़िर-ए-कार

---

193. मुश्त-ए-ख़ाक—रजकण, मुट्ठी भर धूल। पामाल—नष्ट, बरबाद। फ़लक—आकाश। गुबार—धूल। आख़िर-ए-कार—अन्त में। चश्म—आँख। वा—खुलना। अव्वल-ए-कार—सबसे पहले। सहल—आसान, सरल। वले—लेकिन। सब्र-ओ-क़रार—धैर्य और सन्तोष।

194

दिल से मेरी शिकस्तें उलझी हैं
संग-ए-बाराँ है आबगीने पर

जौर-ए-दिलबर से क्या हों आजुर्दः
मीर इस चार दिन के जीने पर

---

194. शिकस्तें–पराजय (ब. व.)। संग-ए-बाराँ–पत्थरों की वर्षा। आबगीने–शीशे। जौर-ए-दिल्बर–प्रेमिका का अत्याचार। आजुर्दः–उदास।

195

हम भी फिरते हैं, यक हशम लेकर
दस्तः-ए-दाग़-ओ-फ़ौज-ए-ग़म लेकर

दस्तकश नालः, पेशरौ गिरियः
आह चलती है याँ, 'अलम लेकर

मर्ग, इक माँदगी का वक़्फ़ः है
या'नी आगे चलेंगे, दम लेकर

---

195. हशम—सिपाही और प्यादे। दस्तः-ए-दाग़—दाग़ों की टुकड़ी। फ़ौज-ए-ग़म—दुखों की सेना। दस्तकश—हाथ खींचनेवाला। नालः—आर्तनाद। पेश रौ—सामने, आगे-आगे चलनेवाला। गिरया—आँसू, रोना। 'अलम—झंडा। मर्ग—मृत्यु। मान्दगी—थकन। वक़्फ़ः—विराम।

196

वे लोग, तुमने एक ही शोख़ी में खो दिये
पैदा किये थे चर्ख़ ने जो, ख़ाक छानकर

197

हासिल बजुज़ कुदूरत, इस ख़ाकदाँ से क्या है
ख़ुश वह कि उठ गये हैं, दामन झटक-झटककर

---

196. चर्ख़–आकाश।
197. हासिल–प्राप्त। बजुज़–सिवा, अलावा। कुदूरत–मैल, दिल का मैल। ख़ाकदाँ–मिट्टी की दुनिया।

198

मरते हैं हम तो, आदम-ए-ख़ाकी की शान पर
अल्लाह रे दिमाग़, कि है आस्मान पर

कुछ हो रहेगा, 'अिश्क़-ओ-हवस में भी इम्तियाज़
आया है अब मिज़ाज तिरा, इम्तिहान पर

मुहृताज को ख़ुदा न निकाले, कि जूँ हिलाल
तश्हीर कौन शहृर में हो, पारःनान पर

शोख़ी तो देखो, आप ही कहा, आओ बैठो मीर
पूछा कहाँ, तो बोले कि मेरी ज़ुबान पर

---

198. आदम-ए-ख़ाकी–मिट्टी का पुतला, इनसान। 'अिश्क़-ओ-हवस–प्रेम और लोलुपता। इम्तियाज़–फ़र्क़, अन्तर। मिज़ाज–स्वभाव।
मुहृताज–विवश, मजबूर। हिलाल–नया चाँद। तश्हीर–प्रसिद्धि, शोहृरत। पारः नान–रोटी का टुकड़ा।

199

सूरत परस्त होते नहीं मा'नी आश्ना
है 'अिश्क़ से बुतों के मिरा मुद्द'आ कुछ और

मरने प जान देते हैं, वारफ़्तगान-ए-'अिश्क़
है मीर, राह-ओ-रस्म-ए-दयार-ए-वफ़ा कुछ और

200

सह्र गोश-ए-गुल में कहा मैंने, जाकर
खुले बन्द, मुर्ग़-ए-चमन से मिलाकर

लगा कहने, फ़ुर्सत है याँ यक तबस्सुम
सो वह भी गरीबान में मुँह छुपाकर

---

199. सूरत परस्त—रूप की पूजा करनेवाले। मा'नी आश्ना—गुण ग्राहक। बुत—मूर्ति, प्रतिमा। मुद्द'आ—उद्देश्य। वारफ़्तगान-ए-'अिश्क़—प्रेम में डूबे हुए लोग। राह-ओ-रस्म-ए-दयार-ए-वफ़ा—प्रेम-निर्वाह की रीत।

200. सह्र—सुबह, प्रातःकाल। गोश-ए-गुल—फूल का कान। मुर्ग़-ए-चमन—बाग़ का पंछी, बुलबुल। तबस्सुम—मुस्कराहट।

201

मज़्हब से मेरे क्या तुझे, तेरा दयार और
मैं और, यार और, मिरा कार-ओ-बार और

चलता है काम मर्ग का ख़ूब, उसके दौर में
होती है गिर्द शह्र के, रोज़ इक मज़ार और

बन्दे को उन फ़क़ीरों में, गिनिये न शह्र के
साहब ने मेरे, मुझको दिया ए'तिबार और

दर्द-ए-सर अब जो 'अिश्क़ का है, गोर तक है साथ
कुछ यह नशः ही और हैं, इसका ख़ुमार और

काहे को इस क़रार से था इज़्तिराब-ए-दिल
होता है हाथ रखने से दिल बेक़रार और

किसको फ़क़ीरों में सर-ओ-दिल हर्फ़ का है मीर
करते हैं इस दिमाग़ प हम इन्किसार और

---

201. दयार—दुनिया। मर्ग—मृत्यु। दौर—ज़माना। गिर्द—आस-पास। मज़ार—क़ब्र। ए'तिबार—विश्वास। गोर—क़ब्र। ख़ुमार—मदिरालस। क़रार—तरह, प्रकार। इज़्तिराब-ए-दिल—दिल की बेचैनी। सर-ओ-दिल—साहस। हर्फ़—अक्षर, बातचीत, वार्तालाप। इन्किसार—विनम्रता।

202

इक शोर है, जो 'आलम-ए-कौन-ओ-फ़साद में
हंगामः है उसी के यह ला'ल-ए-ख़मोश पर

जो है, सो मस्त-ए-बादः-ए-वह्म-ओ-ख़याल है
किसको है याँ निगाह, किसू दुर्द नोश पर

203

मत इस चमन में, गुंचः रविश, बूद-ओ-बाश कर
मानिन्द-ए-गुल, शिगुफ़्तः जबीं, याँ म'आश कर

---

202. शोर—कोलाहल। 'आलम-ए-कौन-ओ-फ़साद—संसार। हंगामाः—शोर, कोलाहल। ला'ल-ए-ख़मोश—शान्त होंठ। मस्त-ए-बादः-ए-वहम-ओ-ख़याल—भ्रम की शराब के नशे में चूर। दुर्द नोश—तलछट पीनेवाला, ग़रीब।

203. गुंचः रविश—कली की तरह। बूद-ओ-बाश—रहन-सहन, बसना। मानिन्द-ए-गुल—फूल की तरह। शिगुफ़्तः जबीं—हँसता हुआ माथा, हँसमुख। म'आश कर—जीवित रह।

204

बड़ी दौलत है दर्वेशी, जो हमरह हो क़ना'अत के
कि 'अर्सः तंग है, हिर्स-ओ-हवा से ताजदारों पर

205

अब्र-ए-सियः क़िबले से उठकर, आया है मैख़ाने पर
बादः कशों का झुरमुट है, कुछ शीशे पर पैमाने पर

206

दिल गये, आफ़त आयी जानों पर
यह फ़सानः रहा ज़बानों पर

---

204. दर्वेशी—फ़क़ीरी। हमरह—साथ। क़ना'अत—सन्तोष, निस्पृहता। अर्सः तंग है—काल का कम होना। हिर्स-ओ-हवा—लालच। ताजदार—शासक, बादशाह।

205. अब्र-ए-सियः—काला बादल। क़िबले (क़िब्ला)—का'बा, पश्चिम। मैख़ाना—मदिरालय। बादःकश—शराबी। शीशः—सुराही। पैमाना—मदिरापात्र।

206. फ़सानः—कहानी।

207

होता नहीं है बाब इजाबत का वा, हनोज़
बिस्मिल पड़ी है चर्ख़ प मेरी दु'आ, हनोज़

तोड़ा था किसका शीशः-ए-दिल तू ने संगदिल
है दिल ख़राश कूचे में तेरे सदा, हनोज़

चुल्लू में उसके मेरा लहू था, सो पी चुका
उड़ता नहीं है ताइर-ए-रंग-ए-हिना, हनोज़

---

207. बाब–दरवाज़ा। इजाबत–स्वीकृति। वा–खुलना। हनोज़–अभी, अभी तक। बिस्मिल–ज़ख़्मी। चर्ख़–आकाश, आसमान। दु'आ–विनय, प्रार्थना। शीशः-ए-दिल–दिल का शीशा। संगदिल–पत्थर दिल, कठोर, निर्दयी। दिल ख़राश–दिल चीर देनेवाली। कूचे में–गली में। सदा–आवाज़। ताइर-ए-रंग-ए-हिना–मेहँदी के रंग का पक्षी।

208

आतश-ए-दिल बुझी नहीं, शायद
क़तरः-ए-अश्क है शरारः, हनोज़

अश्क झमका है, जब न निकला था
चर्ख़ पर सुबह का सितारः, हनोज़

209

क़ैस-ओ-फ़रहाद पर नहीं मौक़ूफ़
'अिश्क़ लाता है मर्द-ए-कार, हनोज़

210

बू-ए-ख़ूँ आती है, बाद-ए-सुबह गाही से मुझे
निकली है बेदर्द, शायद हो किसू घायल के पास

---

208. आतश-ए-दिल–दिल की आग। क़तरः-ए-अश्क–आँसू की बूँद। शरारः–चिंगारी। अश्क–आँसू। चर्ख़–आकाश।

209. क़ैस-ओ-फ़रहाद–मजनूँ और फ़रहाद। मौक़ूफ़–निर्भर। मर्द-ए-कार–काम का आदमी।

210. बू-ए-ख़ूँ–ख़ून की गन्ध। बाद-ए-सुब्ह गाही–सुबह की हवा, प्रातः समीर। बेदर्द–निर्दयी।

211

शब इस दिल-ए-गिरफ़्तः को वा कर, बज़ोर-ए-मै
बैठे थे शीरः ख़ाने में, हम कितने हिर्ज़ःकोश

आयी सदा, कि याद करो दौर-ए-रफ़्तः को
'अिबरत भी है ज़रूर, टुक अय जमू'-ए-तेज़ होश

जमशेद, जिन ने वज़्'अ किया जाम, क्या हुआ
वे सुह्बतें कहाँ गयीं, कीधर वे नाय-ओ-नोश

जुज़ लालः, उसके जाम से पाते नहीं निशाँ
है कूकनार उसकी जगह अब सुबू बदोश

झूमे है बेद, जा-ए-जवानान-ए-मैगुसार
बाला-ए-ख़ुम है, ख़िश्त-ए-सर-ए-पीर-ए-मै फ़रोश

---

211. शब—रात। दिल-ए-गिरफ़्तः—बुझा हुआ दिल। वा कर—खोल के। बज़ोर-ए-मै—शराब के ज़ोर से। शीरः ख़ाना—मदिरालय, शराबघर। हिर्ज़ः कोश—व्यर्थ के काम करनेवाला। सदा—आवाज़। दौर-ए-रफ़्तः—गुज़रा हुआ समय, भूतकाल। 'अिबरत—शिक्षा। जमू-ए-तेज़ होश—बुद्धिमानों का जमघट। जमशेद—ईरान का सम्राट, जिसका शराब का प्याला प्रसिद्ध है। वज़्'अ किया—बनाया। जाम—मदिरापात्र। सुहबतें—संगतें। नाय-ओ-नोश—खाना-पीना। जुज़—सिवाय। कूकनार—पोस्ते की डंडी जिसमें से अफ़ीम निकलती है। सुबू बदोश—कन्धे पर मदिरा घट रखे हुए। बाला-ए-ख़ुम—शराब के मटके के ऊपर। ख़िश्त-ए-सर-ए-पीर-ए-मै फ़रोश—शराब बेचनेवाले बूढ़े के सर की मिट्टी से बनी हुई ईंट।

212

जो देखो मिरे शे'र-ए-तर की तरफ़
तो माइल न हो फिर गुहर की तरफ़

कोई दाद-ए-दिल आह किससे करे
हर इक है, सो उस फ़ितनः गर की तरफ़

महब्बत ने शायद कि दी दिल में आग
धुआँ-सा है कुछ उस नगर की तरफ़

बहुत रंग मिलता है, देखो कभू
हमारी तरफ़ से, सह्र की तरफ़

212. शे'र-ए-तर—ताज़ा शे'र, अच्छा शे'र। माइल—आकर्षित। गुहर—मोती। दाद-ए-दिल—दिल का न्याय। फ़ितनः गर—उपद्रवी, माशूक़। सहर—सुबह।

213

क्या कहूँ तुमसे मैं, कि क्या है ‘अिश्क़
जान का रोग है, बला है ‘अिश्क़

‘अिश्क़ ही ‘अिश्क़ है, जहाँ देखो
सारे ‘आलम में, भर रहा है ‘अिश्क़

‘अिश्क़ है तर्ज़-ओ-तौर, ‘अिश्क़ के तईं
कहीं बन्दः, कहीं ख़ुदा है ‘अिश्क़

‘अिश्क़ मा‘शूक़, ‘अिश्क़ ‘आशिक़ है
या‘नी अपना ही मुब्तिला है ‘अिश्क़

दिलकश ऐसा कहाँ है दुश्मन-ए-जाँ
मुद्द‘ई है प मुद्द‘आ है ‘अिश्क़

कौन मक़सद को ‘अिश्क़ बिन पहुँचा
आरज़ू ‘अिश्क़, मुद्द‘आ है ‘अिश्क़

---

213. ‘आलम–संसार। तर्ज़-ओ-तौर–रंग-ढंग। मुब्तिला–ग्रस्त। दिलकश–मनमोहक। दुश्मन-ए-जाँ–जान का दुश्मन। मुद्द‘ई–प्रतिवादी। मुद्द‘आ–उद्देश्य, मक़सद। आरज़ू–कामना।

214

मीर-ए-गुम कर्दः चमन, ज़मज़मः पर्दाज़ है एक
जिसकी लै दाम से, ता गोश-ए-गुल, आवाज़ है एक

कुछ हो, अय मुर्ग़-ए-क़फ़स, लुत्फ़ न जावे उससे
नौहः या नालः, हर इक बात का अन्दाज़ है एक

गोश को होश के, टुक खोल के सुन, शोर-ए-जहाँ
सबकी आवाज़ के पर्दे में, सुख़न साज़ है एक

चाहे जिस शक्ल से, तिम्साल सिफ़त इसमें दर आ
'आलम, आईने के मानिन्द, दर-ए-बाज़ है एक

---

214. मीर-ए-गुम कर्दः चमन—मीर, जिसका बाग़ खो गया है, जो अपने बाग़ से दूर है। दाम—जाल। ता गोश-ए-गुल—फूल के कान तक। मुर्ग़-ए-क़फ़स—पिंजरे का पक्षी, बन्दी पक्षी। लुत्फ़—आनन्द, मज़ा। नौहः—शोकगीत। नालः—आर्तनाद। अन्दाज़—शैली। गोश—कान। होश—चेतना। शोर-ए-जहाँ—संसार का कोलाहल। सुख़न साज़—बात बनानेवाला। शक्ल—सूरत, रूप। तिम्साल सिफ़त—तस्वीर की तरह। दर-ए-बाज़—खुला हुआ दरवाज़ा।

215

ग़ाफ़िल हैं ऐसे, सोते हैं गोया, जहाँ के लोग
हालाँकि रफ़्तनी हैं, सब इस कारवाँ के लोग

तू हम में और आप में मत दे किसी को दख़्ल
होते हैं फ़ितनः साज़, यही दरमियाँ के लोग

फ़िरदौस को भी आँख उठा देखते नहीं
किस दर्जः सेर चश्म हैं, कू-ए-बुताँ के लोग

क्या सह्ल जी से हाथ उठा बैठते हैं हाय
यह 'अिश्क़ पेशगाँ, हैं इलाही कहाँ लोग

216

अफ़्सुर्दगि-ए-सोख़्तः जानाँ है क़ह्र, मीर
दामन को टुक हिला, कि दिलों की बुझी है आग

---

215. ग़ाफ़िल—असावधान, अचेत। गोया—मानो। जहाँ—संसार। हालाँकि—यद्यपि। रफ़्तनी—जानेवाला। दख़्ल—हस्तक्षेप। फ़ितनः साज़—उपद्रवी। दरमियाँ—बीच। फ़िरदौस—जन्नत, स्वर्ग। सेर चश्म—तृप्त दृष्टि। कू-ए-बुताँ—प्रेमिका की गली। 'अिश्क़ पेशगाँ—प्रेमी, जिनका पेशा 'अिश्क़ है।

216. अफ़्सुर्दगि-ए-सोख़्तः जानाँ—दिलजलों की उदासी। क़हर—विपत्ति।

217

है आग का-सा, नालः-ए-काहिश फ़िज़ा का रंग
कुछ और सुबूह दम से हुआ है, हवा का रंग

देखे इधर तो मुझसे न यूँ आँख वह छुपाये
ज़ाहिर है मेरे मुँह से, मिरे मुद्द'आ का रंग

किस बेगुनह के ख़ूँ में, तिरा पड़ गया है पाँव
होता नहीं है सुर्ख़ तो ऐसा हिना का रंग

गुल, परैहन न चाक करें, क्योंकि रश्क से
किस मर्तबे में शोख़ है उसकी क़बा का रंग

पूछें हैं वज्ह-ए-गिरियः-ए-ख़ूनीं जो मुझसे लोग
क्या देखते नहीं हैं सब उस बेवफ़ा का रंग

मक़दूर तक न गुज़रे मिरे ख़ूँ से यार, मीर
ग़ैरों से क्या गिलः है, यह है आश्ना का रंग

---

217. नालः-ए-काहिश फ़िज़ा—कष्ट देनेवाला आर्तनाद। मुद्द'आ—उद्देश्य। बेगुनह—बेगुनाह, निर्दोश। ख़ूँ—ख़ून, रक्त। सुर्ख़—लाल। हिना—मेहँदी। गुल—फूल। चाक करना—फाड़ना। रश्क—ईर्ष्या, जलन। किस मर्तबे में—कितना ज़्यादा। शोख़—तेज़। क़बा—वस्त्र, कपड़े। वजूह-ए-गिरियः-ए-ख़ूनीं—ख़ून के आँसू बहाने का कारण। मक़दूर—सम्भव। गिलः—शिकायत। आश्ना—परिचित।

218

अल्लह री 'अन्दलीब की आवाज़-ए-दिलख़राश
जी ही निकल गया, जो कहा उनने, हाय गुल

मक़दूर तक शराब से रख, अँखड़ियों में रंग
यह चश्मक-ए-पियालः, है साक़ी, हवा-ए-गुल

बुलबुल हज़ार जी से ख़रीदार उसकी है
अय गुलफ़रोश, करियो समझकर बहा-ए-गुल

गुलचीं, समझ के चुनियो कि गुलशन में, मीर के
लख़्त-ए-जिगर पड़े हैं, नहीं बर्गहा-ए-गुल

---

218. अन्दलीब–बुलबुल। आवाज़-ए-दिलख़राश–दिल को चीर देनेवाली आवाज़। मक़दूर–सम्भव। चश्मक-ए-पियालः–प्याले का इशारा। हवा-ए-गुल–फूल की इच्छा। गुल फ़रोश–फूल बेचनेवाला। बहा-ए-गुल–फूल का मूल्य। गुलचीं–फूल तोड़नेवाले। गुलशन–बाग़। लख़्त-ए-जिगर–जिगर के टुकड़े। बर्गहा-ए-गुल–फूल की पत्तियाँ।

219

कर सैर-ए-जज़्ब-ए-उल्फ़त, गुलचीं ने कल चमन में
तोड़ा था शाख़-ए-गुल को, निकली सदा-ए-बुलबुल

220

क्या बुलबुल-ए-असीर है बे बाल-ओ-पर कि हम
गुल कब रखे है टुकड़े जिगर, इस क़दर कि हम

ख़ुर्शीद-ए-सुबह निकले है इस नूर से, कि तू
शबनम गिरह में रखती है यह चश्म-ए-तर कि हम

इस जुस्तुजू में, और ख़राबी तो क्या कहें
इतनी नहीं हुई है सबा दर-ब-दर कि हम

---

219. कर सैर-ए-जज़्ब-ए-उल्फ़त—प्रेम की भावना का तमाशा देख। गुलचीं—फूल तोड़नेवाला। शाख़-ए-गुल—फूल की डाली। सदा-ए-बुलबुल—बुलबुल की आवाज़।

220. बुलबुल-ए-असीर—गिरफ़्तार बुलबुल। बे बाल-ओ-पर—विवश, जिसके पर नोच डाले गये हों। गुल—फूल। इस क़दर—इतना। ख़ुर्शीद-ए-सुब्ह—प्रातःकाल का सूर्य। नूर—प्रकाश, रौशनी। शबनम—ओस। चश्म-ए-तर—गीली आँखें, आँसू-भरी आँखें। जुस्तुजू—खोज, तलाश। ख़राबी—बुराई। सबा—प्रातःसमीर। दर-ब-दर होना—भटकना।

221

हम अपनी चाक-ए-जैब को सी रहते, या नहीं
फाटे में पाँव, देने को आये कहाँ से तुम

अब देखते हैं ख़ूब, तो वह बात ही नहीं
क्या क्या वगर्नः कहते थे, अपनी ज़बाँ से तुम

खुल जायेंगी फिर आँखें, जो मर जायेगा कोई
आते नहीं हो बाज़, मिरे इम्तिहाँ से तुम

जितने थे कल तुम, आज नहीं पाते उतना हम
हर दम चले ही जाते हो, आब-ए-रवाँ से तुम

---

221. चाक-ए-जैब–फटा हुआ गरेबान। बाज़ आना–मान जाना। इम्तिहाँ–परीक्षा, इम्तिहान। आब-ए-रवाँ–बहता हुआ पानी।

222

बैठे हम अपने तौर से मस्तों में, जब उठे
जूँ अब्र-ए-तर, लिये उठे दामन को पाक हम

आहिस्तः अय नसीम, कि अतराफ़ बाग़ के
मुश्ताक़-ए-परफ़िशानी हैं, इक मुश्त-ए-ख़ाक हम

मुद्दत हुई, कि चाक-ए-क़फ़स ही से अब तो मीर
दिखला रहे हैं गुल को, दिल-ए-चाक चाक हम

---

222. तौर—ढंग। अब्र-ए-तर—पानी से भरा बादल। पाक—पवित्र, निर्मल। नसीम—हवा, प्रातःसमीर। अतराफ़—चारों तरफ़। मुश्ताक़-ए-पर-फ़िशानी—उड़ने के लिये बेचैन। मुश्त-ए-ख़ाक—मुट्ठी-भर धूल। मुद्दत—बहुत समय, ज़माना। चाक-ए-क़फ़स—पिंजरे की दरारें। गुल—फूल। दिल-ए-चाक चाक—टुकड़े-टुकड़े दिल।

223

गर्चः आवारः, जूँ सबा हैं हम
लेक, लग चलने में, बला हैं हम

अय बुताँ, इस क़दर जफ़ा हम पर
'आक़िबत, बन्दः-ए-ख़ुदा हैं हम

आस्ताँ पर तिरे ही, गुज़री 'उम्र
उसी दरवाज़े के, गदा हैं हम

223. गर्चः—यद्यपि, जो भी। जूँ सबा—हवा की तरह। लेक—लेकिन। अय बुताँ—अय बुतो। जफ़ा—जुल्म, अत्याचार। 'आक़िबत—आख़िर। बन्दः-ए-ख़ुदा—ख़ुदा के बन्दे। आस्ताँ—चौखट। गदा—फ़क़ीर, भिखारी।

224

करते हैं गुफ़्तुगू, सहर उठकर, सबा से हम
लड़ने लगे हैं हिज्र में उसके, हवा से हम

होता न दिल का, ता यह सरअंजाम 'अिश्क़ में
लगते ही जी के, मर गये होते, बला से हम

दाग़ों ही से भरी रही छाती तमाम 'अुम्र
यह फूल गुल चुना किये, बाग़-ए-वफ़ा से हम

ग़ाफ़िल न अपनी दीदः-दराई से, हम को जान
सब देखते हैं, पर नहीं कहते हया से हम

---

224. गुफ़्तगू–वार्तालाप, बातचीत। सह्र–सुबह, प्रातःकाल। सबा–हवा, समीर। हिज्र–विरह, जुदाई। ता–तक। सरअंजाम–नतीजा, फल। बाग़-ए-वफ़ा–वफ़ा का बाग़। ग़ाफ़िल–असावधान। दीदः दराई–निर्लज्जता, बेहयाई। हया–शर्म, लज्जा।

225

है तह-ए-दिल बुतों का क्या मा'लूम
निकले पर्दे से क्या, ख़ुदा मा'लूम

यही जाना कि कुछ न जाना, हाय
सो भी इक 'उम्र में, हुआ मा'लूम

'अिल्म सबको है यह, कि सब तू है
फिर है अल्लाह कैसा नामा'लूम

गर्चेः तू ही है सब जगह, लेकिन
हम को तेरी नहीं है जा मा'लूम

---

225. तह-ए-दिल–दिल की गहराई। बुत–मूर्ति, प्रेमिका। 'अिल्म–ज्ञान। जा–जगह, स्थान।

226

मजमे'अ में क़यामत के, इक आशोब-सा होगा
आ निकले अगर 'अर्से में, यूँ नालः बलब हम

227

क्या लुत्फ़-ए-तन छुपा है, मिरे तंग पोश का
उगला पड़े है जामे से, उसका बदन तमाम

इक गुल ज़मीं, न वक़्फ़े के क़ाबिल नज़र पड़ी
देखा बरंग-ए-आब-ए-रवाँ, यह चमन तमाम

निकले हैं गुल के रंग, गुलिस्ताँ में ख़ाक से
यह वे हैं, उसके 'अिश्क़ के ख़ूनीं कफ़न तमाम

---

226. मजमे'अ--जमघट। क़यामत--प्रलय। आशोब--हंगामा, शोर, कोलाहल। अर्से में--मैदान में। नालः बलब--होंठों पर आर्त्तनाद लिये।

227. लुत्फ़-ए-तन--शारीरिक सौन्दर्य। तंग पोश--चुस्त कपड़े पहननेवाला। जामा--पहनने का कपड़ा। गुल-ज़मीं--फूलों की क्यारी। वक़्फ़े--विराम, ठहरना। बरंग-ए-आब-ए-रवाँ--बहते हुए पानी की तरह। गुल के रंग--फूल की तरह। गुलिस्ताँ--बाग़। ख़ाक--मिट्टी। ख़ूनीं कफ़न--जिनके कफ़न ख़ून की तरह लाल हों।

228

जो देखो वह क़ामत, तो मा'लूम हो
कि रूकश हुए हैं, क़यामत से हम

ख़ुदा से भी शब को, दु'आ माँगते
न उसका लिया नाम, ग़ैरत से हम

रखा जिसको आँखों में इक 'उम्र, अब
उसे देख रहते हैं, हस्रत से हम

न मिल मीर, अब के अमीरों से तू
हुए हैं फ़क़ीर, उनकी दौलत से हम

228. क़ामत–क़द, आकार। रूकश–सामने। क़यामत–प्रलय। शब–रात। ग़ैरत–शर्म, लज्जा। हस्रत–निराशा।

229

तलवारें कितनी खायी हैं सिज्दे में, इस तरह
फ़रियादी होंगे, मल के लहू को जबीं से हम

होता है शौक़ वस्ल का, इनकार से ज़ियाद
कब तुझसे दिल उठाते हैं, तेरी नहीं से हम

उड़ती है ख़ाक, शहर की गलियों में अब जहाँ
सोना लिया है गोद में भरकर, वहीं से हम

---

229. फ़रियादी–फ़रियाद करनेवाला। जबीं–माथा। शौक़–इच्छा। वस्ल–मिलन। ज़ियाद–ज़्यादा, अधिक।

230

जी के तईं, छुपाते नहीं, यूँ तो, ग़म से हम
पर, तंग आ गये हैं, तुम्हारे सितम से हम

231

चाहें तो तुमको चाहें, देखें तो तुमको देखें
ख़्वाहिश दिलों की तुम हो, आँखों की आर्जू तुम

निस्बत तो हमदिगर है, गो दूर की हो निस्बत
हम हैं नवा-ए-बुलबुल, हो गुल के रंग-ओ-बू तुम

---

230. सितम—अत्याचार।

231. ख़्वाहिश—इच्छा। आर्जू—कामना। निस्बत—सम्बन्ध। हमदिगर—परस्पर, आपस में। नवा-ए-बुलबुल—बुलबुल की आवाज़। रंग-ओ-बू—रंग और गन्ध।

232

यारब उस महबूब को फिर इक नज़र देखेंगे हम
अपनी आँखों से उसे याँ जल्वःगर देखेंगे हम

मैं कहा, देखो इधर टुक तुम, तो मैं भी जान दूँ
हँस के बोले, यह तिरी बातें हैं, पर देखेंगे हम

यूँ न दिल देंगे, किसू सीमींबदन ज़र-दोस्त को
इब्तिदा-ए-'अिश्क़ में, अपना भी घर देखेंगे हम

232. महबूब–प्रेमिका। जल्वःगर–प्रकट होनेवाला। सीमींबदन–चाँदी-जैसे शरीरवाला। ज़र दोस्त–सोने से प्रेम करनेवाला। इब्तिदा-ए-'अिश्क़– प्रेम का आरम्भ।

233

खा गये याँ के फ़िक्र, सो मौहूम
वाँ गये क्या हो, कुछ नहीं मा'लूम

जब गुबार अपने दिल का, निकले है
देर रहती है, आँधी की-सी धूम

234

बेकली, बेख़ुदी, कुछ आज नहीं
एक मुद्दत से, वह मिज़ाज नहीं

हमने अपनी सी की बहुत, लेकिन
मरज़-ए-'अिश्क़ का, 'अिलाज नहीं

शह्र-ए-ख़ूबी को ख़ूब देखा, मीर
जिन्स-ए-दिल का, कहीं रवाज नहीं

---

233. मौहूम—धुँधली, क्षीण। गुबार—धूल-मिट्टी, मैल।

234. बेखुदी—आत्मविस्मृति। मिज़ाज—स्वभाव। मरज़-ए-'अिश्क़—प्रेम-रोग। शहर-ए-ख़ूबी—सौन्दर्य-नगर। जिन्स-ए-दिल—दिल की वस्तु।

235

सोज़िश-ए-दिल से, मुफ़्त गलते हैं
दाग़, जैसे चराग़ जलते हैं

इस तरह दिल गया, कि अब तक हम
बैठे रोते हैं, हाथ मलते हैं

भरी रहती हैं आज यूँ आँखें
जैसे दरिया कहीं उबलते हैं

तेरे बेख़ुद जो हैं, सो क्या चेतें
ऐसे डूबे कहीं उछलते हैं

फ़ितनः दर सर, बुतान-ए-हश्र ख़िराम
हाय रे, किस ठसक से चलते हैं

मीर साहब को देखिये, जो बने
अब बहुत घर से कम निकलते हैं

---

235. सोज़िश-ए-दिल–दिल की जलन। मुफ़्त–व्यर्थ, फ़ुज़ूल। बेख़ुद–अचेत। फ़ित्नः दर सर–मग़रूर, घमंडी। बुतान-ए-हश्र ख़िराम–क़यामत की तरह की चाल चलनेवाले माशूक़।

236

न गया ख़याल-ए-ज़ुल्फ़-ए-सियह-ए-जफ़ा शि'आराँ
न हुआ कि सुब्ह होवे, शब-ए-तीरः रोज़गाराँ

न कहा था अय रफ़ूगर, तिरे टाँके होंगे ढीले
न सिया गया ना आख़िर, दिल-ए-चाक-ए-बेक़राराँ

हुई 'ईद, सबने पहने, तरब-ओ-ख़ुशी के जामे
न हुआ कि हम भी बदलें, यह लिबास-ए-सोगवाराँ

कहीं ख़ाक-ए-कू को उसकी, तू सबा न दीजो जुम्बिश
कि भरे हैं उस ज़मीं में, जिगर-ए-जिगर फ़िगाराँ

रखे ताज-ए-ज़र को सर पर, चमन-ए-ज़मानः में गुल
न शिगुफ़्तः हो तू इतना, कि ख़ज़ाँ है यह बहाराँ

यह सुना था मीर हम ने, कि फ़सानः ख़्वाब लावे
तिरी सरगुज़श्त सुनकर, गये और ख़्वाब-ए-याराँ

---

236. ख़याल...शि'आराँ—अत्याचारियों की लटों का ध्यान। शब-ए-तीरः रोज़गाराँ—उन लोगों की रातें जिनके दिल भी काले हैं। दिल-ए-चाक-ए-बेक़राराँ—बेक़रारों के ज़ख़्मी दिल। तरब-ओ-ख़ुशी—हर्ष, आनन्द। जामे—कपड़े। लिबास-ए-सोगवाराँ—शोक मनानेवालों के कपड़े। ख़ाक-ए-कू—गली की धूल। सबा—हवा। जुम्बिश—हरकत, कम्पन। जिगर-ए-जिगर फ़िगाराँ—ज़ख़्मियों के जिगर। ताज-ए-ज़र—सोने का मुकुट। चमन-ए-ज़मानः—संसार का बाग़। गुल—फूल। शिगुफ़्तः—हँसता हुआ। ख़ज़ाँ—पतझड़, हेमन्त ऋतु। बहाराँ—बहार, वसन्त ऋतु। फ़सानः—कहानी। ख़्वाब—नींद। सरगुज़श्त—कहानी, दास्तान। ख़्वाब-ए-याराँ—दोस्तों की नींद।

237

उसके कूचे से जो उठ, अह्ल-ए-वफ़ा जाते हैं
ता नज़र काम करे, रू-ब-क़फ़ा जाते हैं

मुत्तसिल रोते ही रहिये, तो बुझे आतश-ए-दिल
एक दो आँसू तो और आग लगा जाते हैं

वक़्त ख़ुश उनका जो हमबज़्म हैं तेरे, हम तो
दर-ओ-दीवार को अह्वाल सुना जाते हैं

एक बीमार-ए-जुदाई हूँ मैं आप ही, तिस पर
पूछने वाले जुदा जान को खा जाते हैं

---

237. अह्ल-ए-वफ़ा—वफ़ादार। ता नज़र काम करे—जहाँ तक दृष्टि जाती है। रू बक़फ़ा—पीछे मुड़कर देखते हुए। मुत्तसिल—निरन्तर। आतश-ए-दिल—दिल की आग। वक़्तख़ुश—अच्छा वक़्त। हमबज़्म—संगति में। दर-ओ-दीवार—दरवाज़े और दीवारें। अहवाल—हाल। बीमार-ए-जुदाई—विरह का बीमार। जुदा—अलग।

238

कहियो क़ासिद, जो वह पूछे हमें, क्या करते हैं
जान-ओ-ईमान-ओ-महब्बत को दु'आ करते हैं

'अिश्क़ आतश भी जो देवे, तो न दम मारें हम
शम्'-ए-तस्वीर हैं, ख़ामोश जला करते हैं

रुख़्सत-ए-जुम्बिश-ए-लब, 'अिश्क़ की हैरत से नहीं
मुद्दतें गुज़रीं, कि हम चुप ही रहा करते हैं

तू परी, शीशे से नाजुक है, न कर दावः-ए-मेह्र
दिल हैं पत्थर के उन्हों के, जो वफ़ा करते हैं

फ़ुर्सत-ए-ख़्वाब नहीं, ज़िक्र-ए-बुताँ में हम को
रात-दिन राम कहानी-सी कहा करते हैं

यह ज़मानः नहीं ऐसा, कि कोई ज़ीस्त करे
चाहते हैं जो बुरा अपना, भला करते हैं

---

238. क़ासिद—पत्रवाहक। दु'आ करना—दुआ देते हैं। आतश—आग। दम मारें—उफ़ करें, कुछ कहें। शम्'-ए-तस्वीर—चित्रित चिराग़। ख़ामोश—चुपचाप। रुख़्सत-ए-जुम्बिश-ए-लब—होंठ हिलाने की इजाज़त। हैरत—आश्चर्य। नाजुक—कोमल। दावः-ए-मेह्र—महब्बत का दावा। वफ़ा—निर्वाह। फ़ुर्सत-ए-ख़्वाब—सोने का अवकाश। ज़िक्र-ए-बुताँ—प्रेमिका का ज़िक्र। ज़ीस्त करे—जीवित रहे।

239

इस गुल्शन-ए-दुनिया में शिगुफ़्तः न हुआ मैं
हूँ गुंचः-ए-अफ़्सुर्दः, कि मर्दूद-ए-सबा हूँ

240

सह्ल इस क़दर नहीं है, मुश्किल पसन्दी अपनी
जो तुझको देखते हैं, मुझको सराहते हैं

---

239. गुल्शन-ए-दुनिया–संसार का बाग़। शिगुफ़्त–खिलना। गुंचः-ए-अफ़्सुर्दः–उदास कली। मर्दूद-ए-सबा–हवा द्वारा ठुकराया हुआ, पवन-प्रताड़ित।

241

तुम्हें भी चाहिए है, कुछ तो पास चाहत का
हम अपनी ओर से, यूँ कब तलक निबाह करें

रखा है अपने तईं रोक-रोक कर, वर्नः
सियाह कर दें ज़माने को, हम जो आह करें

अगर उठेंगे इसी हाल से, तो कहियो तू
जो रोज़-ए-हश्र, तुझी को न 'उज़्र ख़्वाह करें

अगर्चेः सहल हैं, पर दीदनी हैं हम भी, मीर
इधर को यार ताम्मुल से गर निगाह करें

---

241. रोज़-ए-हश्र—क़यामत के दिन। 'उज़्र ख़्वाह—उज़्र करनेवाला। दीदनी—देखने योग्य। ताम्मुल—सोच-विचार।

242

अब किस किस अपनी ख़्वाहिश-ए-मुर्दः को रोइये
थीं हम को उससे सैकड़ों उम्मीदवारियाँ

पढ़ते फिरेंगे गलियों में इन रेख़्तों को लोग
मुद्दत रहेंगी याद यह बातें हमारियाँ

गुल ने हज़ार रंग, सुख़न सर किया वले
दिल से गयीं न बातें तिरी प्यारी प्यारियाँ

---

242. ख़्वाहिश-ए-मुर्दः–मरी हुई इच्छा। रेख़्तों (रेख़्तः)–शे'रों। गुल–फूल। हज़ार रंग–हज़ार प्रकार। सुख़न सर किया–बोला। वले–लेकिन।

243

आसूदः क्योंकि हूँ मैं, कि मानिन्द-ए-गर्दबाद
आवारगी तमाम है मेरी सरिश्त में

244

ख़ार को जिनने लड़ी मोती की कर दिखलाया
इस बयाबान में वह आब्लःपा, मैं ही हूँ

मीर-ए-आवारः-ए-'आलम जो सुना है तू ने
ख़ाक आलूदः वह, अय बाद-ए-सबा, मैं ही हूँ

---

243. आसूदः—तृप्त, सन्तुष्ट। मानिन्द-ए-गर्द बाद—बगूले की तरह। सरिश्त—बनावट।

244. ख़ार—काँटे। बयाबान—जंगल। अब्लः पा—जिसके पैरों में छाले पड़ गये हों। मीर-ए-आवारः-ए-आलम—मीर जो संसार-भर में आवारा फिर रहा है। ख़ाक आलूदः—धूल-धूसरित। बाद-ए-सबा—प्रातःसमीर।

245

ग़ाफ़िल न रहियो हमसे, कि हम वे नहीं रहे
होता है अब तो हाल 'अजब, एक आन में

फाड़ा हज़ार जा से गरीबान-ए-सब्र मीर
क्या कह गयी नसीम-ए-सह्र गुल के कान में

246

रखा कर हाथ दिल पर, आह करते
नहीं रहता चराग़, ऐसी पवन में

ख़िरदमन्दी हुई ज़ंजीर, वर्नः
गुज़रती ख़ूब थी दीवानः पन में

---

245. ग़ाफ़िल–असावधान। 'अजब–अजीब, विचित्र। आन में–क्षण-भर में। हज़ार जा–हज़ार जगह। गरीबान-ए-सब्र–धैर्य का गरीबान। नसीम-ए-सह्र–प्रातःसमीर। गुल–फूल।
246. ख़िरदमन्दी–बुद्धिमानी, चेतना।

247

मत सहूल हमें जानो, फिरता है, फ़लक बरसों
तब ख़ाक के पर्दे से, इनसान निकलते हैं

248

कोई नहीं जहाँ में जो अन्दोहगीं नहीं
इस ग़मकदे में आह, दिल-ए-ख़ुश कहीं नहीं

माथा किया है सर्फ़-ए-सुजूद-ए-दर-ए-बुताँ
मानिन्द माह-ए-नौ के, मिरे अब जबीं नहीं

---

247. सहूल—आसान, सरल। फ़लक—आकाश।

248. अन्दोहगीं—ग़मगीन। ग़म कदा—शोक घर (संसार)। दिल-ए-ख़ुश—प्रसन्न-चित्त। सर्फ़-ए-सुजूद-ए-दर-ए-बुताँ—माशूक़ों के दरवाज़ों के सज्दों में समाप्त। मानिन्द—प्रकार, तरह। माह-ए-नौ—नया चाँद। जबीं—माथा।

249

हम आप ही को, अपना मक़सूद जानते हैं
अपने सिवाय, किसको मौजूद जानते हैं

'अिज्ज़-ओ-नियाज़ अपना, अपनी तरफ़ है सारा
इस मुश्त-ए-ख़ाक को हम, मस्जूद जानते हैं

सूरत पिज़ीर हम बिन, हरगिज़ नहीं वह मा'ना
अह्ल-ए-नज़र हमीं को, मा'बूद जानते हैं

'अिश्क़ उनकी 'अक़्ल को है, जो मासिवा हमारे
नाचीज़ जानते हैं, नाबूद जानते हैं

अपनी ही सैर करने, हम जल्वःगर हुए थे
इस रम्ज़ को वलेकिन, मा'दूद जानते हैं

मरकर भी हाथ आवे, तो मीर मुफ़्त है वह
जी के ज़ियान को भी, हम सूद जानते हैं

---

249. मक़सूद–लक्ष्य। मौजूद–उपस्थित। 'अिज्ज़-ओ-नियाज़–विनम्रता। मुश्त-ए-ख़ाक–मुट्ठी-भर धूल। मस्जूद–जिसको सिज्दा किया जाये। सूरत पिज़ीर–रूप धारण करना। मा'ना–अर्थ, तत्व। अहल-ए-नज़र–नज़रवाले। मा'बूद–आराध्य, ख़ुदा। मासिवा–अलावा। नाचीज़–तुच्छ। नाबूद–अस्तित्वहीन। जल्वःगर–प्रकट। रम्ज़–रहस्य। मा'दूद–कम लोग, गिने-चुने लोग। ज़ियान–हानि, नुक़सान। सूद–मुनाफ़ा, लाभ।

250

तलवार ग़र्क़-ए-ख़ूँ है, आँखें गुलाबियाँ हैं
देखें तो तेरी कब तक, यह बद शराबियाँ हैं

मेह्मान मीर मत हो, ख़्वान-ए-फ़लक प हरगिज़
ख़ाली यह मेह्र-ओ-मह की, दोनों रिकाबियाँ हैं

251

मानिन्द-ए-शम्‘अ, हम ने हुज़ूर अपने यार के
कार-ए-वफ़ा तमाम किया, एक आह में

निकला था आस्तीन से कल मुग़्बचे का हाथ
बहुतों के ख़िरक़े चाक हुए, ख़ानक़ाह में

---

250. ग़र्क़-ए-ख़ूँ–ख़ून में डूबी हुई। बद शराबियाँ–शराब पीकर बदमस्ती करना। ख़्वान-ए-फ़लक–आसमान का दस्तरख़्वान। मेह्र-ओ-मह–चाँद-सूरज।

251. मानिन्द-ए-शम‘अ–चिराग़ की तरह। हुज़ूर–सामने। कार-ए-वफ़ा–वफ़ा का काम। मुग़्बचे–शराब पिलानेवाला लड़का। ख़िरक़े–कपड़े। चाक हुए–फट गये। ख़ानक़ाह–आराधना-गृह, इबादत गाह।

252

चला न उठ के वहीं चुपके फिर तू मीर
अभी तो उसकी गली से पुकार लाया हूँ

253

जफ़ाएँ देख लियाँ बेवफ़ाइयाँ देखीं
भला हुआ, कि तिरी सब बुराइयाँ देखीं

तिरी गली से सदा अय कुशिन्दः-ए-'आलम
हज़ारों आती हुई चारपाइयाँ देखीं

तिरे विसाल के हम शौक़ में हो आवारः
'अज़ीज़ दोस्त सभों की जुदाइयाँ देखीं

शहाँब कि कोह्ल-ए-जवाहिर थी ख़ाक-ए-पा जिनकी
उन्हीं की आँखों में फिरती सलाइयाँ देखीं

---

253. कुशिन्दः-ए-'आलम–दुनिया को क़त्ल करनेवाला। विसाल–मिलन। शौक़–इच्छा। 'अज़ीज़–प्रिय। शहाँ–बादशाह (ब. व.)। कोह्ल-ए-जवाहिर– जवाहिर का बना हुआ सुर्मा। ख़ाक-ए-पा–पैरों की धूल, चरणरज।

254

हफ़्त इक़्लीम हर गली है, कहीं
दिल्ली-से भी दयार होते हैं

255

ख़ाक-ए-आदम ही है तमाम ज़मीं
पाँव को हम सँभाल रखते हैं

---

254. हफ़्त इक़्लीम—सातों आकाश। दयार—नगर, शहर।
255. ख़ाक-ए-आदम—आदमी की मिट्टी।

256

बारहा वा'दों की रातें आइयाँ
ताले'ओं ने सुबह कर दिखलाइयाँ

ज़िल्ल-ए-हक़, हमको भी वो ही चाहिये
जूँ हमारी होती हैं परछाइयाँ

एक भी चश्मक, न उस मह की-सी की
आँखें तारों ने, बहुत झमकाइयाँ

एक ने सूरत न पकड़ी, पेश-ए-यार
दिल में शक्लें सैकड़ों ठहराइयाँ

रूकशी को उसकी, मुँह भी चाहिये
माह के चेहरे प हैं सब झाइयाँ

चल चमन में, यह भी है कोई रविश
नाज़ ता कै, चन्द बे परवाइयाँ

---

256. बारहा—बारबार। ताले'अ—क़िस्मत, भाग्य। ज़िल्ल-ए-हक़—ख़ुदा का साया (बादशाह)। चश्मक—इशारा, संकेत। मह—चाँद, (माशूक़)। पेश-ए-यार—प्रेमिका के सामने। शक्लें—सूरतें। रूकशी—आकर्षण। माह—चाँद। रविश—शैली, गति। ता कै—कब तक।

शौक़-ए-क़ामत में तिरे, अय नौनिहाल
गुल की शाख़ें, लेती हैं अँगड़ाइयाँ

पास मुझको भी नहीं हैं मीर अब
दूर पहुँची हैं, मिरी रुस्वाइयाँ

शौक़-ए-क़ामत–क़द के प्रेम में। नौनिहाल–नव'उम्र माशूक़। शाख़ें–डालियाँ। पास–लिहाज़ रुस्वाइयाँ–बदनामियाँ।

257

मैं कौन हूँ, अय हम नफ़साँ, सोख़्तःजाँ हूँ
इक आग मिरे दिल में है, जो शो'लः फ़िशाँ हूँ

लाया है मिरा शौक़, मुझे पर्दे से बाहर
मैं वर्नः, वही ख़ल्वति-ए-राज़-ए-निहाँ हूँ

जल्वः है मुझी से लब-ए-दरिया-ए-सुख़न पर
सद रंग मिरी मौज है, मैं तब्'-ए-रवाँ हूँ

देखा है मुझे जिन ने, सो दीवानः है मेरा
मैं बा'इस-ए-आशुफ़्तगि-ए-तब्'ए-जहाँ हूँ

तकलीफ़ न कर आह, मुझे जुम्बिश-ए-लब की
मैं सद सुख़न आग़िश्तः बख़ूँ ज़ेर-ए-ज़बाँ हूँ

हूँ ज़र्द, ग़म-ए-ताज़ः निहालान-ए-चमन से
इस बाग़-ए-ख़ज़ाँ दीदः में, मैं बर्ग-ए-ख़ज़ाँ हूँ

इक वह्म नहीं बेश, मिरी हस्ति-ए-मौहूम
इस पर भी तिरी ख़ातिर-ए-नाज़ुक प गिराँ हूँ

---

257. हम नफ़साँ—मित्र, साथी। सोख़्तः जाँ—दिलजला। शो'लः फ़िशाँ—आग बरसानेवाला। ख़ल्वति-ए-राज़-ए-निहाँ—रहस्य के पर्दे में छुपा हुआ। जल्वः—दर्शन। लब-ए-दरिया-ए- सुख़न— शे'र के स्रोत के किनारे। सद रंग—सौ रंग। तब'-ए-रवाँ—प्रवाहित कल्पना। बा'इस...जहाँ—दुनिया की परेशानी का कारण। जुम्बिश-ए-लब—होंठों का हिलना। सद सुख़न आग़िश्तः बख़ूँ—ख़ून में लिथड़ी हुई बातें। ज़ेर-ए-ज़बाँ—होंठों ही होंठों में। ज़र्द—पीला। ग़म-ए-ताज़ः निहालान-ए-चमन—बाग़ के नये पौधों का ग़म। बाग़-ए-ख़ज़ाँ दीदः—हेमन्त का मारा हुआ बाग़। बर्ग-ए-ख़ज़ाँ—पतझड़ में गिरे हुए पत्ते, सूखे पत्ते। वह्म—भ्रम। बेश—अधिक, ज़्यादा। हस्ति-ए-मौहूम—भ्रममूलक अस्तित्व। ख़ातिर-ए-नाज़ुक— कोमल हृदय। गिराँ—बोझ, बार।

258

अय ‘अदम होने वालो, तुम तो चलो
हम भी अब कोई दम में आते हैं

259

अगर्चेः नशः हूँ सब मैं ख़ुम-ए-जहाँ में, लेक
बरंग-ए-मै, ‘अरक़-ए-इन्फ़ि‘आल, अपना हूँ

मिरी नुमूद ने, मुझको किया बराबर ख़ाक
मैं नक़्श-ए-पा की तरह, पाइमाल अपना हूँ

बला हुई है मिरी गोकि तब्‘-ए-रौशन मीर
हूँ आफ़ताब, वलेकिन ज़वाल अपना हूँ

---

258. ‘अदम होनेवालो—मिट जानेवालो, मर जानेवालो।

259. ख़ुम-ए-जहाँ—मदिरा-घट रूपी संसार। लेक—लेकिन। बरंग-ए-मै—शराब की तरह। ‘अरक़-ए-इन्फ़ि‘आल—लज्जा का पसीना। नुमूद—आविर्भाव, प्रकटन। नक़्श-ए-पा—पद-चिह्न। पाइमाल—नष्ट, बरबाद। बला—विपत्ति। गोकि—यद्यपि। तब्‘-ए-रौशन—चतुर स्वभाव। आफ़्ताब—सूर्य। ज़वाल—पतन।

260

ख़ूबरू सबकी जान होते हैं
आरज़ू-ए-जहान होते हैं

ग़मज़ः-ए-चश्म-ए-ख़ुशक़दान-ए-ज़मीं
फ़ित्नः-ए-आस्मान होते हैं

261

ख़ून टपके है, पड़ा, नोक से हर इक की हनोज़
किस सितम दीदः की मिशगाँ हैं तह-ए-ख़ार-ए-चमन

कम नहीं है दिल-ए-पुर-दाग़ भी, अय मुर्ग़-ए-असीर
गुल में क्या है, जो हुआ है तू , तलबगार-ए-चमन

262

हर नक़्श-ए-पा है शोख़ तिरा, रश्क-ए-यासमन
कम गोशः-ए-चमन से, तिरा रहगुज़र नहीं

---

260. ख़ूबरू—सुन्दर मुखड़ेवाला, माशूक़। आरज़ू-ए-जहान—संसार की कामना। ग़मज़ः... ज़मीं—ज़मीन के सुन्दर आकारवालों की आँख के इशारे। फ़ित्नः-ए-आस्मान—आकाश का उपद्रव।

261. हनोज़—अभी, अभी तक। सितम दीदः—मुसीबत ज़दः, आपत्तिग्रस्त। मिशगाँ—पलक। तह-ए-ख़ार-ए-चमन—बाग़ के काँटों के नीचे। दिल-ए-पुर दाग़—दाग़ों-भरा दिल। मुर्ग़-ए-असीर—बन्दी पक्षी। गुल—फूल। तलबगार-ए-चमन—बाग़ के इच्छुक।

262. नक़्श-ए-पा—पद-चिह्न। शोख़—चंचल। रश्क-ए-यासमन—जिससे चमेली का फूल भी शरमा जाये। गोशः-ए-चमन—बाग़ का कोना। रह-गुज़र—मार्ग, रास्ता।

263

आ जायें हम नज़र जो कोई दम, बहुत है याँ
मुह्लत हमें बसान-ए-शरर, कम बहुत है याँ

हासिल है क्या, सिवाय तराई के, दह्र में
उठ आस्माँ तले से, कि शबनम बहुत है याँ

इस बुतकदे में, मा'ना का किसके करें सवाल
आदम नहीं है, सूरत-ए-आदम बहुत है याँ

'आलम में लोग मिलने की गौं, अब नहीं रहे
हर चन्द ऐसा वैसा तो 'आलम बहुत है याँ

मेरे हलाक करने का, ग़म है 'अबस तुम्हें
तुम शाद ज़िन्दगानी करो, ग़म बहुत है याँ

शायद कि काम सुब्ह तक अपना, खिंचे न मीर
अहवाल आज शाम से, दरहम बहुत है याँ

264

न भाई, हमारी तो क़ुदरत नहीं
खिंचें मीर, मुझसे ही यह ख़्वारियाँ

---

263. बसान-ए-शरर—चिंगारी की तरह। हासिल—प्राप्त। दह्र—दुनिया। आस्माँ—आकाश। शबनम—ओस। बुतकदे—मन्दिर। मा'ना—अर्थ। 'आलम—संसार। हरचन्द—हालाँकि। हलाक—मृतक, क़त्ल किया हुआ। 'अबस—व्यर्थ। शाद—ख़ुश, प्रसन्न। अहवाल—हाल। दरहम—अस्त-व्यस्त।
264. क़ुदरत—प्रकृति। ख़्वारियाँ—अपमान।

265

लब तिरे ला'ल-ए-नाब हैं दोनों
पर तमामी 'अिताब हैं दोनों

है तकल्लुफ़ निक़ाब, वे रुख़्सार
क्या छुपें, आफ़ताब हैं दोनों

तन के मा'मूरे में, यही दिल-ओ-चश्म
घर थे दो, सो ख़राब हैं दोनों

सौ जगह उसकी आँखें पड़ती हैं
जैसे मस्त-ए-शराब हैं दोनों

पाँव में वह नशः तलब का नहीं
अब तो सरमस्त-ए-ख़्वाब हैं दोनों

एक सब आग, एक सब पानी
दीदः-ओ-दिल, 'अज़ाब हैं दोनों

आगे दरिया थे, दीदः-ए-तर, मीर
अब जो देखो, सराब हैं दोनों

---

265. लब–होंठ। ला'ल-ए-नाब–निर्मल रत्न। तमामी–सब। 'अिताब–गुस्सा। तकल्लुफ़–शिष्टाचार। निक़ाब–परदा। रुख़्सार–गाल, कपोल। आफ़ताब–सूरज। मा'मूरा–बस्ती, आबादी, नगर। दिल-ओ-चश्म–दिल और आँखें। मस्त-ए-शराब–शराब में धुत्त। तलब–इच्छा। सरमस्त-ए-ख़्वाब–नींद में डूबे हुए। दीदः-ओ-दिल–आँखें और दिल। 'अज़ाब–मुसीबत। दीदः-ए-तर–अश्रु-भरी आँखें। सराब–मरीचिका।

266

मुद्द'ई मुझको खड़े साफ़ बुरा कहते हैं
चुपके तुम सुनते हो बैठे, इसे क्या कहते हैं

हुस्न तो है ही, करो लुत्फ़-ए-ज़बाँ भी पैदा
मीर को देखो, कि सब लोग भला कहते हैं

267

कोई बिजली का टुकड़ा अब तलक भी
पड़ा होगा, हमारे आशियाँ में

---

266. मुद्द'ई—प्रतिवादी। हुस्न—सौन्दर्य। लुत्फ़-ए-ज़बाँ—ज़बान का आनन्द।
267. आशियाँ—घोंसला।

268

उठाते हाथ क्यों नौमीद होकर
अगर पाते असर कुछ हम दु'आ में

कहे है हर कोई, अल्लाह मेरा
'अजब निस्बत है, बन्दे में ख़ुदा में

मिले बरसों, वही बेगानः है वह
हुनर है यह, हमारे आश्ना में

अगर्चेः ख़ुश्क हैं, जैसे पर-ए-काह
उड़े हैं मीरजी लेकिन हवा में

---

268. नौमीद–निराश, नाउम्मीद। अजब–अनोखा। निस्बत–सम्बन्ध। बेगानः–ग़ैर, अपरिचित। हुनर–गुण। आश्ना–परिचित। ख़ुश्क–सूखा। पर-ए-काह–घास का तिनका।

269

‘अिश्क़ में, जी को सब्र-ओ-ताब कहाँ
उससे आँखें लगीं, तो ख़्वाब कहाँ

हस्ती अपनी, है बीच में पर्दा
हम न होवें, तो फिर हिजाब कहाँ

गिरियः-ए-शब से, सुर्ख़ हैं आँखें
मुझ बलानोश को, शराब कहाँ

‘अिश्क़ है, ‘आशिक़ों के जलने को
यह जहन्नम में है ‘अज़ाब कहाँ

‘अिश्क़ का घर है मीर से आबाद
ऐसे फिर ख़ानुमाँ ख़राब कहाँ

---

269. सब्र-ओ-ताब—धैर्य और शक्ति। ख़्वाब—नींद। हस्ती—अस्तित्व। हिजाब—पर्दा (लज्जा को भी हिजाब कहते हैं)। गिरियः-ए-शब—रात के आँसू, रात का रोना। बलानोश—बहुत पीनेवाला। जहन्नम—नर्क, दोज़ख़। ‘अज़ाब—नर्क यातना। ख़ानुमाँ ख़राब—जिसका घर उजड़ चुका हो, बे-घरबार।

270

यारो, मुझे मु'आफ़ रखो, मैं नशे में हूँ
अब दो, तो जाम ख़ाली ही दो, मैं नशे में हूँ

मस्ती से दरहमी है, मिरी गुफ़्तुगू के बीच
जो चाहो तुम भी मुझको कहो, मैं नशे में हूँ

या हाथों हाथ लो मुझे, मानिन्द-ए-जाम-ए-मै
या थोड़ी दूर साथ चलो, मैं नशे में हूँ

मा'ज़ूर हूँ, जो पाँव मिरा बेतरह पड़े
तुम सरगिराँ तो मुझसे न हो, मैं नशे में हूँ

भागी नमाज़-ए-जुम्'अः तो जाती नहीं है कुछ
चलता हूँ मैं भी, टुक तो रहो, मैं नशे में हूँ

नाज़ुक मिज़ाज आप क़यामत हैं मीरजी
जूँ शीशः मेरे मुँह न लगो, मैं नशे में हूँ

---

270. जाम—मदिरापात्र। दरहमी—अस्तव्यस्तता। गुफ़्तुगू—बातचीत। मानिन्द-ए-जाम-ए-मै—मदिरापात्र की तरह। मा'ज़ूर—विवश। बेतरह—आड़ा-तिरछा। सरगिराँ—नाराज़, अप्रसन्न। नमाज़-ए-जुम'अः—जुमे की नमाज़। नाजुक मिज़ाज—कोमल प्रकृति। क़यामत—प्रलय, भयंकर। जूँ शीशः—बोतल की तरह।

271

अबकी जुनूँ में, फ़ासलः शायद न कुछ रहे
दामन के चाक और गरीबाँ के चाक में

272

आज हमारे घर आया तू, क्या है याँ जो निसार करें
इल्ला खेंच बग़ल में तुझको, देर तलक हम प्यार करें

शेवः अपना बेपरवाई, नौमीदी से ठहरा है
कुछ भी वह मग़रूर दबे, तो मिन्नत हम सौ बार करें

273

है 'आशिक़ी के बीच, सितम देखना ही लुत्फ़
मर जाना आँखें मूँद के, यह कुछ हुनर नहीं

---

271. जुनूँ–पागलपन।

272. निसार–क़ुर्बान, न्योछावर। इल्ला–सिवा, अलावा। शेवः–व्यवहार, चलन। नौमीदी–निराशा। मग़रूर–घमंडी। मिन्नत–ख़ुशामद।

273. सितम–अत्याचार, ज़ुल्म। लुत्फ़–आनन्द। हुनर–गुण।

274

हम ने भी नज़्र की है, कि फिरिये चमन के गिर्द
यारब क़फ़स के छूटने तक बाल-ओ-पर रहें

275

दम ज़दन मस्लिहत-ए-वक़्त नहीं, अय हमदम
जी में क्या-क्या है मिरे, पर लब-ए-इज़्हार कहाँ

डूबा लोहू में पड़ा था हमगी पैकर-ए-मीर
यह न जाना कि लगी ज़ुल्म की तलवार कहाँ

276

चमन में जाके भरो तुम गुलों से जैब-ओ-कनार
हम अपने दिल ही के टुकड़ों से, गुल बदामाँ हैं

---

274. नज़्र–भेंट। गिर्द–आसपास। यारब–या ख़ुदा। क़फ़स–पिंजरा। बाल-ओ-पर–बाल और पर।

275. दम ज़दन–दम मारना। मस्लिहत-ए-वक़्त–समय का तक़ाज़ा। हमदम–मित्र, साथी। लब-ए-इज़्हार–बोलनेवाले होंठ, बोलने की शक्ति। हमगी–सम्पूर्ण। पैकर-ए-मीर–मीर का शरीर। ज़ुल्म–अत्याचार।

276. जैब-ओ-कनार–दामन और गरीबान। गुल बदामाँ–फूलों से भरा हुआ।

277

जौर क्या क्या, जफ़ाएँ क्या क्या हैं
'आशिक़ी में बलाएँ क्या क्या हैं

गह नसीम-ए-सबा है, गाह सुमूम
इस चमन में, हवाएँ क्या क्या हैं

फ़िक्र-ए-ता'मीर-ए-दिल, किसू को नहीं
ऐसी वैसी बिनाएँ क्या क्या हैं

शोर है तर्क-ए-शैख़ का, लेकिन
चुपके-चुपके दु'आएँ क्या क्या हैं

मंज़र-ए-दीदः, क़स्र-ए-दिल, अय मीर
शह्र-ए-तन में भी जाएँ क्या क्या हैं

---

277. जौर—जुल्म, जफ़ा, अत्याचार। बलाएँ—विपत्तियाँ। गह (गाह)—कभी। नसीम-ए-सबा—प्रातःसमीर। सुमूम—गर्म हवा, लू। फ़िक्र-ए-ता'मीर-ए-दिल—दिल के निर्माण की चिन्ता। बिनाएँ—निर्माण। तर्क-ए-शैख़—शैख़ का त्याग। मंज़र-ए-दीदः—आँखों का दृश्य। क़स्र-ए-दिल—दिल का महल। जाएँ—जगहें।

278

साथ अपने नहीं असबाब-ए-मुसा'इद मुत्लक़
हम भी कहने के तईं, 'आलम-ए-असबाब में हैं

हम भी इस शह्र में उन लोगों से हैं ख़ानःख़राब
मीर, घरबार जिन्हूँ के, रह-ए-सैलाब में हैं

279

कहे तो हमनशीं, रंग-ए-तसर्रुफ़ कुछ दिखाऊँ मैं
अलग बैठा हिना बन्दों को, आँखों में रचाऊँ मैं

कहूँ क्या, सुह्बत उससे हर घड़ी बिगड़ी ही जाती है
जो टुक राह-ए-सुख़न निकले तो सौ बातें बनाऊँ मैं

निगाह-ए-हस्रत-ए-बुत, दैर से जाने की माने'अ है
मिज़ाज अपना, बहुत चाहा, कि सू-ए-का'बः लाऊँ मैं

---

278. असबाब-ए-मुसा'इद—अनुकूल कारण (सामान)। मुत्लक़—बिलकुल। 'आलम-ए-असबाब—कारणयुक्त संसार। ख़ानःख़राब—जिसका घर उजड़ चुका हो। रह-ए-सैलाब—बाढ़ का मार्ग।

279. हमनशीं—दोस्त। रंग-ए-तसर्रुफ़—अधिकार का रंग। हिना बन्दों—जिनके मेहँदी लगी है। सुह्बत—संगति। राह-ए-सुख़न—बातचीत का मौक़ा। निगाह-ए-हस्रत-ए-बुत—मूर्ति की निराशा-भरी निगाह। दैर—मन्दिर। माने'अ—बाधक। मिज़ाज—तबी'अत। सू-ए-का'बः—का'बे की तरफ़।

280

कभू मिले है सो वह यूँ , कि फिर मिला न करें
करे है आप ही शिकायत, कि हम गिलः न करें

281

जब लग गये झमकने, रुख़सार-ए-यार दोनों
तब मेहूर-ओ-मह ने अपनी, आँखें छुपालियाँ हैं

सुब्ह-ए-चमन का जल्वः, हिन्दी बुतों में देखा
सन्दल भरी जबीं हैं, होंठों की लालियाँ हैं

इन गुल-रुख़ों की क़ामत, लहके है यूँ हवा में
जिस रंग से लचकती फूलों की डालियाँ हैं

वह दुज़्द-ए-दिल नहीं तो क्यों देखते ही मुझको
पलकें झुकालियाँ हैं, आँखें चुरालियाँ हैं

चलते हैं यह, तो ठोकर लगती है मीर दिल को
चालें ही दिलबरों की सब से निरालियाँ हैं

---

280. गिलः--शिकायत।

281. रुख़सार-ए-यार--प्रेमिका के कपोल। मेहूर-ओ-मह--सूरज और चाँद। सुब्ह-ए-चमन--बाग़ की सुबह। जल्वः--दर्शन। जबीं--माथा। गुल-रुख़ों--फूल-जैसे चेहरेवाले। क़ामत--क़द, आकार। दुज़्द-ए-दिल--दिल के चोर। दिलबर--प्रेमिका।

282

रफ़्तगाँ में जहाँ के, हम भी हैं
साथ उस कारवाँ के, हम भी हैं

शमू'अ ही सर न दे गयी बरबाद
कुश्तः अपनी ज़बाँ के, हम भी हैं

जिस चमनज़ार का है तू गुल-ए-तर
बुलबुल उस गुलसिताँ के, हम भी हैं

बोसः मत दे, किसू के दर प, नसीम
ख़ाक उस आस्ताँ के, हम भी हैं

वज्ह-ए-बेगानगी, नहीं मा'लूम
तुम जहाँ के हो, वाँ के हम भी हैं

अपना शेवः नहीं कजी, यूँ तो
यारजी, टेढ़े बाँके हम भी हैं

283

बहुत नाआश्ना थे लोग याँ के
चले हम चार दिन रहकर जहाँ में

---

282. रफ़्तगाँ--गुज़रे हुए लोग। जहाँ--संसार। कुश्तः--क़त्ल किया हुआ, मक़तूल। चमनज़ार--बाग़। गुल-ए-तर--ताज़ा फूल। बोसः--चुम्बन। दर--दरवाज़ा। नसीम--हवा, प्रातःसमीर। आस्ताँ--चौखट। वज्ह-ए-बेगानगी--अनजानपन का कारण। शेवः--चलन। कजी--कुटिलता, टेढ़ापन।
283. नाआश्ना--अपरिचित।

284

गुज़रे गर दिल में होकर, तो एक निगाह ज़रूरी है
कुछ-कुछ तेरे ग़म ने लिखा है, आकर वाँ की 'अिमारत में

285

तिरी पल्कें, चुभती नज़र में भी हैं
यह काँटे, खटकते जिगर में भी हैं

रहे फिरते दरिया में गिर्दाब से
वतन में भी हैं हम, सफ़र में भी हैं

दिल-ओ-दिल्ली दोनों अगर हैं ख़राब
प कुछ लुत्फ़ उस उजड़े घर में भी हैं

286

ज़बानें बदलते हैं हर आन ख़ूबाँ
यह सब कुछ हैं बिगड़े ज़माने की बातें

बहुत हिर्ज़ःगोई की याँ, मीर साहब
करो वाँ के कुछ मुँह दिखाने की बातें

---

285. गिर्दाब–भँवर। लुत्फ़–आनन्द।

286. ख़ूबाँ–प्रेमिका, हसीन लोग, माशूक़। हिर्ज़ः गोई–व्यर्थ बकवास।

287

भरे रहते हैं सारे फूल ही जिसके गरीबाँ में
वह क्या जाने कि टुकड़े हैं जिगर के मेरे दामाँ में

ख़याल-ए-यार में, आगे है यक महपारः याँ हरदम
अगर हिज्राँ में ज़िन्दानी हूँ, पर हूँ यूसुफ़िस्ताँ में

रखा 'अर्सः जुनूँ पर तंग, मुश्ताक़ों की दूरी से
किसे मारा है उस घतिये ने, संमुख हो के मैदाँ में

जहाँ से देखिये, इक शे'र-ए-शोर अंगेज़ निकले है
क़यामत का सा हंगामः है हरजा, मेरे दीवाँ में

हवा-ए-अब्र में क्या मीर हँसता बाग़ में वह था
गिरी पड़ती है बिजली आज कुछ सह्न-ए-गुलिस्ताँ में

---

287. दामाँ—दामन। ख़याल-ए-यार—प्रेमिका का ध्यान। यक महपारः—चाँद का एक टुकड़ा। हिज्राँ—जुदाई, विरह। ज़िन्दानी—क़ैदी, बन्दी। यूसुफ़िस्ताँ—सौन्दर्य से पूर्ण नगर। अर्सः—मैदान। जुनूँ—पागलपन। तंग—छोटा। मुश्ताक़—जिज्ञासु। शे'र-ए-शोर अंगेज़—धूमधाम का शोर। क़यामत—प्रलय। हंगामा—कोलाहल। हरजा—हर जगह। दीवाँ—दीवान, कविता संग्रह। हवा-ए-अब्र—बादलों की छाँव में चलनेवाली हवा। सह्न-ए-गुलिस्ताँ—बाग़ का आँगन।

288

कभू ख़ुर्शीद-ओ-मह को देख रहता हूँ, कभू गुल को
मिरे अन्दाज़ से ज़ाहिर है, मैं उस रू का हैराँ हूँ

बहाल-ए-सग फिरा कब तक करूँ यूँ उसके कूचे में
ख़िजालत खेंचता हूँ मीर, आख़िर मैं भी इंसाँ हूँ

289

गिरफ़्तः दिल हूँ, सर-ए-इर्तिबात मुझको नहीं
किसू से शह्र में, कुछ इख़्तिलात मुझको नहीं

हुआ हूँ फ़र्त-ए-अज़ीयत से मैं तो सुन, अय मीर
तमीज़-ए-रंज-ओं-ख़याल-ए-नशात मुझको नहीं

---

288. ख़ुर्शीद-ओ-मह–सूरज और चाँद। गुल–फूल। अन्दाज़–ढंग। ज़ाहिर–प्रकट। रू–चेहरा। हैराँ–आश्चर्यचकित। बहाल-ए-सग–कुत्ते की तरह। ख़िजालत–शर्मिन्दगी।

289. गिरफ़्तः दिल–उदास दिल। सर-ए-इर्तिबात–किसी से रिश्ता क़ायम करना। इख़्तिलात–मेल-जोल। फ़र्त-ए-अज़ीयत–कष्ट की अधिकता। तमीज़-ए-रंज–शोक की पहचान। ख़याल-ए-नशात–ख़ुशी का ध्यान।

290

हम भी तो फ़स्ल-ए-गुल में, चल टुक तो पास बैठें
सर जोड़-जोड़ कैसे कलियाँ निकलतियाँ हैं

291

शह्रों मुल्कों में जो यह मीर कहाता है मियाँ
दीदनी है, प बहुत कम नज़र आता है मियाँ

'आलम आईनः है जिसका, वह मुसव्विर बेमिसल
हाय क्या सूरतें पर्दे में बनाता है मियाँ

क़िस्मत उस बज़्म में लायी कि जहाँ का साक़ी
दे है मै सबको, हमें ज़ह्र पिलाता है मियाँ

---

290. फ़स्ल-ए-गुल–फूलों का मौसम।

291. दीदनी–देखने योग्य। 'आलम–संसार। मुसव्विर–चित्रकार। बेमिसल–बेजोड़, जिसका उदाहरण न मिले। बज़्म–गोष्ठी, महफ़िल। मै–शराब।

292

जाये है जी नजात के ग़म में
ऐसी जन्नत गयी जहन्नम में

है बहुत जैब चाकी ही, जूँ सुब्ह
क्या किया जाय फ़ुर्सत-ए-कम में

परके थी बेकली क़फ़स में बहुत
देखिये अब के गुल के मौसम में

बेख़ुदी पर न मीर की जाओ
तुम ने देखा है और 'आलम में

292. नजात–मुक्ति। जन्नत–स्वर्ग। जहन्नम–नर्क। जैब चाकी–गरेबान का फटना। फ़ुर्सत-ए-कम–कम अवकाश। क़फ़स–पिंजरा। बेख़ुदी–आत्म तल्लीनता, बेहोशी। 'आलम–हालत।

293

दूर उससे जी चुके हैं, हम इस रोज़गार में
दिन आज का भी साँझ हुआ इन्तिज़ार में

दाग़ों से भर गया है मिरा सीनः-ए-फ़िगार
गुल फूल ज़ोर ज़ोर खिले इस बहार में

तड़पे है मुत्तसिल वह कहाँ ऐसे रोज़-ओ-शब
है फ़र्क़ मीर बर्क़-ओ-दिल-ए-बेक़रार में

294

किस दिन चमन में यारब, होगी सबा गुल अफ़शाँ
कितने शिकस्तः पर हम, दीवार के तले हैं

295

रहा था देख ऊधर मीर चलते
'अजब इक नाउमीदी थी नज़र में

---

293. रोज़गार–संसार। सीनः-ए-फ़िगार–ज़ख़्मी सीना। मुत्तसिल–निरंतर। रोज़-ओ-शब–दिन-रात। फ़र्क़–अन्तर। बर्क़-ओ-दिल-ए-बेक़रार–बिजली और बेक़रार दिल।

294. गुल अफ़शाँ–फूल बिखेरती हुई। शिकस्तः पर–टूटे हुए परोंवाले, विवश।

296

पयाम उस गुल को, उसके हाथ देते
सुबुकपाई न होती, गर सबा में

हमें फ़रहाद-ओ-मजनूँ, जिससे चाहो
तुम आकर पूछ लो शह्र-ए-वफ़ा में

297

ख़ुदासाज़ था आज़र-ए-बुत तराश
हम अपने तईं आदमी तो बनाएँ

---

296. पयाम—सन्देश। सुबुकपाई—क़दम न जमना। सबा—हवा, प्रातःसमीर।

297. ख़ुदा साज़—ख़ुदा का बनानेवाला। आज़र-ए-बुत तराश—मूर्ति बनानेवाला आज़र ('आज़र' एक मूर्तिकार का नाम है।)

298

अब के माह-ए-रमज़ाँ देखा था पैमाने में
बारे सब रोज़े तो गुज़रे मुझे मैख़ाने में

जैसे बिजली के चमकने से किसू की सुध जाये
बेख़ुदी आयी अचानक तिरे आ जाने में

आज सुनते हैं कि फ़र्दा वह क़दआरा होगा
देर कुछ इतनी क़यामत के नहीं आने में

299

मुझको दिमाग़-ए-वस्फ़-ए-गुल-ओ-यासमन नहीं
मैं जूँ नसीम, बाद फ़रोश-ए-चमन नहीं

कल जा के हमने मीर के हाँ यह सुना जवाब
मुद्दत हुई कि याँ तो वह गुर्बत वतन नहीं

---

298. माह-ए-रमज़ाँ—रमज़ान, रोज़ों का महीना। पैमाने—मदिरापात्र। बारे—अस्तु, ख़ैर। मैख़ाने—मदिरालय। बेख़ुदी—बेहोशी। फ़र्दा—कल (आगामी)। क़दआरा—आकार को सँवारकर खड़ा होना। क़यामत—प्रलय।

299. दिमाग़...यासमन—फूलों की प्रशंसा की शक्ति। नसीम—हवा, समीर। बादफ़रोश-ए-चमन—बाग़ का शेख़ी ख़ोरा, ख़ुशामदी। गुर्बत वतन—प्रवासी।

300

मिस्र'अ कोई कोई कभू मौज़ूँ करूँ हूँ मैं
किस ख़ुशसलीक़गी से जिगर ख़ूँ करूँ हूँ मैं

301

वह तो नहीं कि देखें उस आईनःरू को सुब्ह
हम किस उमीद पर शब-ए-ग़म को सह्र करें

302

कोई तरफ़ याँ ऐसी नहीं, जो ख़ाली होवे उससे मीर
यह तुर्फ़ः है, शोर-ए-जरस से, चार तरफ़ हम तनहा हों

---

300. मौज़ूँ—कविताबद्ध। ख़ुशसलीक़गी—हुनरमन्दी, सुघड़ापा, सुन्दरता से।
301. आईनः रू—आईने-जैसे चेहरेवाला, सुन्दर। शब-ए-ग़म—ग़म की रात। सह्र—सुबह, प्रातःकाल।
302. तुर्फ़ः—अनोखा, अद्‌भुत। शोर-ए-जरस—कारवाँ के घंटे की आवाज़। तनहा—अकेला, एकाकी।

303

सुब्ह हुई, गुलज़ार के ताइर, दिल को अपने टटोलें हैं
याद में उस ख़ुदरो गुल-ए-तर की, कैसे कैसे बोलें हैं

यार हमारा आसाँ क्या कुछ, सीनः कुशादः हम से मिला
ख़ून करें हैं जब दिल को, वे बन्द क़बा के खोलें हैं

304

जहाँ के बाग़ का यह 'ऐश है, कि गुल के रंग
हमारे जाम में लोहू है सब, शराब नहीं

तलाश मीर की अब मैकदों में काश करें
कि मस्जिदों में तो वह ख़ानुमाँ ख़राब नहीं

---

303. गुलज़ार–बाग़। ताइर–पक्षी। ख़ुदरो–स्वयं खिलनेवाला। गुल-ए-तर–ताज़ा फूल। आसाँ–आसानी से, सरलता से। कुशादः–खुला हुआ। (सीनः कुशादः–खुले दिल से)। क़बा–वस्त्र।

304. जहाँ–संसार, दुनिया। 'ऐश–भोग-विलास। गुल के रंग–फूल की तरह। जाम–मदिरापात्र। मैकदों–शराब घरों। ख़ानुमाँ ख़राब–बरबाद।

305

हम को कहने के तईं, बज़्म में जा देते हैं
बैठने पाते नहीं हम, कि उठा देते हैं

306

नाज़ुकी हाय री, ताले‘अ की निकोई से कभू
फूल-सा हाथों में हम उसको उठा लेते हैं

307

गूँध के गोया पत्ती गुल की, वह तरकीब बनायी है
रंग बदन का तब देखो, जब चोली भीगे पसीने में

---

305. बज़्म—महफ़िल। जा—जगह।
306. नाज़ुकी—मृदुलता, कोमलता। ताले‘अ—भाग्य। निकोई—अच्छाई।
307. गोया—मानो। गुल—फूल।

308

अब दर-ए-बाज़-ए-बयाबाँ में क़दम रखिये मीर
कब तलक तंग रहें, शहरों की दीवारों में

309

शोर नहीं याँ सुनता कोई मीर क़फ़स के असीरों का
गोश नहीं दीवार-ए-चमन के, गुल के शायद कान नहीं

---

308. दर-ए-बाज़-ए-बयाबाँ–जंगल का खुला हुआ दरवाज़ा।

309. क़फ़स–पिंजरा। असीरों–बन्दियों। गोश–कान। दीवार-ए-चमन–बाग़ की दीवार। गुल–फूल।

310

यूँ नाकाम रहेंगे कब तक, जी में है इक काम करें
रुस्वा होकर मारे जावें, उसको भी बदनाम करें

जिनको ख़ुदा देता है सब कुछ, वे ही सब कुछ देते हैं
टोपी लँगोटी पास अपने, हम इस पर क्या इन्‘आम करें

311

ग़म-ए-हिज्राँ में घबराकर उठा मैं
तरफ़ गुलज़ार के आया चला मैं

शिगुफ़्तः ख़ातिरी उस बिन कहाँ थी
चमन में गुंचः पेशानी रहा मैं

किसू से दिल नहीं मिलता है यारब
हुआ था किस घड़ी उनसे जुदा मैं

---

310. रुस्वा—बदनाम।

311. ग़म-ए-हिज्राँ—विरह का दुख। गुलज़ार—बाग़। शिगुफ़्तः ख़ातिरी—दिल की ताज़गी। गुंचः पेशानी—उदास। या रब—या ख़ुदा। जुदा—अलग।

312

दिल जलते कुछ बन नहीं आती, हाल बिगड़ते जाते हैं
जैसे चिराग़-ए-आख़िर-ए-शब, हम लोग निबड़ते जाते हैं

रंग-ए-सबात चमन का उड़ाया, बाद-ए-तुन्द-ख़ज़ाँ ने सब
बर्ग-ओ-बार-ओ-नौरस गुल के गुंचे झड़ते जाते हैं

तीनत में है नियाज़ जिन्हों के, मस्जूद उनकी सब है ज़मीं
ख़ाक जो यह पामाल है इससे, सर को रगड़ते जाते हैं

राह 'अजब दरपेश है हम को, याँ से तन्हा जाने की
यार-ओ-हमदम-ओ-हमराही, हर गाम बिछड़ते जाते हैं

---

312. चिराग़-ए-आख़िर-ए-शब—आख़िरी रात का चिराग़। रंग-ए-सबात—अस्थायित्व का रंग। बाद-ए-तुन्द-ए-ख़ज़ाँ—पतझड़ की तेज़ हवा। बर्ग-ओ-बार—पत्तियाँ और फल। नौरस गुल—ताज़ा फूल। गुंचे—कलियाँ। तीनत—आदत। नियाज़—विनम्रता। मस्जूद—जिसको सज्दा किया जाये। पामाल—नष्ट, कुचली हुई। दरपेश—सम्मुख। यार-ओ-हमदम-ओ-हमराही—दोस्त, हमसफ़र। गाम—क़दम।

313

‘अिश्क़ ने हम को मार रखा है, जी में अपने ताब नहीं
दिल को ख़याल-ए-सब्र नहीं, आँखों को मैल-ए-ख़्वाब नहीं

कोई सबब ऐसा हो यारब, जिससे ‘अिज़्ज़त रह जावे
‘आलम में असबाब के हैं, पर पास अपने असबाब नहीं

रंग शिकस्तः, दिल है शिकस्तः, सर है शिकस्तः, मस्ती में
हाल किसू का अपना सा, इस मैख़ाने में ख़राब नहीं

---

313. ‘अिश्क़–प्रेम। ताब–शक्ति, ताक़त। ख़याल-ए-सब्र–धैर्य का विचार। मैल-ए-ख़्वाब–नींद की तरह लगाव। ‘आलम–संसार। असबाब–कारण, सामान। (संसार को आलम-ए-असबाब कहते हैं)। शिकस्तः–टूटा हुआ। मैख़ाना–शराबघर।

314

हाकिम शहूर-ए-हुस्न के ज़ालिम, क्योंकि सितम ईजाद नहीं
ख़ून किसू का कोई करे, वाँ दाद नहीं फ़रियाद नहीं

क्या क्या मर्दुम ख़ुश ज़ाहिर हैं, 'आलम-ए-हुस्न में नाम-ए-ख़ुदा
'आलम-ए-'अिश्क़ ख़राबः है, वाँ कोई घर आबाद नहीं

'अिश्क़ कोई हमदर्द कहीं, मुद्दत में पैदा करता है
कोह रहें गो नालाँ बरसों, लेकिन अब फ़रहाद नहीं

314. हाकिम—शासक। शहूर-ए-हुस्न—सौन्दर्य-नगर। ज़ालिम—अत्याचारी। सितम ईजाद—अत्याचारी। मर्दुम—लोग। आलम-ए-हुस्न—सौन्दर्य का संसार। 'आलम-ए-'अिश्क़—प्रेम का संसार। ख़राबः—वीराना। कोह—पहाड़। गो—यद्यपि, जो भी, हालाँकि। नालाँ—फ़रियादी।

315

न समझो मुझे बेख़बर इस क़दर
तह-ए-दिल से लोगों के आगाह हूँ

मिरी कजरवी सादगी से है मीर
बहुत इस रवैये प गुमराह हूँ

316

बहार आयी, मिज़ाजों की सभी तदबीर करते हैं
जवानों को, इन्हीं अय्याम में ज़ंजीर करते हैं

---

315. तह-ए-दिल—दिल की तह या गहराई। आगाह—परिचित। कजरवी—टेढ़ापन। गुमराह—भटका हुआ।

316. बहार—वसन्त। मिज़ाज—स्वभाव। अय्याम—दिन, ज़माना। ज़ंजीर करना—गिरफ़्तार करना।

317

शायद बहार आयी है, दीवानः है जहाँ
ज़ंजीर की-सी आती है झन्कार कान में

318

शोख़चश्मी तिरी, पर्दे में है जब तक, तब तक
हम नज़रबाज़ भी आँखों की हया करते हैं

318. शोख़चश्मी–आँखों की चंचलता। नज़रबाज़–नज़रें लड़ानेवाला। हया–लज्जा, शर्म।

319

फ़लक ने गर किया रुख़सत मुझे, सैर-ए-बयाबाँ को
निकाला सर से मेरे जा-ए-मू , ख़ार-ए-मुग़ीलाँ को

तुझे गर चश्म-ए-'अिब्रत है, तो आँधी और बगूले से
तमाशा कर, गुबार अफ़शानि-ए-ख़ाक-ए-'अज़ीज़ाँ को

गुरूर-ए-नाज़ से आँखें न खोलीं उस जफ़ा जू ने
मला पाँओं तले जब तक न चश्म-ए-सद ग़िज़ालाँ को

किसी के वास्ते रुस्वा-ए-'आलम हो, प जी में रख
कि मारा जाय, जो ज़ाहिर करे इस राज़-ए-पिन्हाँ को

कोई काँटा सर-ए-रह का, हमारी ख़ाक पर बस है
गुल-ए-गुलज़ार क्या दरकार है गोर-ए-ग़रीबाँ को

---

319. फ़लक—आकाश। सैर-ए-बयाबाँ—जंगल की सैर। जा-ए-मू—बालों की जगह। ख़ार-ए-मुग़ीलाँ—बबूल के काँटे। चश्म-ए-'अिब्रत—ऐसी दृष्टि जो सबक़ सीख सके। तमाशा कर—देख। गुबार अफ़शानि-ए-ख़ाक-ए-अज़ीज़ाँ—मरे हुए दोस्तों और अज़ीज़ों की मिट्टी जो उड़ रही हो। गुरूर-ए-नाज़—सौन्दर्य का घमंड। जफ़ाजू—ज़ालिम। चश्म-ऐ-सद ग़िज़ालाँ—सैकड़ों हिरनों की आँखें। रुस्वा-ए-'आलम—संसार-भर में बदनाम। राज़-ए-पिन्हाँ—छिपा हुआ राज़, भेद, मर्म। सर-ए-रह—मार्ग के किनारे। गुल-ए-गुलज़ार—बाग़ का फूल। गोर-ए-ग़रीबाँ—ग़रीबों का क़ब्रस्तान।

सदा-ए-आह, जैसे तीर, जी के पार होती है
किसू बेदर्द ने खेंचा, किसू के दिल से पैकाँ को

करें बाल-ए-मलक, फ़र्श-ए-रह, उस सा'अत, कि मह्शर में
लहू डूबा कफ़न लावें, शहीद-ए-नाज़-ए-ख़ूबाँ को

किया सैर इस ख़राबे का बहुत, अब चल के सो रहिये
किसू दीवार के साये में, मुँह पर ले के दामाँ को

बहा-ए-सह्ल पर देते हैं किस मह्बूब को कफ़ से
क़लम इस जुर्म पर करना है, दस्त-ए-गुलफ़रोशाँ को

सदा-ए-आह–आह की आवाज़। पैकाँ–तीर। बाल-ए-मलक–फ़रिश्तों के पर। फ़र्श-ए-रह–रास्ते का फ़र्श। सा'अत–घड़ी, पल, समय। मह्शर–क़यामत, प्रलय। शहीद-ए-नाज़-ए-ख़ूबाँ–माशूक़ों के नख़रों का मारा हुआ। ख़राबे (ख़राबा)–वीराना, दुनिया। दामाँ–दामन। बहा-ए-सह्ल–कम मूल्य। महबूब–प्रेमिका, सुन्दरी। कफ़–हाथ। क़लम करना–काटना। जुर्म–अपराध। दस्त-ए-गुलफ़रोशाँ–फूल बेचनेवालों के हाथ।

320

ख़त लिख के कोई सादः न उसको, मलूल हो
हम तो हों बदगुमान, जो क़ासिद रसूल हो

321

ता चन्द कूचः गर्दी, जैसे सबा, ज़मीं पर
अय आह-ए-सुब्हगाही, आशोब-ए-आस्माँ हो

गर ज़ौक़-ए-सैर है तो आवारः इस चमन में
मानिन्द-ए-'अन्दलीब-ए-गुमकर्दः आशियाँ हो

---

320. मलूल–दुखी। बदगुमान–मिथ्या सन्देह करनेवाला। क़ासिद–पत्रवाहक।

321. ता चन्द–कब तक। कूचः गर्दी–गली-कूचों में आवारा फिरना। सबा–हवा। ज़मीं–ज़मीन। आह-ए-सुब्हगाही–सुबह की आह। आशोब-ए-आस्माँ–आकाश का कोलाहल। ज़ौक़-ए-सैर–घूमने की इच्छा। मानिन्द-ए-अन्दलीब-ए-गुमकर्दः आशियाँ–उस बुलबुल की तरह जिसका घोंसला गुम हो गया हो।

322

आराम हो चुका, मिरे जिस्म-ए-नज़ार को
रक्खे ख़ुदा जहाँ में, दिल-ए-बेक़रार को

पानी में जैसे गुंचः-ए-लालः फिरे बहा
देखा मैं आँसुओं में, दिल-ए-दाग़दार को

हँसता ही मैं फिरूँ, जो मिरा कुछ हो इख़्तियार
पर क्या करूँ मैं दीदः-ए-बेइख़्तियार को

किस किस की ख़ाक अब की मिलानी है ख़ाक में
जाती है फिर नसीम उसी रहगुज़ार को

अय वह कोई जो आज पिये है शराब-ए-'ऐश
ख़ातिर में रखियो कल के भी रंज-ओ-ख़ुमार को

---

322. जिस्म-ए-नज़ार–दुर्बल शरीर। गुंचः-ए-लालः–लाला की कली। दिल-ए-दाग़दार–दाग़ों भरा दिल। इख़्तियार–अधिकार। दीदः-ए-बेइख़्तियार–जिन आँखों पर अधिकार न हो। नसीम–हवा। रह गुज़ार–मार्ग, रास्ता। शराब-ए-'ऐश–विलास की शराब। ख़ातिर–दिल। रंज-ओ-ख़ुमार–दुख और मदिरालय।

323

गर बिहिश्त आवे, तो आँखों में मिरी फीकी लगे
जिनने देखा हो तुझे, मह्व-ए-तमाशा क्या हो

324

ख़ूबी यही नहीं है, कि अन्दाज़-ओ-नाज़ हो
मा'शूक़ का है हुस्न, अगर दिलनवाज़ हो

हम से बिग़ैर-ए-'अिज्ज़ कभू कुछ बना न मीर
ख़ुश हाल वह फ़क़ीर, कि जो बेनियाज़ हो

---

323. बिहिश्त—जन्नत, स्वर्ग। मह्व-ए-तमाशा—तमाशे में गुम, खोया हुआ।

324. ख़ूबी—अच्छाई, गुण। अन्दाज़-ओ-नाज़—नाज़, अदाएँ। मा'शूक़—प्रेमिका। हुस्न—सौन्दर्य। दिलनवाज़—आकर्षक। बिग़ैर-ए-'अिज्ज़—विनम्रता रहित। बेनियाज़—निर्लिप्त, निरीह।

325

जिस राह हो के आज मैं पहुँचा हूँ तुझ तलक
काफ़िर का भी गुज़ार इलाही उधर न हो

यक जा न देखी आँखों से ऐसी, तमाम राह
जिसमें बजाय नक़्श-ए-क़दम, चश्म-ए-तर न हो

हर इक क़दम प लोग डराने लगे मुझे
हाँ-हाँ, किसू शहीद-ए-महब्बत का सर न हो

चलियो सँभल के, सब यह शहीदान-ए-'अिश्क़ हैं
तेरा गुज़ार ताकि किसू ना'श पर न हो

दामन कशाँ ही जा, कि तपिश पर तपिश है दफ़्न
ज़िन्हार कोई सदमे से ज़ेर-ओ-ज़बर न हो

---

325. यक जा—एक जगह। नक़्श-ए-क़दम—पदचिह्न। चश्म-ए-तर—आँसू-भरी आँख। शहीद-ए-महब्बत—प्रेम के मार्ग में शहीद होनेवाला। शहीदान-ए-'अिश्क़—प्रेम की राह में शहीद होनेवाले। ना'श—लाश। दामन कशाँ—दामन बचाए हुए। तपिश—गर्मी। दफ़्न—गड़ी हुई। ज़िन्हार—हरगिज़। सदमा—दुख, रंज। ज़ेर-ओ-ज़बर—ऊपर-नीचे, अस्त-व्यस्त।

लेकिन 'अबस, निगाह जहाँ करिये, उस तरफ़
इम्कान क्या, कि ख़ून मिरे ता कमर न हो

हैराँ हूँ मैं, कि ऐसी यह मश्हद है कौन-सी
मुझसे ख़राब हाल को, जिसकी ख़बर न हो

आता है यह क़यास में, अब तुझको देखकर
ज़ालिम, जफ़ाशि'आर, तिरा रहगुज़र न हो

326

गुल हो, मह्ताब हो, आईनः हो, ख़ुर्शीद हो, मीर
अपना मह्बूब वही है जो अदा रखता हो

'अबस—व्यर्थ। इम्कान—सम्भावना। ता कमर—कमर तक। हैराँ—आश्चर्यचकित। मश्हद—क़त्ल करने की जगह, वधस्थल। क़यास—ख़याल, कल्पना। जफ़ा शि'आर—ज़ालिम। रहगुज़र—मार्ग।

326. गुल—फूल। महताब—चाँद। आईना—दर्पण। ख़ुर्शीद—सूर्य।

327

शैख़जी आओ, मुसल्ला गिरव-ए-जाम करो
जिन्स-ए-तक़वा के तईं, सर्फ़-ए-मै-ए-ख़ाम करो

फ़र्श-ए-मस्ताँ करो, सज्जादः-ए-बेतह के तईं
मै की ता'ज़ीम करो, शीशे का इक्राम करो

दामन-ए-पाक को, आलूदः रखो बादे से
आपको मुग़्बचों के क़ाबिल-ए-दुश्नाम करो

नेकनामि-ओ-तफ़ावुत को, दु'आ जल्द कहो
दीन-ओ-दिल, पेशकश-ए-सादः-ए-ख़ुदकाम करो

नंग-ओ-नामूस से अब गुज़रो, जवानों की तरह
परफ़िशानी करो, और साक़ी से इब्राम करो

---

327. मुसल्ला–जानमाज़ (वह कपड़ा जिसे बिछाकर नमाज़ पढ़ते हैं)। गिरव-ए-जाम–जाम प्राप्त करने के लिये गिरवी रखना। जिन्स-ए-तक़वा–संयम की वस्तु। सर्फ़-ए-मै-ए-ख़ाम–कच्ची शराब प्राप्त करने के लिये ख़र्च करो। फ़र्श-ए-मस्ताँ करो–मस्तों के क़दमों के नीचे बिछाओ। सज्जादः-ए-बेतह–खुली हुई जानमाज़ें। मै–शराब। ता'ज़ीम–मान, आदर, अदब। शीशा–बोतल। इक्राम–मान, आदर। दामन-ए-पाक–साफ़ दामन। आलूदः–भीगा हुआ, गीला। बादे–(बादः) शराब। मुग़्बचों–शराब पिलानेवाले लड़के। क़ाबिल-ए-दुश्नाम–गाली के योग्य। नेक नामि-ओ-तफ़ावुत–नेकनामी और ऊँच-नीच का अन्तर। पेशकश-ए-सादः-ए-ख़ुद काम–मनमानी करनेवाले माशूक़ के सामने पेश करो। नंग-ओ-नामूस–इज़्ज़त आबरू। परफ़िशानी–दामन झाड़ना। इब्राम–आग्रह।

ख़ूब, अगर जुर'अः-ए-मै नोश नहीं कर सकते
ख़ातिर-ए-जम्'अ-ए-मै, शाम से यह काम करो

उठ खड़े हो, जो झुके गर्दन-ए-मीना-ए-शराब
ख़िदमत-ए-बादःगुसाराँ है, सरअंजाम करो

मुत्रिब आकर जो करे चंगनवाज़ी, तो तुम
पैरहन, मस्तों की तक़लीद में, इन'आम करो

ख़ुनकी इतनी भी तो लाज़िम नहीं, इस मौसम में
पास-ए-जोश-ए-गुल-ओ-दिलगर्मि-ए-अय्याम करो

सायः-ए-गुल में, लब-ए-जू प गुलाबी रक्खो
हाथ में जाम को लो, आप को बदनाम करो

आह, ताचन्द, रहो ख़ानक़ह-ओ-मस्जिद में
एक तो सुब्ह, गुलिस्तान में भी शाम करो

रात तो सारी गयी, सुनते परीशाँगोई
मीरजी, कोई घड़ी तुम भी तो आराम करो

जुर'अः-ए-मै–शराब का घूँट। नोश करना–पीना। ख़ातिर-ए-जम्'अ-ए-मै–शराब की ख़ातिर। गर्दन-ए-मीना-ए-शराब–शराब की सुराही की गर्दन। ख़िदमत-ए-बादः गुसाराँ–शराब पीनेवालों की सेवा। सर अंजाम करना–पूरा करना। मुत्रिब–साज़िन्दा। चंग नवाज़ी–चंग बजाना, साज़ बजाना। तक़लीद–अनुकरण। इन'आम–पुरस्कार। ख़ुनकी–ठंडक। लाज़िम–अनिवार्य। पास...अय्याम–फूलों के खिलने और दिलों के जोश का लिहाज़ करो। सायः-ए-गुल–फूल की छाया। लब-ए-जू–पानी के किनारे। गुलाबी–शराब। जाम–पात्र। ताचन्द–कब तक। ख़ानक़ह–आराधना घर। गुलिस्तान–बाग़। परीशाँ गोई–परेशानी की बातें करना।

328

मुल्तफ़ित होता नहीं है गाह तू
किस क़दर मग़रूर है, अल्लाह तू

329

देर रहने की जा नहीं यह चमन
बू-ए-गुल हो, सफ़ीर-ए-बुलबुल हो

मुझ दिवाने की मत हिला ज़ंजीर
कहीं ऐसा न हो कि फिर गुल हो

---

328. मुल्तफ़ित—आकर्षित। गाह—कभी। मग़रूर—घमंडी।

329. जा—जगह। बू-ए-गुल—फूल की गन्ध। सफ़ीर-ए-बुलबुल—बुलबुल की आवाज़। गुल—शोर।

330

यही मशहूर-ए-'आलम हैं, दो 'आलम
ख़ुदा जाने, मिलाप उससे कहाँ हो

जहाँ सिज्दे में हम ने ग़श किया था
वहीं शायद कि उसका आस्ताँ हो

तुम अय नाजुक तनाँ हो वह, कि सबके
तमन्ना-ए-दिल-ओ-आराम-ए-जाँ हो

सुना है चाह का दा'वा तुम्हारा
कहो जो कुछ कि चाहो, मेह्रबाँ हो

कनारः यूँ किया जाता नहीं फिर
अगर पा-ए-महब्बत दरमियाँ हो

---

330. मशहूर-ए-'आलम—जगतप्रसिद्ध। सिज्दा—माथा टेकना। ग़श किया था—बेहोश हुआ था। आस्ताँ—चौखट। नाजुक तनाँ—कोमल शरीरवाले। तमन्ना-ए-दिल—दिल की कामना। आराम-ए-जाँ—आत्मा की शान्ति। कनारा करना—दूर रहना। पा-ए-महब्बत—प्रेम का सम्बन्ध। दरमियाँ—बीच में।

331

हो कोई बादशाह, कोई याँ वज़ीर हो
अपनी बला से, बैठ रहे जब फ़क़ीर हो

याँ बर्ग-ए-गुल उड़ाते हैं परकालः-ए-जिगर
जा 'अन्दलीब, तू न मिरी हम सफ़ीर हो

किस तरह आह ख़ाक-ए-मज़ल्लत से मैं उठूँ
उफ़्तादः तर जो मुझसे मिरा दस्तगीर हो

---

331. बर्ग-ए-गुल—फूल की पत्ती। परकालः-ए-जिगर—जिगर के टुकड़े। 'अन्दलीब—बुलबुल। हम सफ़ीर—हम आवाज़, मिलके बोलना। ख़ाक-ए-मज़ल्लत—अपमान की धूल। उफ़्तादः तर—ज़्यादा परेशान। दस्तगीर—सहायक, हाथ थामनेवाला।

332

क़तरः क़तरः अश्कबारी ताकुजा पेश-ए-सहाब
एक दिन तो टूट पड़, अय दीदः-ए-तर, हो सो हो

कब तलक फ़रियाद करते यूँ फिरें, अब क़स्द है
दाद लीजे अपनी उस ज़ालिम से अड़कर हो सो हो

333

खेंचा है आदमी ने बहुत दूर आपको
इस पर्दे में, ख़याल तो कर टुक, ख़ुदा न हो

---

332. क़तरः क़तर—बूँद-बूँद। अश्कबारी—आँसुओं की वर्षा। ताकुजा—कब तक। पेश-ए-सहाब—बादल के सामने। दीदः-ए-तर—अश्रु-भरी आँख। क़स्द—इरादा।

334

सर ख़ाक-ए-आस्ताँ प तुम्हारे रहा मुदाम
इस पर भी, या नसीब, जो तुम बेवफ़ा कहो

335

होगा किसू दीवार के साये में पड़ा मीर
क्या काम महब्बत से, उस आराम तलब को

---

334. ख़ाक-ए-आस्ताँ–चौखट की धूल। मुदाम–हमेशा।

336

इस बाग़ के हर गुल से, झपक जाती हैं आँखें
मुश्किल बनी है आन के साहब नज़रों को

आदाब-ए-जुनूँ चाहिये, हम से कोई सीखे
देखा है बहुत यारों ने आशुफ़्तःसरों को

337

मस्ती उन आँखों से निकले है, अगर देखो ख़ूब
ख़ल्क़ बदनाम 'अबस करती है, जाम-ए-मुल को

---

336. गुल—फूल। साहब नज़र—गुण ग्राहक। आदाब-ए-जुनूँ—पागलपन का शिष्टाचार। आशुफ़्तः सर—सिरफिरा।

337. ख़ल्क़—लोग। 'अबस—व्यर्थ में। जाम-ए-मुल—मदिरापात्र।

338

अब की बहुत है शोर-ए-बहाराँ, हम को मत ज़ंजीर करो
दिल की हवस कुछ हम भी निकालें, धूमें हम को मचाने दो

'अर्सः कितना सारे जहाँ का, वह्शत पर जो आ जावें
पाँव तो हम फैला देंगे, पर फ़ुर्सत हम को पाने दो

क्या जाता है इसमें हमारा, चुपके हम तो बैठे हैं
दिल जो समझना था सो समझा, नासेह को समझाने दो

बातें बनाना मुश्किल-सा है, शे'र सभी याँ कहते हैं
फ़िक्र-ए-बलन्द से यारों को एक ऐसी ग़ज़ल कहलाने दो

338. शोर-ए-बहाराँ—बहार का कोलाहल। हवस—लोलुपता, बढ़ा हुआ शौक़। अर्सः—विस्तार, फैलाव। जहाँ—संसार। वहशत—पागलपन। नासेह—उपदेशक। फ़िक्र-ए-बलन्द—उच्च कल्पना।

339

दश्त-ओ-कोह में मीर फिरो तुम, लेकिन एक अदब के साथ
कोहकन-ओ-मजनूँ भी थे, इस नाहिये में दीवाने दो

340

जब कभू ईधर से निकले है, तो इक हस्रत के साथ
देखे है ख़ुर्शीद, उसके सायः-ए-दीवार को

---

339. दस्त-ओ-कोह—मैदान और पहाड़। कोहकन—फ़रहाद। नाहिया—हद, सीमा।
340. हस्रत—निराशा। ख़ुर्शीद—सूरज। सायः-ए-दीवार—दीवार का साया।

341

यह सरा सोने की जागह नहीं, बेदार रहो
हमने कर दी है ख़बर तुम को, ख़बरदार रहो

लाग अगर दिल को नहीं, लुत्फ़ नहीं जीने का
उलझे सुलझे, किसू काकुल के गिरफ़्तार रहो

गर्चेः वह गौहर-ए-तर हाथ नहीं लगता, लेक
दम में दम जब तईं है, उसके तलबगार रहो

सारे बाज़ार-ए-जहाँ का है यही मोल, अय मीर
जान को बेच के भी, दिल के ख़रीदार रहो

---

341. बेदार—जाग्रत। लुत्फ़—मज़ा, आनन्द। काकुल—लटें, बाल। गौहर-ए-तर—चमकदार मोती। लेक—लेकिन। तलबगार—इच्छुक। बाज़ार-ए-जहाँ—दुनिया का बाज़ार।

342

बारे दुनिया में रहो ग़मज़दः या शाद रहो
ऐसा कुछ करके चलो याँ कि बहुत याद रहो

343

क्या आँख बन्द करके मुराक़िब हुए हो तुम
जाते हैं कैसे कैसे समय, चश्म वा करो

हरचन्द इस मता'अ की अब क़द्र कुछ नहीं
पर जिस किसू के साथ रहो तुम, वफ़ा करो

---

342. बारे—आख़िरकार। ग़मज़दः—दुखी। शाद—प्रसन्न, ख़ुश।

343. मुराक़िब—ध्यानस्थ। चश्म वा करो—आँखें खोलो। हरचन्द—हालाँकि। मता'अ—दौलत। क़द्र—मूल्य।

344

गर्दिश में जो कोई हो, रखे उससे क्या उम्मीद
दिन-रात आप ही चर्ख़ में है आस्मान तो

345

उड़ाया ग़म ने अब के सूखे पत्तों की रविश हम को
इलाही सब्ज़ रखियो बाग़-ए-ख़ूबी के निहालों को

---

344. गर्दिश—चक्कर। चर्ख़—आकाश।

345. रविश—चलन। सब्ज़—हरा। बाग़-ए-ख़ूबी—सौन्दर्य का बाग़। निहाल—पौधे।

346

चाक-ए-क़फ़स से आँखें लगी कब तलक रहें
इक बर्ग-ए-गुल, नसीम हमारी तरफ़ भी लाओ

347

मेरी तरफ़ की यारो, उससे बात कोई कहते हो कहो
माने न माने वह जाने, फिर तुम भी मिन्नत मत करियो

346. चाक-ए-क़फ़स–पिंजरे की दरारें। बर्ग-ए-गुल–फूल की पत्ती। नसीम–हवा।

348

गर्दिश-ए-चश्म-ए-सियह कासः से, जम्‘अ न रक्खो ख़ातिर तुम
भूका-प्यासा मार रखा है, तुम-से उनने हज़ारों को

349

दिल खुलता है वाँ, सुह्बत-ए-रिन्दानः जहाँ हो
मैं ख़ुश हूँ उसी शह्र से, मैख़ानः जहाँ हो

इन उजड़ी हुई बस्तियों में दिल नहीं लगता
है जी में वहीं जा बसें, वीरानः जहाँ हो

---

348. गर्दिश-ए-चश्म-ए-सियह कासः—कंजूस और कमीनी आँख का घूरना।

349. सुह्बत-ए-रिन्दानः—शराबियों की संगति। मैख़ानः—शराबघर।

350

हम बेख़ुदान-ए-मज्लिस-ए-तस्वीर, अब गये
तुम बैठे, इन्तिज़ार हमारा किया करो

351

फ़िक्र से अपने गुज़रता है ज़मींकावी में दिन
रात जाती है हमें गिनते हुए तारों को

ज़िन्दगी करते हैं मरने के लिये अह्ल-ए-जहाँ
वाक़ि'अः मीर है दरपेश 'अजब यारों को

---

350. बेखुदान-ए-मज्लिस-ए-तस्वीर—चित्रित गोष्ठी की तरह अचेत।

351. ज़मीं कावी—ज़मीन पर चक्कर लगाना। अहल-ए-जहाँ—दुनियावाले। वाक़ि'अः—घटना। दरपेश—सामने।

352

फ़ुर्सत-ए-बूद-ओ-बाश याँ कम है
काम जो कुछ करो, शिताब करो

महूव-ए-सूरत न आरसी में रहो
अहूल-ए-मा'ना से टुक हिजाब करो

झूठ उसका निशाँ न दो, यारो
हम ख़राबों को, मत ख़राब करो

मुँह खुले उसके चाँदनी छिटकी
दोस्तो सैर-ए-माहताब करो

मीरजी, राज़-ए-'अिश्क़ होगा फ़ाश
चश्म, हर लहूज़ः, मत पुरआब करो

---

352. फ़ुर्सत-ए-बूद-ओ-बाश—रहने-बसने का अवकाश। शिताब—जल्दी, शीघ्र। महूव-ए-सूरत—अपनी सूरत में लीन। आरसी—आईना, शीशा। अहूल-ए-मा'ना—गुणग्राही। हिजाब—शर्म, लज्जा। निशाँ—निशान, पता। सैर-ए-माहताब—चाँदनी की सैर। राज़-ए-'अिश्क़—इश्क़ का रहस्य। फ़ाश—खुलना, प्रकट होना। चश्म—आँख। लहूज़ः—क्षण, पल। पुर आब—पानी से भरी हुई, आँसू-भरी।

353

चमन में दिलख़राश आवाज़ आती है चली, शायद
पस-ए-दीवार-ए-गुल्शन, नालः कश है कोई परबस्तः

354

आग थे इब्तिदा-ए-'अिश्क़ में हम
अब जो हैं ख़ाक, इन्तिहा है यह

बूद-ए-आदम, नुमूद-ए-शबनम है
एक दो दम में फिर हवा है यह

353. दिल ख़राश—हृदय विदारक। पस-ए-दीवार-ए-गुल्शन—बाग़ की दीवार के पीछे। नालः कश—आर्तनाद करनेवाला। परबस्तः—पर बँधा पक्षी।

354. इब्तिदा-ए-'अिश्क़—इश्क़ का आरम्भ। इन्तिहा—अन्त, आख़िर। बूद-ए-आदम—आदमी का अस्तित्व। नुमूद-ए-शबनम—ओस का आविर्भाव।

355

जाके पूछा जो मैं यह कारगह-ए-मीना में
दिल की सूरत का भी, अय शीशःगराँ, है शीशः

कहने लागे; कि किधर फिरता है बहका, अय मस्त
हर तरह का, जो तू देखे है, कि याँ है शीशः

दिल ही सारे थे यह इक वक़्त में, जो करके गुदाज़
शक्ल शीशे की बनायी है, कहाँ है शीशः

---

355. कारगह-ए-मीना—सुराही बनाने का कारख़ाना। शीशःगराँ—शीश बनानेवाले। गुदाज़—पिघलाना। शक्ल—सूरत, रूप।

356

अब हाल अपना, उसके है दिलख़्वाह
क्या पूछते हो, अलहम्दुलिल्लाह

मर जाओ कोई, परवा नहीं है
कितना है मग़रूर, अल्लाह अल्लाह

पीर-ए-मुग़ाँ से, बे'ऐतिक़ादी
अस्तग़फ़िरुल्लाह, अस्तग़फ़िरुल्लाह

मुजरिम हुए हम, दिल देके, वर्नः
किसको किसू से, होती नहीं चाह

गुज़रे है देखें, क्योंकर हमारी
उस बेवफ़ा से, ने रस्म ने राह

है मासिवा क्या, जो मीर कहिये
आगाह सारे, उससे हैं आगाह

---

356. दिलख़्वाह—मनचाहा। अलहम्दुलिल्लाह—सब तारीफ़ अल्लाह के लिये है। (आभार मानने के लिये बोलते हैं) मग़रूर—घमंडी। पीर-ए-मुग़ाँ—शराब बेचनेवाला बुड्ढा। बे'ऐतिक़ादी—अविश्वास। अस्तग़फ़िरुल्लाह—तौबा। मुजरिम—अपराधी। मासिवा—भौतिक संसार। आगाह—परिचित।

जल्वे हैं उसके, शानें हैं उसकी
क्या रोज़, क्या ख़ुर, क्या रात, क्या माह

ज़ाहिर कि बातिन, अव्वल कि आख़िर
अल्लाह अल्लाह, अल्लाह अल्लाह

जल्वे–दर्शन। ख़ुर (ख़ुर्शीद)–सूरज। माह–चाँद। ज़ाहिर–प्रकट, प्रत्यक्ष। बातिन–अन्दर, परोक्ष।

357

नाम हैं ख़स्तः-ओ-आवारः-ओ-बदनाम मिरे
एक 'आलम ने ग़रज़ मुझको कहा, क्या क्या कुछ

चश्म-ए-नमनाक-ओ-दिल-ए-पुर, जिगर-ए-सदपारः
दौलत-ए-'अिश्क़ से, हम पास भी था, क्या क्या कुछ

एक महरूम चले मीर हमीं 'आलम से
वर्नः 'आलम को ज़माने ने दिया, क्या क्या कुछ

---

357. ख़स्तः–ज़ख़्मी, थका हुआ। चश्म-ए-नमनाक–अश्रु-भरी आँख। दिल-ए-पुर–भरा हुआ दिल। जिगर-ए-सद पारः–सौ टुकड़े जिगर। दौलत-ए-'अिश्क़–प्रेम की पूँजी। महरूम–वंचित। 'आलम–दुनिया, संसार।

358

रात मज्लिस में तिरी, हम भी खड़े थे चुपके
जैसे तस्वीर लगा दे कोई दीवार के साथ

ज़िक्र-ए-गुल क्या है सबा अब, कि ख़ज़ाँ में हमने
दिल को नाचार लगाया है ख़स-ओ-ख़ार के साथ

---

358. मज्लिस—गोष्ठी, महफ़िल। ज़िक्र-ए-गुल—फूल का ज़िक्र। सबा—हवा, समीर। ख़ज़ाँ—पतझड़। नाचार—विवश, मजबूर। ख़स-ओ-ख़ार—घास-फूस।

359

बन्दे के दर्द-ए-दिल को, कोई नहीं पहुँचता
हर एक बेहक़ीक़त, याँ है ख़ुदा रसीदः

360

लुत्फ़ क्या, हर किसू की चाह के साथ
चाह वह है, जो हो निबाह के साथ

---

359. बेहक़ीक़त—तुच्छ। ख़ुदा रसीदः—अल्लाह तक पहुँचा हुआ।
360. लुत्फ़—आनन्द, मज़ा।

361

वस्ल उसका, ख़ुदा नसीब करे
मीर, दिल चाहता है क्या क्या कुछ

362

यह जो मुह्लत जिसे कहें हैं उम्र
देखो तो इन्तिज़ार-सा है कुछ

---

361. वस्ल—मिलन।
362. मुह्लत—अवकाश।

363

आँख उस मुँह प किस तरह खोलूँ
जूँ पलक, जल रही है मेरी निगाह

हैं मुसलमान, उन बुतों से हमें
'अिश्क़ है, लाइलाहा इल्लल्लाह

364

न बातें करो सरगिरानी के साथ
मिरी ज़ीस्त है मेह्रबानी के साथ

---

363. ला इलाहा इल्लल्लाह—अल्लाह एक है।
364. सरगिरानी—अप्रसन्नता। ज़ीस्त—ज़िन्दगी, जीवन।

365

है तमन्ना-ए-विसाल उसकी, मिरी जान के साथ
जान ही जायगी आख़िर को इस अरमान के साथ

बह्र पर नह्र प बरसे है बराबर ही अब्र
पेश हर इक से करीम आते हैं एहसान के साथ

तीर उसका जो गुज़र दिल से चला, जी भी चला
रस्म-ए-ता'ज़ीम से हो लेते हैं मेहमान के साथ

---

365. तमन्ना-ए-विसाल–मिलन की कामना। अरमान–इच्छा, कामना। बह्र–समुद्र। अब्र–बादल। करीम–उदार। रस्म-ए-ता'ज़ीम–आदर की रीति।

366

हम जानते, तो 'अिश्क़ न करते किसू के साथ
ले जाते दिल को ख़ाक में, इस आरज़ू के साथ

था 'अक्स उसके क़ामत-ए-दिलकश का बाग़ में
आँखें चली गयीं हैं लगी, आबजू के साथ

नाज़ाँ हो उसके सामने क्या गुल खिला हुआ
रखता है लुत्फ़-ए-नाज़ भी, रू-ए-निकू के साथ

हम ज़र्द काह-ए-ख़ुश्क से, निकले हैं ख़ाक से
बालीदगी न ख़ुल्क़ हुई, इस नुमू के साथ

---

366. आरज़ू—कामना। क़ामत-ए-दिलकश—मनमोहक क़द। आबजू—बहता पानी। नाज़ाँ—गर्वित। गुल—फूल। लुत्फ़-ए-नाज़—सौन्दर्याभिमान का आनन्द। रू-ए-निकू—सुन्दर चेहरा, हसीन मुखड़ा। काह-ए-ख़ुश्क—सूखी घास। बालीदगी—उपज, उगना। ख़ल्क़—निर्माण। नुमू—आविर्भाव।

367

गुल गुल शिगुफ़्तः मै से हुआ है निगार, देख
यक जुर'अः हमदम और पिला, फिर बहार देख

368

मिलता रहा कुशादः जबीं ख़ूब-ओ-ज़िश्त से
क्या आईनः करे है बसर याँ, हया के साथ

क्या जानूँ मैं चमन को, वलेकिन क़फ़स प मीर
आता है बर्ग-ए-गुल कभू कोई, सबा के साथ

---

367. गुल गुल—फूलों की तरह। शिगुफ़्तः—तरोताज़ा, हँसता हुआ। मै—शराब। निगार—माशूक़। जुर'अः—घूँट।

368. कुशादः जबीं—चौड़ा माथा (हँसमुख)। ख़ूब-ओ-ज़िश्त—अच्छा और बुरा। क़फ़स—पिंजरा। बर्ग-ए-गुल—फूल की पत्ती। सबा—हवा।

369

आँखों में आश्ना था, मगर देखा था कहीं
नौ गुल कल एक देखा है मैंने, सबा के हाथ

370

अय काश, फ़स्ल-ए-गुल में गयी होती अपनी जान
मिल जाती यह हवा कोई दिन उस हवा के साथ

मुद्दत हुई गये हुए हम को, पर अब तलक
उड़ती फिरे है ख़ाक हमारी, सबा के साथ

मुँह अपना उनने 'अक्स से अपने छुपा लिया
देखा न कोई आइनःरू इस हया के साथ

---

369. आश्ना—परिचित। नौ गुल—नया फूल, ताज़ा फूल। सबा—हवा।

370. काश—क्या ही अच्छा होता। फ़स्ल-ए-गुल—फूलों का मौसम, बहार, वसन्त। सबा—हवा, समीर। आइना रू—आईने की तरह चमकते चेहरेवाले लोग। हया—शर्म, लज्जा।

371

ख़ुश हैं दीवानगी-ए-मीर से सब
क्या जुनूँ कर गया श'ऊर से वह

372

दिल को तस्कीन नहीं, अश्क-ए-दमादम से भी
इस ज़माने में गयी है बरकत, ग़म से भी

हमनशीं क्या कहूँ, उस रश्क-ए-मह-ए-ताबाँ बिन
सुबूह-ए-'ईद अपनी है, बदतर, शब-ए-मातम से भी

---

371. जुनूँ—पागलपन। श'ऊर—चेतना।

372. तस्कीन—तृप्ति, सन्तोष। अश्क-ए-दमादम—लगातार आँसू। बरकत—सौभाग्य। हम नशीं—मित्र, सखा। रश्क-ए-मह-ए-ताबाँ—जिसके सौन्दर्य से चाँद भी ईर्ष्या करे। सुब्ह-ए-'ईद—ख़ुशी की सुबह। शब-ए-मातम—शोक की रात।

373

बीच में हम ही न हों, तो लुत्फ़ क्या
रह्म कर अब, बेवफ़ाई हो चुकी

374

दिल किस क़दर शिकस्तः हुआ था, कि रात मीर
आयी जो बात लब प, सो फ़रियाद हो गयी

---

373. लुत्फ़—मज़ा, आनन्द। रह्म—दया।

374. शिकस्तः—टूटा हुआ, जीर्ण क्षीण। लब—होंठ।

375

यह चश्म आइनःदार-ए-रू थी, किसू की
नज़र इस तरफ़ भी, कभू थी, किसू की

सहर पा-ए-गुल, बेख़ुदी हम को आयी
कि उस सुस्त पैमाँ में बू थी, किसू की

यह सरगश्तः जब तक रहा इस चमन में
बरंग-ए-सबा, जुस्तुजू थी, किसू की

जलाया शब, इक शो'लः-ए-दिल ने हम को
कि उस तुन्द सरकश में ख़ू थी, किसू की

दम-ए-मर्ग, दुश्वार दी जान, उनने
मगर मीर को आरज़ू थी, किसू की

---

375. चश्म—आँख। आइनःदार-ए-रू—चेहरे को देखनेवाली। पा-ए-गुल—फूल के पाँव। बेख़ुदी—आत्म विस्मृति। सुस्त पैमाँ—वचन का कच्चा। सर गश्तः—आवारा, परीशान। बरंग-ए-सबा—हवा की तरह। जुस्तुजू—खोज, तलाश। शब--रात। शो'लः-ए-दिल—दिल की आग। तुन्द—तेज़, प्रचंड। सरकश—बाग़ी। ख़ू—आदत। दम-ए-मर्ग—मरते समय। दुश्वार—मुश्किल से।

376

उसके ईफ़ा-ए-‘अहृद तक न जिये
‘उम्र ने हम से बेवफ़ाई की

वस्ल के दिन की आरजू ही रही
शब न आख़िर हुई जुदाई की

इसी तक़रीब उस गली में रहें
मिन्नतें हैं, शिकस्तः पाई की

कासः-ए-चश्म ले के, जूँ नरगिस
हम ने दीदार की, गदाई की

ज़ोर-ओ-ज़र कुछ नहीं था बारे मीर
किस भरोसे प आश्नाई की

---

376. ईफ़ा-ए-‘अहृद–वचन पूरा होने तक। वस्ल–मिलन। आरजू–कामना। शब–रात। तक़रीब– उत्सव (यहाँ बहाने के अर्थ में प्रयुक्त है)। मिन्नत–अहसान। शिकस्तः पाई–टूटे हुए पाँव। कासः-ए-चश्म–आँख का प्याला। दीदार–दर्शन। गदाई–फ़क़ीरी। ज़ोर-ओ-ज़र–शक्ति और धन।

377

आह मेरी ज़बान पर आई
यह बला आस्मान पर आई

हम भी हाज़िर हैं, खेंचिये शमशीर
तबॖ'अ, गर इम्तिहान पर आई

आतश-ए-रंग-ए-गुल से, क्या कहिये
बर्क़ थी, आशियान पर आई

---

377. शमशीर–तलवार। तब'अ–तबी'अत। आतश-ए-रंग-ए-गुल–फूल के रंग की आग। बर्क़–बिजली। आशियान–घोंसला।

378

का'बे सौ बार वह गया, तो क्या
जिसने याँ एक दिल में राह न की

379

क्या शहर में गुंजाइश, मुझ बेसर-ओ-पा को हो
अब बढ़ गये हैं मेरे, अस्बाब-ए-कमअस्बाबी

थे माहवशाँ कल जो, उन कोठों प जल्वे में
है ख़ाक से आज उनकी, हर सहन में महताबी

379. बेसर-ओ-पा—बेसहारा। अस्बाब-ए-कम अस्बाबी—निर्धनता के कारण। माह वशाँ—चन्द्रमुखी प्रेमिकाएँ। जल्वे—दर्शन। महताबी—चाँदनी, फ़र्श।

380

शोख़ी-ए-जल्वः उसकी, तस्कीन क्योंकि बख़्शे
आईनों में दिलों के, जो है भी, फिर नहीं भी

गेसू ही कुछ नहीं हैं, सुम्बुल की आफ़त, उसके
हैं बर्क़-ए-ख़िर्मन-ए-गुल, रुख़्सार-ए-आतशीं भी

ज़ेर-ए-फ़लक, जहाँ टुक आसूदः मीर होते
ऐसा नज़र न आया, इक क़त्'अः-ए-ज़मीं भी

381

तिरे कूचे के शौक़-ए-तौफ़ में, जैसे बगूला था
बयाबाँ में, गुबार-ए-मीर की हमने ज़ियारत की

---

380. शोख़ी-ए-जल्वः--दर्शन की शोख़ी। तस्कीन--सन्तोष, तृप्ति। बख़्शे--दे, प्रदान करे। गेसू--बाल, लटें। सुम्बुल--एक वृक्ष। बर्क़-ए-ख़िर्मन-ए-गुल--फूलों के ढेर पर गिरनेवाली बिजली। रुख़्सार-ए-आतशीं--आग की तरह सुर्ख़ गाल। ज़ेर-ए-फ़लक--आकाश के नीचे। आसूदः--तृप्त। क़त'अः-ए-ज़मीं--ज़मीन का टुकड़ा।

381. शौक़-ए-तौफ़--परिक्रमा का शौक़। बयाबाँ--जंगल। गुबार-ए-मीर--मीर की ख़ाक। ज़ियारत--दर्शन।

382

ला'इलाजी से जो रहती है मुझे आवारगी
कीजिये क्या मीर साहब, बन्दगी बेचारगी

कैसी-कैसी सुहूबतें आँखों के आगे से गयीं
देखते ही देखते क्या हो गया, यकबारगी

अश्क-ए-ख़ूनीं आँख में भर ला के पी जाता हूँ मैं
मुहूतसिब रखता है मुझ पर, तुहूमत-ए-मैख़्वारगी

मत फ़रेब-ए-सादगी खा, इन सियहचश्मों का मीर
इनकी आँखों से टपकती है, बड़ी 'अय्यारगी

---

382. ला'इलाजी—जिसका इलाज न हो सके। बन्दगी—आराधना, गुलामी। बेचारगी—मजबूरी, विवशता। सुहूबत—संगति, महफ़िल। यक बारगी—सहसा, एकदम। अश्क-ए-ख़ूनीं—ख़ून के आँसू। मुहूतसिब—मद्य निषेध निरीक्षक। तुहूमत-ए-मै-ख़्वारगी—शराब पीने का आरोप। फ़रेब-ए-सादगी—सादगी का धोखा। सियह चश्मों—काली आँखोंवालों। 'अय्यारगी—चालाकी, धूर्तता, धोखा।

383

बाहम सुलूक था, तो उठाते थे नर्म-गर्म
काहे को मीर कोई दबे, जब बिगड़ गयी

384

कुछ मौज-ए-हवा पेचाँ, अय मीर नज़र आयी
शायद कि बहार आयी, ज़ंजीर नज़र आयी

दिल्ली के न थे कूचे, औराक़-ए-मुसव्वर थे
जो शक्ल नज़र आयी, तस्वीर नज़र आयी

गुल बार करे हैगा, असबाब-ए-सफ़र शायद
गुंचे की तरह बुलबुल, दिलगीर नज़र आयी

---

383. बाहम–परस्पर, आपस में। सुलूक–व्यवहार।

384. मौज-ए-हवा–हवा की मौज। पेचाँ–लहराती हुई। कूचे–गलियाँ। औराक़-ए-मुसव्वर–चित्र बने हुए पृष्ठ। गुल–फूल। बार करना–सामान लादना। असबाब-ए-सफ़र–यात्रा का सामान। गुंचे–कली। दिलगीर–दुखी।

385

हो गयी शहर शहर रुस्वाई
अय मिरी मौत, तू भली आई

यक बयाबाँ, बरंग-ए-सौत-ए-जरस
मुझ प है, बेकसि-ओ-तन्हाई

386

अपने कूचे में निकलियो, तो सँभाले दामन
यादगार-ए-मिश़ः-ए-मीर हैं वाँ ख़ार कई

---

385. रुस्वाई–बदनामी। बयाबाँ–जंगल। बरंग-ए-सौत-ए-जरस–कारवाँ की घंटियों की आवाज़ की तरह।

386. यादगार-ए-मिश़ः-ए-मीर–मीर की पलकों की यादगार। ख़ार–काँटे।

387

मेरी पुरसिश प, तिरी तब्'अ अगर आवेगी
सूरत-ए-हाल, तुझे आप ही नज़र आवेगी

कितने पैग़ाम चमन को हैं, सो हैं दिल में गिरह
किसू दिन, हम तईं भी, बाद-ए-सह्र आवेगी

388

क्या करूँ शर्ह, ख़स्तःजानी की
मैंने मर-मर के ज़िन्दगानी की

हाल-ए-बद, गुफ़्तनी नहीं मेरा
तुमने पूछा, तो मेहूरबानी की

जिससे खोई थी नींद मीर ने कल
इब्तिदा फिर वही कहानी की

---

387. पुरसिश–पूछताछ। तब'अ–तबी'अत। सूरत-ए-हाल–स्थिति। पैग़ाम–सन्देश। बाद-ए-सह्र–सुबह की हवा, प्रातःसमीर।
388. शर्ह–टीका, वर्णन। ख़स्तः जानी–बुरे हाल। हाल-ए-बद–बुरा हाल। गुफ़्तनी–कहने योग्य। इब्तिदा–आरम्भ, शुरू।

389

रही न गुफ़्तः, मिरे दिल में, दास्ताँ मेरी
न इस दयार में समझा कोई, ज़बाँ मेरी

बरंग-ए-सौत-ए-जरस, तुझसे दूर हूँ तन्हा
ख़बर नहीं है तुझे आह, कारवाँ, मेरी

उसी से दूर रहा, अस्ल-ए-मुद्द'आ जो था
गयी यह 'उम्र-ए-'अज़ीज़ आह, रायगाँ, मेरी

तिरे फ़िराक़ में, जैसे ख़याल मुफ़्लिस का
गयी है फ़िक्र-ए-परीशाँ, कहाँ-कहाँ, मेरी

दिया दिखाई मुझे तो उसी का जल्वः, मीर
पड़ी जहान में जाकर नज़र, जहाँ मेरी

---

389. नगुफ़्तः—न कहने योग्य। दास्ताँ—कहानी, दास्तान। दयार—संसार। ज़बाँ—ज़बान, भाषा। बरंग-ए-सौत-ए-जरस—कारवाँ की घंटियों की आवाज़ की तरह। तन्हा—अकेला। अस्ल-ए-मुद्द'आ—असली उद्देश्य। 'उम्र-ए-'अज़ीज़—प्रिय आयु। रायगाँ—व्यर्थ, बेकार। फ़िराक़—विरह, जुदाई। मुफ़्लिस—दरिद्र, ग़रीब। फ़िक्र-ए-परीशाँ—परेशान कल्पना। जल्वः—दर्शन। जहान—दुनिया, संसार।

390

मैं पा शिकस्तः जा न सका क़ाफ़िले तलक
आती अगर्चेः देर, सदा-ए-जरस, रही

जूँ सुबह, इस चमन में न हम खुल के हँस सके
फ़ुर्सत रही जो मीर भी, सो इक नफ़स रही

---

390. पाशिकस्तः–टूटे पैरोंवाला। अगर्चेः–हालाँकि, यद्यपि। सदा-ए-जरस–कारवाँ की घंटियों की आवाज़। नफ़स–साँस।

391

आजकल बेक़रार हैं हम भी
बैठ जा, चलने हार हैं हम भी

आन में कुछ हैं, आन में कुछ हैं
तुह्फ़ः-ए-रोज़गार हैं हम भी

मन्'-ए-गिरियः न कर तू अय नासेह
इसमें बेइख़्तियार हैं हम भी

मुद्द'ई को शरीक, हम को ज़ह्र
'आक़िबत, दोस्तदार हैं हम भी

गर ज़िख़ुद रफ़्तः हैं तिरे नज़दीक
अपने तो यादगार हैं हम भी

मीर नाम इक जवाँ सुना होगा
उसी 'आशिक़ के यार हैं हम भी

---

391. तुह्फ़ः-ए-रोज़गार—दुनिया का तोह्फ़ा। मन'-ए-गिरियः—रोने से मना। नासेह—उपदेशक। बे इख़्तियार—बरबस। मुद्द'ई—प्रतिवादी। शरीक—भागीदार। 'आक़िबत—आख़िरकार। दोस्तदार—मित्र। ज़िख़ुद रफ़्तः—जो अपने आप में न हो। नज़दीक—निकट। 'आशिक़—प्रेमी। यार—मित्र, दोस्त।

392

मुद्‌दत से हैं इक मुश्त-ए-पर, आवारः चमन में
निकली है यह किस की हवस-ए-बाल-फ़िशानी

इक शख़्स मुझी-सा था कि वह तुझ प था आशिक़
वह उसकी वफ़ा पेशगी, वह उसकी जवानी

यह कह के जो रोया तो लगा कहने, न कह मीर
सुनता नहीं मैं ज़ुल्मरसीदों की कहानी

---

392. मुश्त-ए-पर—मुट्‌ठी भर। हवस-ए-बाल-फ़िशानी—पर मारने की (उड़ने की) इच्छा। वफ़ापेशगी—प्रेमनिर्वाह करना। ज़ुल्म रसीदा—अत्याचार सहन करनेवाले।

393

बिग़ैर-ए-दिल, कि यह क़ीमत है सारे 'आलम की
किसू से काम नहीं रखती, जिन्स आदम की

कोई हो महूरम-ए-शोख़ी तिरा, तो मैं पूछूँ
कि बज़्म-ए-'ऐश-ए-जहाँ, क्या समझ के बरहम की

हमें तो बाग़ की तकलीफ़ से मु'आफ़ रखो
कि सैर-ओ-गश्त, नहीं रस्म अहूल-ए-मातम की

क़फ़स में मीर नहीं जोश-ए-दाग़ सीने पर
हवस निकाली है हमने भी, गुल के मौसम की

---

393. बिग़ैर-ए-दिल—दिल के बिना। जिन्स—चीज़, वस्तु। महूरम-ए-शोख़ी—शोख़ी का जाननेवाला। बज़्म-ए-'ऐश-ए-जहाँ—संसार के भोग-विलास की महफ़िल। बरहम की—बरबाद की। सैर-ओ-गश्त—सैर, तफ़रीह, घूमना-फिरना। अहूल-ए-मातम—शोक मनानेवाले। क़फ़स—पिंजरा। जोश-ए-दाग़—दाग़ों की ज़्यादती। हवस निकालना—इच्छा पूरी करना।

394

गिरिये से दाग़-ए-सीनः, ताज़ः हुए हैं सारे
यह किश्त-ए-ख़ुश्क तू ने, अय चश्म फिर हरी की

यह दौर तो मुवाफ़िक़ होता नहीं, मगर अब
रखिये बिना-ए-ताज़ः, इस चर्ख़-ए-चम्बरी की

ख़ूबाँ, तुम्हारी ख़ूबी, ताचन्द नक़्ल करिये
हम रंजःख़ातिरों की, क्या ख़ूब दिलबरी की

---

394. गिरियः—आँसू। दाग़-ए-सीनः—सीने के दाग़। किश्त-ए-ख़ुश्क—सूखी हुई खेती। चश्म—आँख। दौर—ज़माना। मुवाफ़िक़—अनुकूल। बिना-ए-ताज़ा—नई बुनियाद। चर्ख़-ए-चम्बरी—नीला आकाश। ख़ूबाँ—अय माशूक़ो। ख़ूबी—अच्छाई। ताचन्द—कहाँ तक, कब तक। रंजः ख़ातिर—ग़मगीन, दुखी। दिलबरी करना—दिल रखना।

395

कुछ करो फ़िक्र, मुझ दिवाने की
धूम है फिर, बहार आने की

वह जो फिरता है, मुझसे, दूर ही दूर
है यह तक़रीब, जी के जाने की

तेज़ यूँ ही न थी, शब आतश-ए-शौक़
थी ख़बर गर्म, उसके आने की

जो है सो पाइमाल-ए-ग़म है, मीर
चाल बेडौल है, ज़माने की

395. शब—रात। आतश-ए-शौक़—शौक़ की आग। पाइमल-ए-ग़म—ग़म से कुचला हुआ।

396

मीर दरिया है, सुने शे'र ज़बानी उसकी
अल्लह अल्लह रे तबी'अत की रवानी, उसकी

ख़ातिर-ए-बादियः से, देर में जावेगी कहीं
ख़ाक, मानिन्द बगूले के, उड़ानी उसकी

एक है 'अह्द में अपने, वह परागंदः मिज़ाज
अपनी आँखों में न आया कोई सानी उसकी

मुँह तो बौछार का देखा है बरसते, तुम ने
उसी अन्दाज़ से थी अश्क फ़िशानी उसकी

बात की तर्ज़ को देखो, तो कोई जादू था
पर मिली ख़ाक में क्या सह्र बयानी उसकी

करके ता'वीज़ रखें उसको, बहुत भाती है
वह नज़र पाँव प, वह बात दिवानी उसकी

उसका वह 'अिज्ज़, तुम्हारा यह ग़ुरूर-ए-ख़ूबी
मिन्नतें उसने बहुत कीं, प न मानी उसकी

---

396. तबी'अत—स्वभाव, मन। रवानी—प्रवाह। ख़ातिर-ए-बादियः—मैदान का दिल। मानिन्द—तरह। 'अहद—काल। परागन्दा मिज़ाज—खिन्न मन। सानी—जवाब, उस जैसा। अश्क फ़िशानी—आँसू बहाना। तर्ज़—ढंग। सह्र बयानी—जादू बयानी। 'अिज्ज़—विनम्रता। गुरूर-ए-ख़ूबी—सौन्दर्य का घमंड।

कुछ लिखा है तुझे हर बर्ग प, अय रश्क-ए-बहार
रुक़्‘अःवारें हैं, यह औराक़-ए-ख़ज़ानी उसकी

सरगुज़श्त अपनी, किस अन्दोह से, शब कहता था
सो गये तुम, न सुनी आह, कहानी उसकी

मर्सिये दिल के, कई कह के दिये लोगों को
शह्र-ए-दिल्ली में है, सब पास निशानी उसकी

आब्ले की-सी तरह ठेस लगी, फूट बही
दर्दमन्दी में गयी सारी जवानी उसकी

अब गये उसके, जुज़ अफ़्सोस नहीं कुछ हासिल
हैफ़ सद हैफ़ कि कुछ क़द्र न जानी उसकी

बर्ग—पत्ता। रश्क-ए-बहार—जिससे बहार को भी ईर्ष्या होने लगे। रुक़‘अः वारें—(रुक़‘अः वार का ब. व.) वह काग़ज़ जिसके चारों ओर हाशिया हो। औराक़-ए-ख़ज़ानी—सूखे पत्ते, हेमन्त ऋतु के पत्ते। सर गुज़श्त—आपबीती। अन्दोह—ग़म। शब—रात। मर्सिये—शोकगीत। आबले—छाले। दर्दमन्दी—सहानुभूति, हमदर्दी। जुज़ अफ़्सोस—अफ़्सोस के अलावा। हासिल—प्राप्त। हैफ़—आश्चर्य। सद—सौबार।

397

दरिया-ए-हुस्न-ए-यार, तलातुम करे कहीं
ख़्वाहिश है अपने जी में भी, बोस-ओ-कनार की

मक़्दूर तक तो ज़ब्त करूँ हूँ, प क्या करूँ
मुँह से निकल ही जाती है, इक बात प्यार की

398

यह जौर-ओ-जौरकश थे कहाँ, आगे 'अिश्क़ में
तुझसे जफ़ा ओ मीर से रस्म-ए-वफ़ा चली

---

397. दरिया-ए-हुस्न-ए-यार–प्रेमिका के सौन्दर्य का समुद्र। तलातुम करना–मौजें मारना, तूफ़ान उठाना। ख़्वाहिश–इच्छा। बोस-ओ-कनार–चुम्बन और आलिंगन। मक़्दूर–सम्भव, मुमकिन। ज़ब्त–सहन।

398. जौर-ओ-जौरकश–ज़ुल्म और ज़ुल्म सहनेवाले। रस्म-ए-वफ़ा–प्रेम-निर्वाह की रीति।

399

लुत्फ़ पर उसके, हमनशीं, मत जा
कभू हम पर भी मेह्‌रबानी थी

400

पैदा कहाँ हैं ऐसे परागन्दः तब्‌'अः लोग
अफ़्सोस, तुमको मीर से सोह्‌बत नहीं रही

---

399. लुत्फ़—मेहरबानी। हमनशीं—दोस्त, मित्र।
400. परागन्दाः तब्'अ—खिन्न मन। सोह्‌बत—संगति।

401

दलील इस बयाबाँ में, दिल ही है अपना
न ख़िज़्र-ओ बलद याँ, न रहबर, न हादी

मिज़ाजों में यास आ गयी है हमारे
न मरने का ग़म है, न जीने की शादी

जुदा इन ग़िज़ालान-ए-शहरी से होकर
फिरे हम बगूले से, वादी ब वादी

मिले क़स्र जन्नत में, पीर-ए-मुग़ाँ को
हमें ज़ेर-ए-दीवार-ए-मैख़ानः जा दी

---

401. दलील–तर्क। ख़िज़्र-ओ-बलद–ख़िज़्र–एक पैग़म्बर जो भूले-भटकों को राह दिखाते हैं, बलद–पथ प्रदर्शक। रहबर–नेता। हादी–आदेश देनेवाला। मिज़ाज–प्रकृति। यास–निराशा। शादी–ख़ुशी। ग़िज़ालान-ए-शहरी–शहरी हिरन, (शहर के रहनेवाले माशूक़)। वादी–उपत्यका। क़स्र–महल। जन्नत–स्वर्ग। पीर-ए-मुग़ाँ–शराब बेचनेवाला बूढ़ा। ज़ेर-ए-मैख़ानः–मदिरालय की दीवार के नीचे। जा–जगह।

402

वह नर्गिस-ए-मस्तानः बातें करे है दरहम
तुम देखो न कुछ बोलो, क्या बात शराबी की

बेसुध हुए हम, आयी इक बू जो गुलिस्ताँ से
पुर ज़ोर थी मै कितनी, गुंचे की गुलाबी की

402. नर्गिस-ए-मस्तानः—मस्त आँख। दरहम—उखड़ी-उखड़ी। पुरज़ोर—शक्तिशाली। मै—शराब। गुंचे—कली।

403

बात क्या आदमी की बन आई
आस्माँ से ज़मीन नपवाई

चर्ख़ज़न उसके वास्ते है मुदाम
हो गया दिन तमाम, रात आई

माह-ओ-ख़ुर्शीद-ओ-अब्र-ओ-बाद, सभी
उसकी ख़ातिर हुए हैं सौदाई

कैसे कैसे किये तरद्दुद जब
रंग रंग उसको चीज़ पहुँचाई

उसको तरजीह सबके ऊपर दे
लुत्फ़-ए-हक़ ने की 'अिज़्ज़त अफ़्ज़ाई

हैरत आती है, उसकी बातें देख
ख़ुदसरी, ख़ुदसिताई, ख़ुदराई

शुक्र के सिजूदों में, यह वाजिब था
यह भी करता सदा जबींसाई

---

403. चर्ख़ज़न—घूमनेवाला। मुदाम—हमेशा। माह-ओ-ख़ुर्शीद-ओ-अब्र-ओ-बाद—चाँद, सूरज, बादल और हवा। सौदाई—दिवाने, पागल। तरद्दुद—सोच-विचार। रंग रंग—भिन्न-भिन्न प्रकार की। तरजीह—प्रधानता। लुत्फ़-ए-हक़—ख़ुदा की मेहरबानी। 'अिज़्ज़त अफ़्ज़ाई—मान देना, इज़्ज़त बढ़ाना। हैरत—आश्चर्य। ख़ुदसरी—बग़ावत। ख़ुद सिताई—आत्म-प्रशंसा। ख़ुदराई—मनमानी करना। शुक्र—आभार प्रदर्शन। वाजिब—उचित। जबीं साई—माथा टेकना।

404

गिरकर उसकी गली की ख़ाक में मुफ़्त
अश्क की, मोती की-सी आब गयी

बू-ए-गुल, या नवा-ए-बुलबुल थी
'अुम्र अफ़सोस, क्या शिताब गयी

नमक-ए-हुस्न-ए-सब्ज़ से अय मीर
सारी कैफ़ीयत-ए-शराब गयी

404. अश्क–आँसू। आब–चमक। बू-ए-गुल–फूल की गन्ध। नवा-ए-बुलबुल–बुलबुल की आवाज़। शिताब–जल्दी। नमक-ए-हुस्न-ए-सब्ज़–साँवले रंग के सौन्दर्य का नमक। कैफ़ीयत-ए-शराब–शराब का नशा।

405

आज हमें बेताबी सी है, सब्र की दिल से रुख़्सत थी
चारों ओर निगह करने में, 'आलम 'आलम हस्रत थी

बदनामी क्या 'अिश्क़ की कहिये, रुस्वाई सी रुस्वाई है
सह्रा सह्रा वह्शत भी थी, दुनिया दुनिया तोह्मत थी

राह की कोई सुनता न था याँ, रस्ते में मानिन्द-ए-जरस
शोर सा करते जाते थे हम, बात की किसको ताक़त थी

जी उठता है याँ से बगूला, हम सा है आवारः कोई
इस वादी में मीर मगर, सरगश्तः किसू की तुरर्बत थी

---

405. बेताबी–बेचैनी, व्याकुलता। सब्र–धैर्य। रुख़्सत–रवानगी, जाना, विदाई। 'आलम–संसार। हस्रत–निराशा। रुस्वाई–बदनामी। सह्रा–जंगल। वह्शत–परेशानी। तोह्मत–आरोप। मानिन्द-ए-जरस–कारवाँ की घंटियों की आवाज़ की तरह। शोर–हल्लागुल्ला, कोलाहल। वादी–घाटी, उपत्यका। सरगश्तः–आवारा। तुर्बत–क़ब्र।

406

मैं चराग़ः-ए-सुब्हगाही हूँ, नसीम
मुझसे इक दम के लिये क्या दुश्मनी

407

मुझे मीर ता गोर काँधा दिया था
तमन्ना-ए-दिल ने तो याँ तक निबाही

408

फिरते हैं मीर ख़्वार, कोई पूछता नहीं
इस 'आशिक़ी में, 'अिज़्ज़त-ए-सादात भी गयी

406. चराग़ः-ए-सुब्हगाही—प्रातःकालीन चिराग़। नसीम—समीर।
407. ता गोर—क़ब्र तक। तमन्ना-ए-दिल—दिल की कामना।
408. 'अिज़्ज़त-ए-सादात—वह प्रतिष्ठा, जो सैयद होने के नाते प्राप्त थी।

409

देख तो, दिल कि जाँ से उठता है
यह धुआँ-सा कहाँ से उठता है

गोर किस दिल जले की है, यह फ़लक
शो'लः इक सुबूह याँ से उठता है

ख़ानः-ए-दिल से ज़ीनहार न जा
कोई ऐसे मकाँ से उठता है

बैठने कौन दे है फिर उसको
जो तिरे आस्ताँ से उठता है

यूँ उठे आह उस गली से हम
जैसे कोई जहाँ से उठता है

409. गोर—क़ब्र। फ़लक—आकाश। ख़ानः-ए-दिल—दिल का घर। ज़ीनहार—हरगिज़। मकाँ—घर। आस्ताँ—चौखट, दरवाज़ा।

410

शहादतगाह है, बाग़-ए-ज़मानः
कि हर गुल उसमें इक ख़ूनीं कफ़न है

जो दे आराम टुक आवारगी मीर
तो शाम-ए-गुर्बत, इक सुबूह-ए-वतन है

411

दिल्ली में अब की आकर, उन यारों को न देखा
कुछ वे गये शिताबी, कुछ हम भी देर आये

क्या ख़ूबी इस चमन की, मौक़ूफ़ है किसू पर
गुल गर गये 'अदम को, मुखड़े नज़ीर आये

---

410. शहादतगाह—शहीद करने की जगह, वधस्थल। बाग़-ए-ज़मानः—संसार का बाग़। गुल—फूल। ख़ूनीं कफ़न—ख़ून में डूबा हुआ कफ़न। शाम-ए-गुर्बत—विदेश की शाम।
411. शिताबी—जल्दी। ख़ूबी—अच्छाई। मौक़ूफ़—निर्भर। गुल—फूल। 'अदम—परलोक। नज़ीर—मिसाल, उदाहरण।

412

गये जी से, छूटे बुतों की जफ़ा से
यही बात हम चाहते थे, ख़ुदा से

वह अपनी ही ख़ूबी प रहता है नाज़ाँ
मरो या जियो कोई, उसकी बला से

पशेमान, तौबः से, होगा 'अदम में
कि ग़ाफ़िल चला शैख़, लुत्फ़-ए-हवा से

न रक्खी मिरी ख़ाक भी, उस गली में
कुदूरत मुझे है निहायत, सबा से

जिगर सू-ए-मिशगाँ खिंचा जाये है कुछ
मगर दीदः-ए-तर हैं लोहू के प्यासे

न शिकवः शिकायत, न हर्फ़-ओ-हिकायत
कहो मीरजी आज क्यों हो ख़फ़ा से

---

412. ख़ूबी—अच्छाई। नाज़ाँ—घमंडी। पशेमान—शर्मिन्दा, लज्जित। 'अदम—परलोक। ग़ाफ़िल—बेख़बर। लुत्फ़-ए-हवा—हवा का आनन्द। कुदूरत—दिल का मैल। निहायत—बहुत। सबा—हवा। सू-ए-मिशगाँ—पलकों की तरफ़। दीदः-ए-तर—अश्रु-भरी आँखें। हर्फ़-ओ-हिकायत—बातचीत।

413

तुझे निस्बत जो देते हैं शरार-ओ-बर्क़-ओ-शो'लः से
तसल्ली करते हैं नाचार शा'अिर, इन मिसालों से

कहाँ यह क़ामत-ए-दिलकश, कहाँ पाकीज़गी ऐसी
मिले हैं हम बहुत, गुलज़ार के नाज़ुक निहालों से

414

लख़्त-ए-दिल कब तक इलाही, चश्म से टपका करें
ख़ाक में ताचन्द, ऐसे ला'ल पारे देखिये

415

'अिश्क़ उनको है जो यार को अपने, दम-ए-रफ़्तन
करते नहीं ग़ैरत से ख़ुदा के भी हवाले

---

413. निस्बत—सम्बन्ध। शरार-ओ-बर्क़-ओ-शो'लः—चिंगारी, बिजली और आग। नाचार—मजबूर, विवश। मिसाल—उदाहरण। क़ामत-ए-दिलकश—मनमोहक क़द, आकार। पाकीज़गी—पवित्रता। निहाल—पौधा।

414. लख़्त-ए-दिल—दिल के टुकड़े। चश्म—आँख। ताचन्द—कब तक। ला'ल पारे—लाल के टुकड़े।

415. दम-ए-रफ़्तन—जाते समय, रवानगी के वक़्त।

416

बरंग-ए-बू-ए-गुल, इस बाग़ के हम आश्ना होते
कि हमराह-ए-सबा टुक सैर करते, और हवा होते

सरापा आरज़ू होने ने, बन्दः कर दिया हमको
वगरनः हम ख़ुदा थे, गर दिल-ए-बेमुद्द'आ होते

फ़लक, अय काश, हमको ख़ाक ही रखता, कि उसमें हम
गुबार-ए-राह होते, या किसू की ख़ाक-ए-पा होते

इलाही, कैसे होते हैं, जिन्हें है बन्दगी ख़्वाहिश
हमें तो शर्म दामनगीर होती है ख़ुदा होते

अब ऐसे हैं कि साने'अ के मिज़ाज ऊपर बहम पहुँचे
जो ख़ातिर ख़्वाह अपने हम हुए होते, तो क्या होते

कहें जो कुछ मलामतगर, बजा है मीर, क्या जाने
उन्हें मा'लूम तब होता, कि वैसे से जुदा होते

---

416. बरंग-ए-बू-ए-गुल—फूल की गन्ध की तरह। आश्ना—प्रेमी। हमराह-ए-सबा—हवा के साथ-साथ। सरापा—सर से पैर तक। आरज़ू—कामना। दिल-ए-बेमुद्द'आ—निरुद्देश्य दिल। फ़लक—आकाश। गुबार-ए-राह—मार्ग की धूल। ख़ाक-ए-पा—चरण रज। बन्दगी—गुलामी। ख़्वाहिश—इच्छा। दामनगीर—दामन पकड़नेवाली। शर्म दामनगीर होना—शर्म आना। साने'अ—बनानेवाला, ख़ुदा। बहम पहुँचे—बने। ख़ातिर ख़्वाह—इच्छानुसार। मलामत गर—भला-बुरा कहनेवाले। बजा—ठीक।

417

चमन, यार, तेरा हवाख़्वाह है
गुल इक दिल है, जिसमें तिरी राह है

सरापा में उसके नज़र करके तुम
जहाँ देखो, अल्लाह अल्लाह है

तिरी आह, किससे ख़बर पाइये
वही बेख़बर है, जो आगाह है

चराग़ान-ए-गुल से है क्या रौशनी
गुलिस्ताँ किसू की क़दमगाह है

यह वह कारवाँ गाह-ए-दिलकश है मीर
कि फिर याँ से हस्रत ही हमराह है

---

417. हवाख़्वाह–शुभ चिन्तक, भलाई चाहनेवाला। गुल–फूल। सरापा–सर से पैर तक। आगाह–परिचित, ज्ञाता। चराग़ान-ए-गुल–फूलों के चिराग़। गुलिस्ताँ–बाग़। क़दमगाह–क़दम रखने की जगह। कारवाँ गाह-ए-दिलकश–कारवाँ के ठहरने की ख़ूबसूरत जगह। हस्रत–निराशा।

418

'अिश्क़ में ने ख़ौफ़-ओ-ख़तर चाहिये
जान के देने को जिगर चाहिये

क़ाबिल - ए - आग़ोश - ए - सितमदीदगाँ
अश्क सा पाकीज़ः गुहर चाहिये

कम है शनासा-ए-ज़र-ए-दाग़-ए-दिल
इसके परखने को नज़र चाहिये

शर्त सलीक़ः है, हर इक अम्र में
'अैब भी करने को हुनर चाहिये

ख़ौफ़ क़यामत का यही है कि मीर
हमको जिया बार-ए-दिगर चाहिये

---

418. ख़ौफ़-ओ-ख़तर–भय। जिगर–साहस। क़ाबिल-ए-आग़ोश-ए-सितम दीदगाँ–अत्याचार सहनेवालों की गोद के योग्य। अश्क–अश्रु। पाकीज़ा–पवित्र। गुहर–मोती। शनासा-ए-ज़र-ए-दाग़-ए-दिल–दिल के दाग़ को सोना परखनेवाले। सलीक़ः–ढंग। अम्र–काम। 'अैब–दुर्गुण, बुरा काम। हुनर–गुण। ख़ौफ़–डर, भय। बार-ए-दिगर–दूसरी बार।

419

हस्ती अपनी, हबाब की-सी है
यह नुमाइश, सराब की-सी है

नाजुकी उसके लब की, क्या कहिये
पंखड़ी इक गुलाब की-सी है

बार बार उसके दर प जाता हूँ
हालत अब इज़्तिराब की-सी है

मैं जो बोला, कहा कि यह आवाज़
उसी ख़ानःख़राब की-सी है

मीर, उन नीमबाज़ आँखों में
सारी मस्ती, शराब की-सी है

---

419. हबाब—बुलबुला। सराब—मरीचिका। लब—होंठ। इज़्तिराब—बेचैनी। ख़ाना ख़राब—जिसका घर उजड़ चुका हो। नीम बाज़—अध खुली।

420

अब जो इक हस्रत-ए-जवानी है
'उम्र-ए-रफ़्तः की इक निशानी है

हम क़फ़स ज़ाद क़ैदी हैं, वर्नः
ता चमन एक परफ़िशानी है

याँ हुए मीर तुम बराबर ख़ाक
वाँ वही नाज़-ओ-सरगिरानी है

---

420. हस्रत-ए-जवानी—जवानी की इच्छा। 'उम्र-ए-रफ़्तः—गुज़री हुई उम्र। क़फ़स ज़ाद—पिंजरे में पैदा होनेवाले। ता चमन—बाग़ तक। परफ़िशानी—उड़ान। नाज़—सौन्दर्याभिमान। सरगिरानी—नाराज़गी।

421

दिल के मा'मूरे की मत कर फ़िक्र, फ़ुर्सत चाहिये
ऐसे वीराने के अब बसने को मुद्दत चाहिये

'अिश्क़-ओ-मैख़्वारी निभे है कोई दरवेशी के बीच
इस तरह के ख़र्च-ए-लाहासिल को, दौलत चाहिये

'अिश्क़ में वस्ल-ओ-जुदाई से नहीं कुछ गुफ़्तुगू
क़ुर्ब-ओ-बो'द इस जा बराबर है, महब्बत चाहिये

422

जो हो मीर भी उस गली में, सबा
बहुत पूछियो तू, मिरी ओर से

421. मा'मूरे (मामूरा)–बस्ती, नगर। मैख़्वारी–मदिरा पान। दरवेशी–फ़क़ीरी। ख़र्च-ए-लाहासिल–फ़ुज़ूल ख़र्च, अपव्यय। वस्ल-ओ-जुदाई–मिलन और जुदाई। क़ुर्ब-ओ-बो'द–निकटता और दूरी।
422. सबा–हवा।

423

देखी न एक चश्मक-ए-गुल भी चमन में, आह
हम आख़िर-ए-बहार, क़फ़स से रिहा हुए

424

पास-ए-नामूस-ए-'अिश्क़ था, वर्नः
कितने आँसू पलक तक आये थे

अब जहाँ आफ़ताब में हम हैं
याँ कभू सर्व-ओ-गुल के साये थे

---

423. चश्मक-ए-गुल—फूल का इशारा। आख़िर-ए-बहार—बहार के अन्त में। क़फ़स—पिंजरा।

424. पास-ए-नामूस-ए-'अिश्क़—इश्क़ की इज़्ज़त का ख़याल। आफ़ताब—सूरज। सर्व-ओ-गुल—सरौ के वृक्ष और फूल।

425

ख़ूब है अय अब्र, इक शब आओ, बाहम रोइये
पर न इतना भी कि डूबे शहूर, कम कम रोइये

वक़्त-ए-ख़ुश देखा न इक दम से ज़ियादः दहूर में
ख़न्दः-ए-सुबूह-ए-चमन पर, मिस्ल-ए-शबूनम रोइये

426

जाम-ए-ख़ूँ बिन नहीं मिलता है हमें सुबूह को आब
जब से इस चर्ख़-ए-सियह कासः के मेहूमान हुए

अपने जी ही ने न चाहा, कि पियें आब-ए-हयात
यूँ तो हम मीर, उसी चश्मे प बेजान हुए

---

425. अब्र—बादल। शब—रात। बाहम—परस्पर, आपस में। वक़्त-ए-ख़ुश—अच्छा वक़्त। ख़न्दः-ए-सुब्ह-चमन—बाग़ की सुबह की मुस्कराहट। मिस्ल-ए-शबनम—ओस की तरह।

426. जाम-ए-ख़ूँ—ख़ून का प्याला। आब—पानी। चर्ख़-ए-सियाह कासः—कमीना और कंजूस आकाश। आब-ए-हयात—अमृत। चश्मा—श्रोत।

427

जब नाम तिरा लीजिये तब चश्म भर आवे
इस ज़िन्दगी करने को, कहाँ से जिगर आवे

मैख़ानः वह मंज़र है, कि हर सुब्ह जहाँ, शैख़
दीवार प, ख़ुर्शीद का मस्ती से सर आवे

क्या जानें वे मुर्ग़ान-ए-गिरफ़्तार, चमन को
जिन तक कि बसद नाज़, नसीम-ए-सह्र आवे

सन्ना'अ हैं सब ख़्वार, अज़आँ जुम्लः हूँ मैं भी
है 'ऐब बड़ा उसमें, जिसे कुछ हुनर आवे

---

427. चश्म—आँख। जिगर—हिम्मत, साहस। मैख़ानः—मदिरालय। मंज़र—दृश्य। ख़ुर्शीद—सूरज। मुर्ग़ान-ए-गिरफ़्तार—बन्दी पक्षी। चमन—बाग़। बसद नाज़—सैकड़ों नख़रों के साथ। नसीम-ए-सह्र—प्रातःसमीर। सन्ना'अ—कारीगर। ख़्वार—अपमानित। अज़आँ जुमलः—उनमें से एक। 'ऐब—दुर्गुण।

428

न पूछ कुछ, लब-ए-तर्सा बचे की कैफ़ियत
कहूँ तो दुख़्तर-ए-रज़ की ज़बान जल जावे

429

हुआ है दिन तो जुदाई का, सौ त'अब से तमाम
शब-ए-फ़िराक़ किस उम्मीद पर सहर करिये

जहाँ का दीद, बजुज़ मातम-ए-नज़ारः नहीं
कि दीदनी ही नहीं जिस प याँ नज़र करिये

---

428. लब-ए-तर्सा बचा—शराब बेचनेवाले अग्निपूजक लड़के के होंठ। दुख़्तर-ए-रज़—अंगूर की बेटी (शराब)।

429. त'अब—मुसीबत, विपत्ति। तमाम—ख़त्म, समाप्त। शब-ए-फ़िराक़—विरह की रात। सहर—सुब्ह। दीद—दर्शन। बजुज़—सिवा, अलावा। मातम-ए-नज़ारः—ऐसा दृश्य जिसे देखकर लोग शोक मनाने लगें। दीदनी—देखने योग्य।

430

मशहूर चमन में, तिरी गुल पैरहनी है
क़ुरबाँ, तिरे हर 'उज़्व प, नाज़ुक बदनी है

बुलबुल की कफ़-ए-ख़ाक भी अब होगी परीशाँ
जामे का तिरे रंग, सितमगर, चमनी है

हूँ गर्म-ए-सफ़र, शाम-ए-ग़रीबाँ से ख़ुशी हूँ
अय सुबह-ए-वतन, तू तो मुझे बेवतनी है

431

अब करके फ़रामोश तो नाशाद करोगे
पर हम जो न होंगे, तो बहुत याद करोगे

---

430. गुल पैरहनी–फूलों-जैसे कपड़े पहनने की अदा। क़ुरबाँ–न्यौछावर। 'उज़्व–अंग-प्रत्यंग। नाज़ुक बदनी–कोमलता। कफ़-ए-ख़ाक–मुट्ठी-भर धूल। जामे (जामा)–कपड़े, वस्त्र। सितमगर–अत्याचारी। चमनी–चमन-जैसा, बाग़-जैसा। गर्म-ए-सफ़र–सफ़र में, यात्री। शाम-ए-ग़रीबाँ–परदेश की शाम। सुब्ह-ए-वतन–देश की सुबह।

431. फ़रामोश–विस्मृत, भूलना। नाशाद–अप्रसन्न, नाख़ुश।

432

ख़ुश सरअंजाम थे वे, जल्द जो हुशियार हुए
हम तो, अय हमनफ़साँ, देर ख़बरदार हुए

'अिश्क़ वह है, कि जो थे ख़ल्वति-ए-मंज़िल-ए-क़ुद्स
वे भी रुस्वा-ए-सर-ए-कूचः-ओ-बाज़ार हुए

सैर-ए-गुलज़ार मुबारक हो सबा को, हम तो
एक पर्वाज़ न की थी कि गिरफ़तार हुए

उस सितमगार के कूचे के हवादारों में
नाम फ़िरदौस का हम ले. के गुनहगार हुए

वा'दः-ए-हश्र तो मौहूम, न समझे हम, आह
किस तवक़्क़ो'अ प तिरे तालिब-ए-दीदार हुए

मीर साहब से ख़ुदा जाने हुई क्या तक़्सीर
जिससे इस ज़ुल्म-ए-नुमायाँ के सज़ावार हुए

---

432. ख़ुश सर अंजाम—जिनका अन्त कुशल हो। अय हमनफ़साँ—अय दोस्तो। ख़बरदार—सचेत। ख़ल्वति-ए-मंज़िल-ए-क़ुद्म—पवित्रता और अनश्वरता की मंज़िल में बसनेवाले। रुस्वा—बदनाम, अपमानित। सर-ए-कूचः-ओ-बाज़ार—कूचे और बाज़ार में। सैर-ए-गुलज़ार—बाग़ की सैर। सबा—हवा। पर्वाज़—उड़ान। सितमगर—अत्याचारी। हवादार—शुभ-चिन्तक। फ़िरदौस—जन्नत, स्वर्ग। वा'दः-ए-हश्र—क़यामत के दिन मिलने का वादा। मौहूम—धुँधला। तवक़्क़ो'अ—आशा, उम्मीद। तालिब-ए-दीदार—दर्शन के इच्छुक। तक़्सीर—क़ुसूर, ख़ता। ज़ुल्म-ए-नुमायाँ—अत्यधिक अत्याचार। सज़ावार—योग्य, लायक़।

433

हुआ मज़्कूर नाम उसका, कि आँसू बह चले मुँह पर
हमारे काम सारे दीदः-ए-तर ही डुबोता है

न रक्खो कान नज़्म-ए-शा'अिरान-ए-हाल पर इतने
चलो टुक मीर को सुनने, कि मोती से पिरोता है

434

हम हुए, तुम हुए, कि मीर हुए
उसकी जुल्फ़ों के सब असीर हुए

नहीं आते किसू की आँखों में
हो के 'आशिक़ बहुत हक़ीर हुए

आगे यह बेअदाइयाँ कब थीं
इन दिनों तुम बहुत शरीर हुए

---

433. मज़्कूर—जिसका ज़िक्र किया जाये। दीदः-ए-तर—अश्रु-भरी आँख। नज़्म-ए-शा'अिरान-ए-हाल—आजकल के शाइरों की कविता।
434. जुल्फ़—लट, बाल। असीर—गिरफ़्तार। हक़ीर—अपमानित। बे-अदाइयाँ—बे रुख़ी। शरीर—चंचल।

435

जबकि पह्लू से यार उठता है
दर्द बेइख़्तियार उठता है

436

शशजिहत से इसमें ज़ालिम, बू-ए-ख़ूँ की राह है
तेरा कूचः, हम से तो कह, किसकी बिस्मिलगाह है

435. बेइख़्तियार—बरबस।

436. शशजिहत—छह दिशाएँ। बू-ए-ख़ूँ—रक्त की गन्ध। बिस्मिलगाह—क़त्ल करने की जगह, वधस्थल।

437

क़रार-ए-दिल का, यह काहे को ढंग था आगे
हमारे चेहरे के ऊपर भी रंग था आगे

उठाईं तेरे लिए बदज़बानियाँ उनकी
जिन्हों की हमको ख़ुशामद से नंग था आगे

438

नालः ता आस्मान जाता है
शोर से जैसे बान जाता है

क्या ख़राबी है मैकदे की सहल
मोह्तसिब, इक जहान जाता है

---

437. क़रार-ए-दिल–दिल का ठहरना। बदज़बानियाँ–गाली गुफ़्तार। नंग–लज्जा, शर्म।

438. नालः–आर्तनाद। शोर–कोलाहल। सहल–आसान, सरल। मोह्तसिब–मद्यनिषेध निरीक्षक।

439

अय हुब्ब-ए-जाह वालो, जो आज ताजवर है
कल उसको देखियो तुम, ने ताज है न सर है

अब की हवा-ए-गुल में, सेराबी है निहायत
जू-ए-चमन प सब्ज़ः, मिशगान-ए-चश्म-ए-तर है

शमू'-ए-अख़ीर-ए-शब हूँ, सुन सरगुज़श्त मेरी
फिर सुबूह होने तक तो क़िस्सः ही मुख़्तसर है

अब फिर हमारा उसका, मह्शर में माजिरा है
देखें तो उस जगह क्या इंसाफ़-ए-दादगर है

आफ़त रसीदः हम क्या सर खेंचें इस चमन में
जूँ नख़्ल-ए-ख़ुश्क, हमको, ने सायः, ने समर है

---

439. हुब्ब-ए-जाह—धन और प्रतिष्ठा का लोभ। ताजवर—मुकुटधारी। हवा-ए-गुल—फूल की हवा, बहार का मौसम। सेराबी—तृप्ति। निहायत—बहुत। जू-ए-चमन—बाग़ में बहनेवाला पानी। मिशगान-ए-चश्म-ए-तर—भीगी हुई आँखों की पलकें। शम'-ए-अख़ीर-ए-शब—आख़री रात का चिराग़। सरगुज़श्त—कहानी। मुख़्तसर—संक्षिप्त। मह्शर—क़यामत। माजिरा—घटना, आमना-सामना। इंसाफ़-ए-दादगर—न्याय करनेवाले का न्याय। आफ़त रसीदः—विपत्तिग्रस्त। सर खेंचें—सर उठाए। नख़्लः-ए-ख़ुश्क—सूखा पेड़। समर—फल।

440

शब गये थे बाग़ में, हम ज़ुल्म के मारे हुए
जान को अपनी, गुल-ए-मह्ताब अंगारे हुए

प्यार करने का जो ख़ूबाँ हम प रखते हैं गुनाह
उनसे भी तो पूछिये, तुम इतने क्यों प्यारे हुए

आज मेरे ख़ून पर, इस्रार हरदम है तुम्हें
आये हो क्या जानिये तुम किसके संकारे हुए

440. शब–रात। ज़ुल्म–अत्याचार। गुल-ए-मह्ताब–एक सफ़ेद रंग के फूल का नाम। ख़ूबाँ–सुन्दरियाँ। इस्रार–आग्रह। संकारे–बहकाए।

441

करे क्या, कि दिल भी तो मजबूर है
ज़मीं सख़्त है, आस्माँ दूर है

तमन्ना-ए-दिल के लिये जान दी
सलीक़ः हमारा तो मशहूर है

दिल अपना निहायत है नाज़ुक मिज़ाज
गिरा गर यह शीशः, तो फिर चूर है

बहुत स'अि करिये तो मर रहिये, मीर
बस अपना तो इतना ही मक़्दूर है

---

441. तमन्ना-ए-दिल—दिल की कामना। सलीक़ा—ढंग। निहायत—बहुत। नाज़ुक मिज़ाज—कोमल स्वभाव। स'अि—कोशिश। मक़्दूर—सम्भव, मुमकिन।

442

क़स्द गर इम्तिहान है, प्यारे
अब तलक नीम जान है, प्यारे

सिजदः करने में सर कटे हैं जहाँ
सो तिरा आस्तान है, प्यारे

गुफ़्तुगू रेख़्ते में हम से न कर
यह हमारी ज़बान है, प्यारे

छोड़ जाते हैं दिल को तेरे पास
यह हमारा निशान है, प्यारे

मीर, 'अम्दन भी कोई मरता है
जान है तो जहान है, प्यारे

442. क़स्द–इरादा। नीम जान–अर्धजीवित। सिजदः–माथा टेकना। आस्तान–आस्ताँ, चौखट। गुफ़्तगू–बातचीत। रेख़्तः–उर्दू का पुराना नाम। 'अम्दन–जान-बूझकर।

443

जख़्मों प ज़ख़्म झेले, दाग़ों प दाग़ खाये
यक क़तरः ख़ून-ए-दिल ने, क्या-क्या सितम उठाये

बढ़तीं नहीं पलक से, ता हम तलक भी पहुँचें
फिरती हैं वे निगाहें पल्कों के साये-साये

परकी बहार में जो महूबूब जल्वःगर थे
सो गर्दिश-ए-फ़लक ने, सब ख़ाक में मिलाये

हर क़त'अः-ए-चमन पर, टुक गाड़कर नज़र कर
बिगड़ी हज़ार शक्लें, तब फूल यह बनाये

आगे भी तुझसे, था याँ, तस्वीर का-सा 'आलम
बेदर्दि-ए-फ़लक ने, वे नक़्श सब मिटाये

---

443. यक क़त्रः—एक बूँद। ख़ून-ए-दिल—दिल का ख़ून। सितम—अत्याचार। महबूब—प्रेमिका। जल्वःगर—प्रकट। गर्दिश-ए-फ़लक—आसमान का चक्कर। क़त'अः-ए-चमन—बाग़ का हिस्सा। 'आलम—हालत, दशा। बेदर्दि-ए-फ़लक—आकाश की निर्दयता। नक़्श—निशान।

444

महवशाँ पूछें न टुक, हिज्राँ में गर मर जाइये
अब कहो, इस शहर-ए-नापुरसाँ से कीधर जाइये

शौक़ था जो यार के कूचे हमें लाया था, मीर
पाँव में ताक़त कहाँ इतनी, कि अब घर जाइये

---

444. महवशाँ—चन्द्रमुखी। हिज्राँ—जुदाई, विरह। शहर-ए-नापुरसाँ—ऐसा शहर जहाँ कोई पूछनेवाला न हो।

445

हमने जाना था, सुख़न होंगे ज़बाँ पर कितने
पर क़लम हाथ जो आयी, लिखे दफ़्तर कितने

मैंने उस क़तु'अः-ए-सन्ना'अ से सर खेंचा है
कि हर इक कूचे में जिसके थे हुनरवर कितने

आह, निकली है यह किसकी हवस-ए-सैर-ए-बहार
आते हैं बाग़ में आवारः हुए, पर कितने

देखियो पंजः-ए-मिशगाँ की टुक आतश दस्ती
हर सहर ख़ाक में मिलते हैं दुर-ए-तर कितने

'उम्र गुज़री, कि नहीं, दूदः-ए-आदम से कोई
जिस तरफ़ देखिये, 'अर्से में हैं अब ख़र कितने

तू है बेचारः गदा, मीर, तिरा क्या मज़्कूर
मिल गये ख़ाक में याँ साहब-ए-अफ़्सर कितने

---

445. सुख़न—बोल। ज़बाँ—ज़बान, जिह्वा। क़तु'अः-ए-सन्नाअ—कारीगरों के रहने का स्थान। हुनरवर—कलाकार। हवस-ए-सैर-ए-बहार—बहार की सैर करने की हवस।

446

रहते हैं दाग़ अक्सर, नान-ओ-नमक की ख़ातिर
जीने का इस समय में, अब क्या मज़ा रहा है

447

जम गया ख़ूँ कफ़-ए-क़ातिल प तिरा मीर, ज़िबस
उनने रो-रो दिया, कल हाथ को धोते-धोते

---

447. ख़ूँ–ख़ून, रक्त। कफ़-ए-क़ातिल–क़ातिल के हाथ। ज़िबस–आख़िरकार।

448

बारे नसीम, ज़ो'फ़ से कल हम असीर भी
सन्नाहटे में जी के, गुलिस्ताँ तलक गये

कुछ आब्ले दिये थे, रह आवुर्द-ए-'अिश्क़ ने
सो रफ़्तः-रफ़्तः ख़ार-ए-मुग़ीलाँ तलक गये

फाड़ा था जैब, पी के मै-ए-शौक़ मैंने, मीर
मस्तानः चाक, लोटते दामाँ तलक गये

---

448. नसीम--हवा, प्रातः समीर। ज़ो'फ़--निर्बलता। असीर--बन्दी। गुलिस्ताँ--बाग़। आब्ले--छाले। रह आवुर्द-ए-'अिश्क़--प्रेम का मार्ग। रफ़्तः-रफ़्तः--धीरे-धीरे। ख़ार-ए-मुग़ीलाँ--बबूल के काँटे। जैब--गरीबान। मै-ए-शौक़--शौक़ की शराब। चाक--फटना, खुलना। दामाँ--दामन।

449

जिन-जिन को था यह 'अिश्क़ का आज़ार, मर गये
अक्सर हमारे साथ के बीमार मर गये

यूँ कानों कान गुल ने न जाना चमन में, आह
सर को पटक के हम, पस-ए-दीवार मर गये

सद कारवाँ वफ़ा है, कोई पूछता नहीं
गोया मता'-ए-दिल के ख़रीदार मर गये

---

449. आज़ार–बीमारी, रोग। अक्सर–अधिकांश। गुल–फूल। पस-ए-दीवार–दीवार के पीछे। सदकारवाँ–क़ाफ़िला दर क़ाफ़िला। मता'-ए-दिल–दिल की दौलत।

450

रुका जाता है जी अन्दर-ही-अन्दर आज गर्मी से
बला से चाक ही हो जावे सीनः, टुक हवा आवे

उमीद-ए-रह्म उनसे, सख़्त नाफ़हमी है 'आशिक़ की
यह बुत संगीं दिली अपनी न छोड़ें, गर ख़ुदा आवे

हमारे दिल में आने से, तकल्लुफ़ ग़म को बेजा है
यह दौलत ख़ानः है उसका, वह जब चाहे चला आवे

---

450. चाक—फटना। उमीद-ए-रह्म—दया की आशा। नाफ़हमी—नासमझी। संगीदिली—पत्थर दिल होना, निर्दयता। तकल्लुफ़—संकोच। दौलत ख़ानः—घर।

451

लपेटा है दिल-ए-सोज़ाँ को अपने, मीर ने ख़त में
इलाही नामःबर को इसके ले जाने की ताब आवे

452

हुसूल काम का दिलख़्वाह याँ हुआ भी है
समाजत इतनी भी सबसे, कोई ख़ुदा भी है

गुज़ार शह्र-ए-वफ़ा में समझ के कर मजनूँ
कि इस दयार में मीर-ए-शिकस्तः पा भी है

---

451. दिल-ए-सोज़ाँ—सुलगता हुआ दिल। नामःबर—पत्रवाहक। ताब—शक्ति।

452. हुसूल—प्राप्ति। दिल ख़्वाह—मनचाहा। समाजत—ख़ुशामद। दयार—नगर। मीर-ए-शिकस्तः पा—टूटे पैरोंवाला मीर, विवश मीर।

453

वा उससे सर-ए-हर्फ़ तो हो, गोकि यह सर जाये
हम हल्क़-ए-बुरीदः ही से तक़रीर करेंगे

454

अब सबके रोज़गार की सूरत बिगड़ गयी
लाखों में एक-दो का कहीं कुछ बनाओ है

455

इस दश्त में अय सैल, सँभल ही के क़दम रख
हर सम्त को याँ दफ़्न मिरी तश्नःलबी है

---

453. वा—खुलना। सर-ए-हर्फ़—अक्षर। गोकि—चाहे, यद्यपि। हल्क़-ए-बुरीदः—कटी हुई गर्दन। तक़रीर—भाषण, बातचीत।

455. दश्त—मैदान। सैल—सैलाब, बाढ़। सम्त—दिशा। दफ़्न—गड़ी हुई। तश्नःलबी—होंठों की प्यास।

456

मुझ सोज़-ए-बा'द-ए-मर्ग से आगाह कौन है
शम्'-ए-मज़ार-ए-मीर, बजुज़ आह, कौन है

बेकस हूँ, मुज़्तरिब हूँ, मुसाफ़िर हूँ, बेवतन
दूरी-ए-राह बिन, मिरे हमराह कौन है

लबरेज़ जिसके हुस्न से मस्जिद है और दैर
ऐसा बुतों के बीच, वह अल्लाह कौन है

रखियो क़दम सँभल के कि तू जानता नहीं
मानिन्द-ए-नक़्श-ए-पा, यह सर-ए-राह कौन है

---

456. सोज़-ए-बा'द-ए-मर्ग—मृत्यु के बाद की जलन। आगाह—परिचित। शम्'-ए-मज़ार-ए-मीर—मीर की क़ब्र का चिराग़। बजुज़—सिवाय। बेकस—अशक्त, निर्बल। मुज़्तरिब—बेक़रार। दूरी-ए-रह—मार्ग की दूरी। लबरेज़—भरा हुआ। हुस्न—सौन्दर्य। दैर—मन्दिर। मानिन्द-ए-नक़्श-ए-पा—पदचिह्नों की तरह। सर-ए-राह—मार्ग में।

457

अक्सर, आलात-ए-जौर, उससे हुए
आफ़तें आयीं, उसके मक़्दम से

देख वे पलकें, बरछियाँ चलियाँ
तेग़ निकली, उस अब्रु-ए-ख़म से

दर पै-ए-ख़ून-ए-मीर ही न रहो
हो भी जाता है जुर्म आदम से

---

457. अक्सर—अधिकांशतः। आलात-ए-जौर—जुल्म के हथियार। मक़्दम—दमक़दम, मौजूदगी। तेग़—तलवार। अब्रु-ए-ख़म—भौं का मोड़। दर पै-ए-ख़ून-ए-मीर—मीर के क़त्ल के लिए तत्पर। जुर्म—अपराध। आदम—आदमी।

458

तुझको मस्जिद है, मुझको मैख़ानः
वा'अिज़ा, अपनी-अपनी क़िस्मत है

तुर्बत-ए-मीर पर हैं अह्ल-ए-सुख़न
हर तरफ़ हर्फ़ है, हिकायत है

तू भी तक़रीब-ए-फ़ातिहः से चल
बख़ुदा वाजिबुज़्ज़ियारत है

---

458. मैख़ानः—मदिरालय। वा'अिज़ा—अय उपदेशक! तुर्बत-ए-मीर—मीर की क़ब्र। अहल-ए-सुख़न—शाइर। हर्फ़-ओ-हिकायत—वर्णन, ज़िक्र। तक़रीब-ए-फ़ातिहः—फ़ातिहा पढ़ने के लिए। बख़ुदा—ख़ुदा की क़सम। वाजिबुज़्ज़ियारत—जहाँ के दर्शन करना अनिवार्य हैं।

459

ग़ैरों का साथ मूजिब-ए-सद वह्म है, बुताँ
इस अम्र में ख़ुदा भी कहे तो न मानिये

शब ख़्वाब का लिबास है, ‘अुरियाँ तनी में यह
जब सोइये, तो चादर-ए-मह्ताब तानिये

460

रोज़ आने प नहीं निस्बत-ए-‘अिश्क़ी मौक़ूफ़
‘अुम्र-भर एक मुलाक़ात चली जाती है

459. मूजिब-ए-सदवह्म—सैकड़ो भ्रमों का कारण। बुताँ—अय बुतो! अय सुन्दरियो! अम्र—काम। शब ख़्वाब—सोना, नींद। लिबास—वस्त्र। ‘अुरियाँ तनी—नंगापन, शरीर की नग्नता। चादर-ए-महताब—चाँदनी की चादर।

460. निस्बत-ए-‘अिश्क़ी—प्रेम सम्बन्ध। मौक़ूफ़—निर्भर।

461

तुमने जो अपने दिल से भुलाया हमें, तो क्या
अपने तईं तो दिल से हमारे भुलाइये

फ़िक्र-ए-म'आश, या'नी ग़म-ए-ज़ीस्त, ता ब कै
मर जाइये कहीं, कि टुक आराम पाइये

पहुँचा तो होगा सम्'-ए-मुबारक में हाल-ए-मीर
इस पर भी जी में आवे, तो दिल को लगाइये

---

461. फ़िक्र-ए-म'आश—आजीविका की चिन्ता। ग़म-ए-ज़ीस्त—जीवन का दुख। ता ब कै—कब तक। सम'-ए-मुबारिक—शुभ कान। हाल-ए-मीर—मीर की दशा।

462

नहीं वसवास जी गँवाने के
हाय रे ज़ौक़ दिल लगाने के

मेरे तग़ईर-ए-हाल पर मत जा
इत्तिफ़ाक़ात हैं ज़माने के

इस कुदूरत को, हम समझते हैं
ढब हैं यह, ख़ाक में मिलाने के

बस हैं दो बर्ग-ए-गुल क़फ़स में सबा
नहीं भूके हम आब-ओ-दाने के

चश्म-ए-नज्म-ए-सिपह्र झपकी है
सदक़े इस अँखड़ियाँ लड़ाने के

---

462. ज़ौक़—रसिकता। तग़ईर-ए-हाल—दशा का परिवर्तन। इत्तिफ़ाक़ात—संयोग। कुदूरत—मैल, दिल का मैल। बर्ग-ए-गुल—फूल की पत्तियाँ। क़फ़स—पिंजरा। सबा—हवा। आब-ओ-दाना—अन्नजल। चश्म-ए-नज्म-ए-सिपह्र—आकाश के तारे की आँख। सदक़े—न्यौछावर।

463

काहे को यह अन्दाज़ था, ए'राज़-ए-बुताँ का
ज़ाहिर है कि मुँह फेर लिया हमसे ख़ुदा ने

इन ही चमनों में कि जिन्हों में नहीं अब छाओं
किन-किन रविशों हम को फिराया है, हवा ने

गलियों में बहुत हम तो परीशाँ से फिरे हैं
औबाश किसू रोज़ लगा देंगे ठिकाने

463. अन्दाज़—ढंग। ए'राज़-ए-बुताँ—प्रेमिकाओं की उपेक्षा। ज़ाहिर—प्रकट। चमन—उपवन। रविश—ढंग। औबाश—आवारा।

464

चल क़लम, ग़म की रक़म कोई हिकायत कीजे
हर सर-ए-हर्फ़ प फ़रियाद निहायत कीजे

465

दौर में चश्म-ए-मस्त के तेरी
फ़ितनः भी होशियार रहता है

466

ज़ेर-ए-फ़लक भला तू, रोवे है आपको मीर
किस-किस तरह का 'आलम, याँ ख़ाक हो गया है

---

464. ग़म—दुख। हिकायत—कहानी। रक़म करना—लिखना। सर-ए-हर्फ़—अक्षर। निहायत—बहुत।
465. दौर—ज़माना, काल। चश्म-ए-मस्त—मस्त अंखड़ियाँ। फ़ितना—उपद्रव। होशियार—सावधान।
466. ज़ेर-ए-फ़लक—आकाश के नीचे। 'आलम—दुनिया।

467

फ़क़ीरानः आये, सदा कर चले
मियाँ ख़ुश रहो, हम दु'आ कर चले

जो तुझ बिन, न जीने को कहते थे हम
सो इस 'अह्द को अब वफ़ा कर चले

कोई नाउमीदानः करते निगाह
सो तुम हम से मुँह भी छुपाकर चले

बहुत आरज़ू थी गली की तिरी
सो याँ से लहू में नहाकर चले

जबीं सिजदः करते ही करते गयी
हक़्क़-ए-बन्दगी हम अदा कर चले

परस्तिश की याँ तक, कि अय बुत तुझे
नज़र में सभों की ख़ुदा कर चले

कहें क्या, जो पूछे कोई हमसे, मीर
जहाँ में तुम आये थे, क्या कर चले

---

467. 'अह्द–प्रतिज्ञा। नाउमीदानः–निराश। आरज़ू–कामना। जबीं–माथा। हक़्क़-ए-बन्दगी–भक्तों का कर्तव्य। परस्तिश–आराधना।

468

ताज़गी दाग़ की हर शाम को बेहेच नहीं
आह, क्या जाने दिया किसका बुझाया हम ने

469

करो तवक्कुल, कि 'आशिक़ी में, न यूँ करोगे तो क्या करोगे
अलम जो यह है तो दर्दमन्दो, कहाँ तलक तुम दवा करोगे

अख़ीर-ए-उल्फ़त यही नहीं है, कि जल के आख़िर हुए पतंगे
हवा जो याँ की यह है, तो यारो, गुबार बनकर उड़ा करोगे

सह्र को मेह्राब-ए-तेग़-ए-क़ातिल, कभू जो यारो इधर हो माइल
तो एक सिजदः बसान-ए-बिस्मिल, मिरी तरफ़ से अदा करोगे

---

468. बेहेच—व्यर्थ, फ़ुज़ूल।

469. तवक्कुल—सब्र, सन्तोष। अलम—दुख, ग़म। दर्दमन्दो—पीड़ितो। अख़ीर-ए-उल्फ़त—प्रेम का अन्त। गुबार—धूल। सह्र—सुबह, प्रातःकाल। मेह्राब-ए-तेग़-ए-क़ातिल—क़ातिल की तलवार की मेहराब (झुकाव)। माइल—आकर्षित। बसान-ए-बिस्मिल—घायल की तरह।

470

है जो अँधेर शह्र में, ख़ुर्शीद
दिन को लेकर चराग़, निकले है

हर सह्र, हादिसः मिरी ख़ातिर
भर के ख़ूँ का अयाग़, निकले है

471

सुबह वह आफ़त उठ बैठा था, तुमने न देखा सद अफ़सोस
क्या-क्या फ़ितने, सर जोड़े, पलकों के साये साये गये

---

470. ख़ुर्शीद—सूरज। हादिसः—घटना। अयाग़—प्याला।

471. आफ़त—उपद्रवी (चंचल माशूक़)। सद—सौ। फ़ित्ने—उपद्रव।

472

इधर से अब्र उठकर जो गया है
हमारी ख़ाक पर भी रो गया है

मसाइब और थे, पर दिल का जाना
'अजब इक सानिहः-सा हो गया है

मुक़ामिरख़ानः-ए-आफ़ाक़ वह है
कि जो आया है याँ कुछ खो गया है

सरहाने मीर के, कोई न बोलो
अभी टुक रोते-रोते सो गया है

---

472. अब्र–बादल। मसाइब–मुसीबतें, विपत्तियाँ। सानिहः–दुर्घटना। मुक़ामिरख़ानः-ए-आफ़ाक़–संसार का जुआघर।

473

‘उम्र-भर हम रहे शराबी से
दिल-ए-पुरख़ूँ की, इक गुलाबी से

जी डहा जाये है सहर से, आह
रात गुज़रेगी किस ख़राबी से

खिलना कम कम, कली ने सीखा है
उसकी आँखों की नीम ख़्वाबी से

काम थे ‘अिश्क़ में बहुत, पर मीर
हम ही फ़ारिग़ हुए शिताबी से

---

473. दिल-ए-पुरख़ूँ–ख़ून-भरा दिल। गुलाबी–शराब। नीम ख़्वाबी–अर्धनिद्रा की अवस्था। फ़ारिग़–निवृत्त। शिताबी–जल्दी।

474

होगा सितम-ओ-जौर से तेरे ही किनायः
दो शख़्स जहाँ शिकवः-ए-अय्याम करेंगे

आमेज़िश-ए-बेजा है तुझे जिनसे हमेशः
वे लोग ही आख़िर तुझे बदनाम करेंगे

गर दिल है यही मुज़्तरिबुलहाल, तो अय मीर
हम ज़ेर-ए-ज़मीं भी बहुत आराम करेंगे

---

474. सितम-ओ-जौर—अत्याचार। किनायः—इशारा। शिकवः-ए-अय्याम—ज़माने की शिकायत। आमेज़िश-ए-बेजा—व्यर्थ का मेल-जोल। मुज़्तरिबुलहाल—बुरे हाल। ज़ेर-ए-ज़मीं—ज़मीन के नीचे।

475

चश्म-ए-गुल बाग़ में मुँदी जा है
जो बने, इक निगाह कर लीजे

अब्र-ए-रह्मत है जोश में, मै दे
या'नी साक़ी, गुनाह कर लीजे

476

अपने ही दिल का गुनह है, जो जलाता है मुझे
किसको ले मरिये मियाँ, और किसे तोह्मत दीजे

---

475. चश्म-ए-गुल–फूल की आँख। अब्र-ए-रहमत–दैवी दया का बादल। मै–शराब।
476. तोह्मत–आरोप।

477

असीर-ए-ज़ुल्फ़ करे, क़ैदि-ए-कमन्द करे
पसन्द उसकी है, वह जिस तरह पसन्द करे

हमेशः चश्म है नमनाक, हाथ है दिल पर
ख़ुदा किसू को न हम-सा भी दर्दमन्द करे

478

बहार आयी है, गुंचे गुल के निकले हैं, गुलाबी से
निहाल-ए-सब्ज़ झूमे हैं गुलिस्ताँ में, शराबी से

---

477. असीर-ए-ज़ुल्फ़—लटों का बन्दी। क़ैदि-ए-कमन्द—कमन्द का क़ैदी। चश्म—आँख। नमनाक—भीगी हुई, आँसू-भरी। दर्दमन्द—दुखी, पीड़ित।
478. गुंचे—कलियाँ। निहाल-ए-सब्ज़—हरे पौधे। गुलिस्ताँ—उपवन।

479

का'बे में जाँ बलब थे, हम दूरि-ए-बुताँ से
आये हैं फिर के यारो, अब की ख़ुदा के हाँ से

तस्वीर के से ताइर, ख़ामोश रहते हैं हम
जी कुछ उचट गया है, अब नालः-ओ-फ़ुग़ाँ से

जब कौंदती है बिजली, तब जानिब-ए-गुलिस्ताँ
रखती है छेड़, मेरी ख़ाशाक-ए-आशियाँ से

क्या ख़ूबी उसके मुँह की, अय गुंचः नक़्ल करिये
तू तो न बोल ज़ालिम, बू आती है दहाँ से

आँखों ही में रहे हो, दिल से नहीं गये हो
हैरान हूँ, यह शोख़ी, आयी तुम्हें कहाँ से

इतनी भी बद्‌मिज़ाजी, हर लहज़ः मीर तुमको
उलझाओ है ज़मीं से, झगड़ा है आस्माँ से

---

479. जाँ बलब–होंठों पर दम, मरणासन्न। दूरि-ए-बुताँ–प्रेमिकाओं की दूरी, विरह। ताइर–पक्षी। नालः-ओ-फ़ुग़ाँ–आर्तनाद। जानिब-ए-गुलिस्ताँ–उपवन की तरफ़। ख़ाशाक-ए-आशियाँ–घोंसले के तिनके। ख़ूबी–अच्छाई। गुंचः–कली। दहाँ–मुँह। हैरान–आश्चर्यचकित। शोख़ी–चंचलता। बद्‌मिज़ाजी–चिड़चिड़ापन। लहज़ः–क्षण, पल।

480

तुम छेड़ते हो बज़्म में मुझको तो हँसी से
पर मुझ प जो हो जाय है, पूछो मिरे जी से

उस शोख़ का तम्कीन से आना है क़यामत
उकताने लगे हमनफ़साँ, तुम तो अभी से

नालाँ मुझे देखे हैं बुताँ, तिस प हैं ख़ामोश
फ़रियाद है इस क़ौम की, फ़रियादरसी से

---

480. बज़्म–महफ़िल, गोष्ठी। शोख़–चंचल। तम्कीन–नाज़, घमंड। क़यामत–प्रलय। हमनफ़साँ–दोस्तो। नालाँ–आर्तनाद करते हुए। बुताँ–माशूक़, प्रेमिकाएँ। फ़रियादरसी–इंसाफ़, न्याय।

481

भरी आँखें किसू की पोंछते, गर आस्तीं रखते
हुई शर्मिन्दगी क्या-क्या हमें, इस दस्त-ए-ख़ाली से

हम इस राह-ए-हवादिस में, बसान-ए-सब्ज़ः वाक़े'अ हैं
कि फ़ुर्सत सर उठाने की नहीं टुक, पायमाली से

482

आह क्या सह्‌ल गुज़र जाते हैं जी से 'आशिक़
ढब कोई सीख ले इन लोगों से मर जाने के

---

481. दस्त-ए-ख़ाली—ख़ाली हाथ। राह-ए-हवादिस—दुर्घटनाओं का मार्ग। बसान-ए-सब्ज़ः—घास की तरह। वाक़े'अ—स्थित। पायमाली—बरबादी।

482. सह्‌ल—सरलतापूर्वक, आसानी से।

483

तिरी चाल टेढ़ी, तिरी बात रूखी
तुझे मीर समझा है याँ कम किसू ने

484

या बादः-ए-गुलगूँ की, ख़ातिर से हवस जावे
या अब्र कोई आवे, और आ के बरस जावे

दिल है तू 'अबस नालाँ, यारान-ए-गुज़श्तः बिन
मुमकिन नहीं अब उन तक, अवाज़-ए-जरस जावे

---

484. बादः-ए-गुलगूँ–फूल के रंग की शराब। ख़ातिर–दिल, मन। हवस–लोलुपता। अब्र–बादल। 'अबस–व्यर्थ। नालाँ–आर्तनाद करते हुए। यारान-ए-गुज़श्तः–पुराने मित्र। आवाज़-ए-जरस–कारवाँ की घंटियों की आवाज़।

485

हमने भी नज़्र की है, फिरेंगे चमन के गिर्द
आने तईं बहार के, गर बाल-ओ-पर रहे

486

सौ रंग की जब ख़ूबी, पाते हैं उसी गुल में
फिर उससे कोई उस बिन, कुछ चाहे तो क्या चाहे

रंग-ए-गुल-ओ-बू-ए-गुल, होते हैं हवा दोनों
क्या क़ाफ़िलः जाता है, जो तू भी चला चाहे

---

485. नज़्र—मन्नत मानना। गिर्द—आसपास।

486. ख़ूबी—अच्छाई। गुल—फूल। रंग-ए-गुल—फूल का रंग। बू-ए-गुल—फूल की सुगन्ध।

487

फूलों की सेज पर से, जो बेदिमाग़ उट्ठे
मसनद प नाज़ की जो त्योरी चढ़ाके बैठे

क्या ग़म उसे, ज़मीं पर, बे बर्ग-ओ-साज़ कोई
ख़ार-ओ-ख़सक ही क्यों न, बरसों बिछाके बैठे

---

487. बे दिमाग़—चिड़चिड़े। मसनद—गद्दी। नाज़—गर्व, नख़रे। बे बर्ग-ओ-साज़—बिना सामान के। ख़ार-ओ-ख़सक—काँटे और तिनके।

488

गुल गये, बूटे गये, गुलशन हुए बरहम, गये
कैसे-कैसे हाय, अपने देखते मौसम गये

हँसते रहते थे जो इस गुलज़ार में, शाम-ओ-सहर
दीदः-ए-तर साथ ले, वे लोग जूँ शबनम गये

क्या कम उस ख़ुर्शीदरू की जुस्तुजू यारों ने की
लोहू रोते जूँ शफ़क़ पूरब गये पच्छम गये

शायद अब टुकड़ों ने दिल के, क़स्द आँखों का किया
कुछ सबब तो है, जो आँसू आते-आते थम गये

---

488. गुल—फूल। बरहम—अस्त-व्यस्त। शाम-ओ-सहर—सुबह-शाम। दीदः-ए-तर—अश्रु-भरी आँख। शबनम—ओस। ख़ुर्शीदरू—सूरज-जैसे मुखड़ेवाले। जुस्तुजू—खोज, तलाश। शफ़क़—अरुणिमा। क़स्द—इरादा।

489

टुक ठहरने दे तुझे शोख़ी, तो टुक ठहराइये
पैकर-ए-नाज़ुक को तेरे, क्योंकि बर में लाइये

साकिन-ए-दैर-ओ-हरम, दोनों तलाशी हैं तिरे
तू ख़ुदा जाने कहाँ है, क्योंकि तुझको पाइये

दूर ही से होश खो देती है उसकी बू-ए-ख़ुश
आप में रहिये, तो उसके पास भी टुक जाइये

---

489. शोख़ी—चंचलता। पैकर-ए-नाज़ुक—कोमल शरीर। बर—गोद, आलिंगन। साकिन-ए-दैर-ओ-हरम—मन्दिर और मस्जिद में रहनेवाले। बू-ए-ख़ुश—सुगन्ध।

490

जा-ए-ग़ैरत है ख़ाकदान-ए-जहाँ
तू कहाँ मुँह उठाये जाता है

देख सैलाब इस बयाबाँ का
क्या ही सर को झुकाये जाता है

491

हिना से यार का पंजः नहीं है गुल के रंग
हमारे उनने कलेजों में हाथ डाला है

---

490. जा-ए-ग़ैरत–लज्जा की जगह। ख़ाकदान-ए-जहाँ–मिट्टी का संसार। सैलाब–बाढ़। बयाबाँ–जंगल।

491. हिना–मेहँदी। गुल–फूल।

492

दह्र का हो गिलः कि शिकवः-ए-चर्ख़
उस सितमगर ही से किनायत है

493

रिश्तः क्या ठहरेगा यह, जैसे कि मू, नाज़ुक है
चाक-ए-दिल पलकों से मत सी, कि रफ़ू नाज़ुक है

गुल समझकर न कहीं बेकली करने लगियो
बुलबुल, उस लालः-ए-ख़ुशरंग की ख़ू नाज़ुक है

रक्खे ताचन्द ख़याल इस सर-ए-पुरशोर का मीर
दिल तो काँपा ही करे है, कि सुबू नाज़ुक है

---

492. दह्र—दुनिया। गिलः—शिकायत। शिकवः-ए-चर्ख़—आकाश की शिकायत। किनायत—इशारा।

493. मू—बाल। चाक-ए-दिल—दिल का ज़ख़्म। गुल—फूल। लालः-ए-ख़ुशरंग—अच्छे रंग का लाला। ख़ू—आदत, स्वभाव। ताचन्द—कब तक। सर-ए-पुरशोर—कोलाहल-भरा सर। सुबू—पात्र।

494

क्या कहिये, कली-सा वह दहन है
इसमें भी जो सोचिये, सुख़न है

वाबस्तगी, मुझसे शीशःजाँ की
उस संग से है, कि दिल शिकन है

क्या सह्‌ल गुज़रती है जुनूँ में
तोह्‌फ़ः, हम लोगों का चलन है

वे बन्द-ए-क़बा खुले थे शायद
सद चाक गुलों का पैरहन है

गह दैर में हैं, गहे हरम में
अपना तो यही दिवानःपन है

हम कुश्तः-ए-'अिश्क़ हैं, हमारा
मैदान की ख़ाक ही कफ़न है

कर मीर के हाल पर तरह्हुम
वह शह्‌र ग़रीब-ओ-बेवतन है

---

494. दहन—मुँह। सुख़न—बोल। वाबस्तगी—सम्बन्ध। शीशःजाँ—शीशे की तरह नाजुक प्राणवाला। संग—पत्थर। दिल-शिकन—दिल तोड़नेवाला। जुनूँ—पागलपन। तोह्‌फ़ः—भेंट। बन्द-ए-क़बा—क़बा के बन्द। सद चाक—टुकड़े-टुकड़े। गह (गहे)—कभी। दैर—मन्दिर। हरम—मस्जिद। कुश्तः-ए-'अिश्क़—प्रेम का मारा हुआ। तरह्हुम—दया, कृपा। शह्‌र ग़रीब-ओ-बेवतन—जिसका कोई देश न हो।

495

हम मस्त हो भी देखा, आख़िर मज़ा नहीं है
हुशियारी के बराबर, कोई नशा नहीं है

496

क्या तन-ए-नाज़ुक है, जाँ को भी हसद जिस तन प है
क्या बदन का रंग है, तह जिसकी पैराहन प है

तू तो कहता है कि मैंने इस तरफ़ देखा नहीं
ख़ून-ए-नाहक़ मीर का, यह किसकी फिर चितवन प है

496. तन-ए-नाज़ुक–कोमल शरीर। जाँ–प्राण। हसद–ईर्ष्या। ख़ून-ए-नाहक़–निरअपराधी का ख़ून।

497

कोफ़्त से जान लब प आई है
हम ने क्या चोट दिल प खाई है

दीदनी है शिकस्तगी दिल की
क्या ‘अिमारत, ग़मों ने ढाई है

बेसुतूँ क्या है, कोहकन कैसा
‘अिश्क़ की ज़ोर आज़माई है

मर्ग-ए-मजनूँ से ‘अक़्ल गुम है मीर
क्या दिवाने ने मौत पाई है

---

497. कोफ़्त—दुख। लब—होंठ। दीदनी—देखने योग्य। शिकस्तगी—जीर्णता। बेसुतूँ—एक पहाड़ का नाम है जिस पर फ़रहाद नहर काटने गया था। कोहकन—फ़रहाद। मर्ग-ए-मजनूँ—मजनूँ की मौत।

498

हम तौर-ए-'अिश्क़ से तो वाक़िफ़ नहीं हैं, लेकिन
सीने में जैसे कोई, दिल को मला करे है

उस बुत की क्या शिकायत, राह-ओ-रविश की करिये
पर्दे में बदसुलूकी, हम से ख़ुदा करे है

498. तौर-ए-'अिश्क़—प्रेम की रीत। वाक़िफ़—परिचित। बुत—मूर्ति, प्रेमिका। राह-ओ-रविश—चाल-चलन। बद सुलूकी—दुर्व्यवहार।

499

कार-ए-दिल, उस मह-ए-तमाम से है
काहिश इक, रोज़ मुझको, शाम से है

तुम नहीं फ़ितनःसाज़, सच साहब
शह्र पुरशोर, इस गुलाम से है

कोई तुझ-सा भी काश तुझको मिले
मुद्द'आ हम को इन्तिक़ाम से है

शे'र मेरे हैं सब ख़्वास पसन्द
पर मुझे गुफ़्तुगू 'अवाम से है

सह्ल है मीर का समझना क्या
हर सुख़न उसका, इक मक़ाम से है

---

499. कार-ए-दिल—दिल का काम। मह-ए-तमाम—पूरा चाँद। काहिश—कष्ट, पीड़ा। फ़ितनःसाज़—उपद्रवी। पुर शोर—कोलाहल से भरा हुआ। मुद्द'आ—उद्देश्य। इन्तिक़ाम—बदला, प्रतिकार। ख़्वास पसन्द—ख़ास-ख़ास लोगों के पसन्द आनेवाले। गुफ़्तुगू—बातचीत। अवाम—जनसाधारण।

500

लग चली है मगर उस गेसु-ए-'अम्बर बू से
नाज़ करती हुई, इस राह, सबा निकले है

क्या है इक़बाल, कि उस दुश्मन-ए-जाँ के आते
मुँह से हर एक के, सौ बार दु'आ निकले है

क्या फ़रेबिन्दः है, रफ़्तार है कीने की जुदा
और गुफ़्तार से, कुछ प्यार जुदा निकले है

500. गेसु-ए-'अम्बर बू—अम्बर की सुगन्ध में बसी हुई लटें। सबा—प्रातःसमीर, हवा। इक़बाल—प्रतिष्ठा, प्रताप। दुश्मन-ए-जाँ—जान का दुश्मन। फ़रेबिन्दः—धोखेबाज़। रफ़्तार—चाल, गति। कीने—दग़ा, धोखा। जुदा—अलग। गुफ़्तार—बातचीत, वार्तालाप।

501

‘अबरत से देख, जिस जा याँ कोई घर बने है
पर्दे में जिस्म डहकर, दीवार-ओ-दर बने है

हैं दिल गुदाज़ जिनके, कुछ चीज़ माल वे हैं
होते हैं मुल्तफ़ित तो फिर ख़ाक ज़र बने हैं

बरसों लगी रही हैं, जब मेह्र-ओ-मह की आँखें
तब कोई हम सा साहब, साहब नज़र बने है

यारान-ए-दैर-ओ-का‘बः, दोनों बुला रहे हैं
अब देखें मीर, अपना जाना किधर बने है

502

कैसे नाज़-ओ-तबख़्तुर से, हम अपने यार को देखा है
नौ गुल जैसे जल्वः करे, उस रश्क-ए-बहार को देखा है

एक न आया दीद में अपनी, दिलकश, दिलचस्प उसके रंग
इन आँखों से, इस गुलशन में, यूँ तो हज़ार को देखा है

---

501. ‘अबरत–शिक्षा। जिस्म–शरीर। गुदाज़–कोमल। मुल्तफ़ित–लगाव रखनेवाला। ज़र–सोना, धन। मेह्र-ओ-मह–चाँद-सूरज। साहब नज़र–गुणाग्रही। यारान-ए-दैर-ओ-का‘बः–मन्दिर और का‘बे के साथी। जौर–अत्याचार। जा-ए-‘अिब्रत–शिक्षा ग्रहण करने की जगह। ए‘तिबार–विश्वास।

502. नाज़-ओ-तबख़्तुर–गर्व, घमंड। नौगुल–नया फूल, ताज़ा फूल। जल्वः करना–दर्शन देना। रश्क-ए-बहार–जिसे देखकर बहार को भी ईर्ष्या होने लगे। दीद में–देखने में। दिलकश–मनमोहक। गुलशन–बाग़।

503

हम चमन में गये थे, वा न हुए
नकहत-ए-गुल से आश्ना न हुए

सर किसू से फ़रो नहीं आता
हैफ़, बन्दे हुए ख़ुदा न हुए

504

रंग लेती है सब हवा उसका
उससे बाग़-ओ-बहार हैं रस्ते

इक निगह करके, उनने मोल लिया
बिक गये आह, हम भी क्या सस्ते

---

503. वा—खुलना। नकहत-ए-गुल—फूल की गन्ध। आश्ना—परिचित। फ़रो आना—झुकना। हैफ़—अफ़सोस।

505

ख़ुदा करे, मिरे दिल को टुक इक क़रार आवे
कि ज़िन्दगी तो करूँ, जब तलक कि यार आवे

कमानें उसकी भवों की चढ़ी ही रहती हैं
न जब तलक सर-ए-तीर-ए-सितम शिकार आवे

हमें तो एक घड़ी, गुल बिग़ैर दूभर है
ख़ुदा ही जाने कि अब कब तलक बहार आवे

तुम्हारे जौरों से, अब हाल जा-ए-'अिबरत है
किसू से कहिये तो उसको न ए'तिबार आवे

नहीं है चाह भली इतनी भी, दु'आ कर मीर
कि अब जो देखूँ उसे मैं, बहुत न प्यार आवे

---

505. क़रार–ठहराव, चैन। सर-ए-तीर-ए-सितम–अत्याचार के तीर के निशाने पर। जौर–अत्याचार। जा-ए-'अिब्रत– शिक्षा ग्रहण करने की जगह। ए'तिबार–विश्वास।

506

दिन फ़स्ल-ए-गुल के जाते हैं अब के भी बाओ से
दिल दाग़ हो रहा है, चमन के सुभाओ से

507

क़स्र-ओ-मकान-ओ-मंज़िल, एकों को सब जगह है
एकों को जा नहीं है, दुनिया 'अजब जगह है

---

506. फ़स्ल-ए-गुल—बहार का मौसम। बाओ—वायु, हवा।
507. क़स्र—महल, प्रासाद।

508

चलते हो तो चमन को चलिये, कहते हैं कि बहाराँ है
पात हरे हैं, फूल खिले हैं, कम कम बाद-ओ-बाराँ है

रंग हवा से यूँ टपके है, जैसे शराब चुवाते हैं
आगे हो मैख़ाने के निकलो, 'अहृद-ए-बादः गुसाराँ है

कोहकन-ओ-मजनूँ की ख़ातिर, दश्त-ओ-कोह में हम न गये
'अिश्क़ में हमको मीर, निहायत पास-ए-'अिज़्ज़त दाराँ है

---

508. बाद-ओ-बाराँ—हवा और वर्षा। मैख़ानः—मदिरालय। 'अहृद-ए-बादः गुसाराँ—शराब पीनेवालों का ज़माना। कोहकन— फ़रहाद। दश्त-ओ-कोह—जंगल और पहाड़। पास-ए-'अिज़्ज़त दाराँ—प्रतिष्ठित लोगों का लिहाज़।

509

मौसम है, निकले शाख़ों से पत्ते हरे हरे
पौधे चमन में, फूलों से देखे भरे भरे

आगे किसू के क्या करें दस्त-ए-तम्‘अ दराज़
वह हाथ सो गया है सरहाने धरे धरे

गुलशन में आग लग रही थी रंग-ए-गुल से मीर
बुलबुल पुकारी देख के, साहब परे परे

510

क्या कहिए, कुछ बन नहीं आती, जंगल जंगल हो आये
छाँह में जाकर फूलों की, हम ‘अिश्क़-ओ-जुनूँ को रो आये

क्या ही दामनगीर थी यारब, ख़ाक-ए-बिस्मिल गाह-ए-वफ़ा
उस ज़ालिम की तेग़ तले से, एक गया तो दो आये

---

509. दस्त-ए-तम‘अ—लोभ का हाथ। दराज़—लम्बा। रंग-ए-गुल—फूल का रंग।

510. ‘अिश्क़-ओ-जुनूँ—प्रेम और पागलपन। दामनगीर—दामन पकड़नेवाली। ख़ाक-ए-बिस्मिल गाह-ए-वफ़ा—वफ़ा के वधस्थल की धूल। तेग़—तलवार।

511

पत्ता पत्ता, बूटा बूटा, हाल हमारा जाने है
जाने न जाने, गुल ही न जाने, बाग़ तो सारा जाने है

चारःगरी बीमारि-ए-दिल की, रस्म-ए-शहर-ए-हुस्न नहीं
वर्नः दिलबर-ए-नादाँ भी, इस दर्द का चारः जाने है

मेह्र-ओ-वफ़ा-ओ-लुत्फ़-ओ-'अिनायत, एक से वाक़िफ़ इनमें नहीं
और तो सब कुछ, तंज़-ओ-किनायः, रम्ज़-ओ-इशारः जाने है

क्या क्या फ़ितने, सर पर उसके, लाता है मा'शूक़ अपना
जिस बेदिल, बेताब-ओ-तवाँ को, 'अिश्क़ का मारा जाने है

---

511. चारःगरी—इलाज। रस्म-ए-शहर-ए-हुस्न—सौन्दर्य नगर की रीत। दिलबर-ए-नादाँ—भोला माशूक़। चारः—इलाज। मेह्र—महब्बत, प्रेम। अिनायत—दया। वफ़ा—प्रेमनिर्वाह। लुत्फ़—शिष्टाचार। तंज़-ओ-किनायः—व्यंग और इशारा। रम्ज़—इशारा। फ़ितने—उपद्रव। बेताब-ओ-तवाँ—निर्बल, कमज़ोर।

512

दामान-ए-दराज़ उसका जूँ सुबह, नहीं खेंचा
अय मीर, यह कोताही, सब दस्त-ए-दु'आ की है

513

गुलिस्ताँ के हैं दोनों पल्ले भरे
बहार इस तरफ़, उस तरफ़ अब्र है

दर-ए-का'बः पर, कुफ़्र बकता है मीर
मुसलमाँ नहीं वह, कुहन गब्र है

---

512. दामान-ए-दराज़—लम्बा दामन। कोताही—कमी। दस्त-ए-दु'आ—दुआ के लिये उठे हाथ।

513. गुलिस्ताँ—बाग़। अब्र—बादल। दर-ए-का'बा—काबे का दरवाज़ा। कुहन गब्र—पुराना अग्नि पूजक।

514

जुल्फ़ें उसकी, हुआ करें बरहम
हम को भी पेच-ओ-ताब है, सो है

ख़ाक में मिलके पस्त हैं हम तो
उनकी 'आली जनाब है, सो है

शह्र में दर-बदर फिरे है 'अज़ीज़
मीर ज़िल्लत मआब है, सो है

515

चारः गर इस शहर के हों, तो फ़िक्र करें आबादी का
यारब बसते थे जो याँ, वे लोग कहाँ बेचारे गये

---

514. जुल्फ़ें—बाल, लटें। बरहम—अस्त-व्यस्त। पेच-ओ-ताब—परीशानी। पस्त—थका हुआ। 'अज़ीज़—प्रिय। ज़िल्लत मआब—अपमान को इज़्ज़त समझनेवाला।

515. चारःगर—इलाज करनेवाले।

516

क्या कहिये, अपने 'अहृद में जितने अमीर थे
टुकड़े प जान देते थे, सारे फ़क़ीर थे

517

आँख मस्ती में, किसू पर नहीं पड़ती उसकी
यह भी उस सादः-ओ-पुरकार की हुशियारी है

518

सब मज़े दरकनार 'आलम के
यार जब हमकनार होता है

शाख़-ए-गुल लचके है, तो जानूँ हूँ
जल्वःगर यूं भी यार होता है

---

516. 'अहद–काल, दौर।
517. सादः-ओ-पुरकार–देखने में सादा मगर अन्दर से मक्कार।
518. दरकनार–एक किनारे पर। 'आलम–संसार। हमकनार–आलिंगन में। शाख़-ए-गुल–फूल की डाली। जल्वःगर–प्रकट।

519

तू ही कर इंसाफ़ सबा टुक, बाग़ों बाग़ों फिरे है तू
रू-ए-गुल उसका सा रू है, सर्व का ऐसा क़ामत है

520

कहते हैं, मरने वाले याँ से गये
सब यहीं रह गये, कहाँ से गये

521

पड़ता है फूल बर्क़ से गुलज़ार की तरफ़
धड़के है जी क़फ़स में, ग़म-ए-आशियान से

तुमको तो इल्तिफ़ात नहीं हाल-ए-ज़ार पर
अब हम मिलेंगे और किसू मेह्रबान से

---

519. इन्साफ़–न्याय। सबा–हवा, समीर। रू-ए-गुल–फूल का चेहरा। सर्व–सरौ। क़ामत–क़द, आकार।

521. बर्क़–बिजली। गुलज़ार–बाग़। क़फ़स–पिंजरा। ग़म-ए-आशियान–घोंसले का ग़म। इल्तिफ़ात–ध्यान, तवज्जोह। हाल-ए-ज़ार–बुरी हालत, दुर्गति।

522

वह दिल नहीं रहा है, न अब वह दिमाग़ है
जी तन में अपने, बुझता सा कोई चराग़ है

523

बज़्म में पूछा, तो यूँ अनजान हो
मीर इन लोगों में किसका नाम है

524

शायद शराब ख़ाने में, शब को रहे थे मीर
खेले था एक मुग़बचः, मुहर-ए-नमाज़ से

---

523. बज़्म–महफ़िल।

524. शब–रात। मुग़बचः–शराब पिलानेवाला लड़का। मुहर-ए-नमाज़–सिज्देगाह, लकड़ी का टुकड़ा जिसे सामने रखकर माथा टेकते हैं।

525

उस मिरे नौबावः-ए-गुलज़ार-ए-ख़ूबी के हुजूर
और ख़ूबाँ, जूँ ख़ज़ाँ के गुल हैं मुरझाये हुए

घर में जी लगता नहीं उस बिन, तो हम होकर उदास
दूर जाते हैं निकल, हिज्राँ से घबराये हुए

526

हमें जिस जाये कल ग़श आ गया था
वहीं शायद कि उसका आस्ताँ है

---

525. नौबावः-ए-गुलज़ार-ए-ख़ूबी–सौन्दर्य के बाग़ का नौनिहाल। हुज़ूर–सामने। ख़ूबाँ–माशूक़, सुन्दरियाँ। ख़ज़ाँ–पतझड़। गुल–फूल। हिज्राँ–विरह, जुदाई।

526. जाय–जगह। आस्ताँ–चौखट।

527

‘अिश्क़ क्या कोई इख़्तियार करे
वही जी मारे, जिसको प्यार करे

सहल वह आश्ना नहीं होता
देर में कोई उसको यार करे

कभू सच्चे भी हो, कोई कब तक
झूठे वा‘दों का ए‘तिबार करे

527. इख़्तियार—धारण। आश्ना—परिचित। ए‘तिबार—विश्वास।

आख्यायिका

मीर तक़ी मीर का सबसे मनोरंजक वृत्तान्त उर्दू शाइरी के नये आन्दोलन के संस्थापक मुहम्मद हुसैन आज़ाद (1833 ई. से 1910 ई. तक) ने अपनी प्रसिद्ध किताब 'आब-ए-हयात' में लिखा है। यद्यपि अधिकांश घटनाओं की सनद ऐतिहासिक पुरावों से नहीं मिलती और बहुत-सी घटनाएँ मीर की आपबीती 'ज़िक्र-ए-मीर' के बयानों से ग़लत सिद्ध हो चुकी हैं, फिर भी उसमें मीर के चरित्र और व्यक्तित्व के जीते-जागते चित्र चलते-फिरते नज़र आते हैं। मीर का आख्यायिक रूप इससे बेहतर नहीं हो सकता। आज़ाद की भाषा में जो मृदुलता और बयान में जो चाश्नी है वह भी कहीं और नहीं मिलेगी। इसलिए उस तहरीर का हवाला देने से कहीं बेहतर है कि उससे कुछ महत्वपूर्ण उद्धरण पेश कर दिये जायें।

"मीर तख़ल्लुस, मुहम्मद तक़ी नाम, वलद मीर अब्दुल्ला, अकबराबाद के प्रतिष्ठित व्यक्तियों में से थे। सिराजुद्दीन अली ख़ाँ आरज़ू हिन्दुस्तान में फ़ारसी भाषा के अभिजात लेखक और माने हुए गवेषी थे। 'गुल्ज़ार-ए-इब्राहीमी' में लिखा है कि मीर साहब का उनसे दूर का रिश्ता था और तरबियत की नज़र पायी थी। आम लोगों में उनके भानजे प्रसिद्ध हैं। वास्तव में बेटे मीर अब्दुल्ला के थे मगर उनकी पहली पत्नी से थे। वह मर गयीं तो ख़ान-ए-आरज़ू की बहन से शादी की थी इसलिए सौतेले भानजे हुए।" (मीर ने अपनी आपबीती में ख़ान-ए-आरज़ू के सगे भानजे को अपना बड़ा भाई लिखा है) "मीर साहब को शुरू से शे'र का शौक़ था। बाप के मरने के बाद दिल्ली में आये और ख़ान-ए-आरज़ू के पास उन्होंने और उनकी शाइरी ने परवरिश पायी। मगर ख़ान साहब हनफ़ी मज़हब थे और मीर साहब शीआ। इस पर नाज़ुक मिज़ाजी ग़ज़ब की, ग़रज़ किसी मसूअले पर बिगड़कर अलग हो गये।" (यह बात भी शंकास्पद है कि मामूँ भानजे का मतभेद मज़हबी बुनियाद पर था) "बद नज़र ज़माने का दस्तूर है कि जब किसी नेक नाम के दामने-शोहरत को हवा में उड़ते देखता है तो एक दाग़ लगा देता है। अतएव 'तज़्किरा-ए-शोरिश' में लिखा है कि सियादत की पदवी उन्हें शाइरी की दरगाह से प्रदान हुई है। बड़े-बूढ़ों

से यह भी सुना है कि जब उन्होंने मीर तख़ल्लुस किया तो उनके वालिद ने मना किया कि ऐसा न करो, एक दिन ख़्वाह मख़्वाह सैयद मशहूर हो जाओगे।'' (वालिद के इन्तिक़ाल के वक़्त मीर की उम्र दस-ग्यारह साल की थी, इसलिए यह बयान भी मश्कूक है।) ''उस वक़्त उन्होंने ख़याल न किया, रफ़्ता रफ़्ता हो ही गये।

''...फिर भी इतना कहना वाजिब समझता हूँ कि उनकी मिस्कीनी (निस्पृहता), गुर्बत (दरिद्रता) और सब्रो-क़नाअत (सन्तोष और धैर्य) संयम और पवित्रता मेहज़र (प्रमाण पत्र) बनाकर गवाही देते हैं कि सियादत में शक न करना चाहिए। और ज़माने का क्या है, किस-किस को क्या नहीं कहता। अगर वह सैयद न होते तो ख़ुद क्यों कहते—

फिरते हैं मीर ख़्वार, कोई पूछता नहीं
इस 'आशिक़ी में 'अिज़्ज़त-ए-सादात भी गयी

''यह भी ज़ाहिर है कि दुर्भाग्य और दरिद्रता चिरकाल से महापुरुषों के सर पर साया किये हुए हैं। साथ उसके मीर साहब की बलन्द नज़री (ऊँची दृष्टि) इस ग़ज़ब की थी कि दुनिया की कोई बड़ाई और किसी का कमाल या बुज़ुर्गी उन्हें बड़ी दिखायी न देती थी। इस क़बाहत (विकार और कठिनता) ने नाज़ुक मिज़ाज बनाकर हमेशा दुनिया की राहत और निश्चिन्तता से वंचित रखा और वह वज़्अदारी और सन्तोष के धोके में उसे गर्व समझते रहे।'' (इस बयान में थोड़ी-सी अतिशयोक्ति है।)

''अगरचे दिल्ली में शाह 'आलम का दरबार और शरीफ़ों की महफ़िलों में अदब (शिष्टता) हर वक़्त उनके लिये जगह ख़ाली करता था और उनके कमाल के जौहर और चरित्र की नेकी के सबब से सब सम्मान करते थे मगर ख़ाली आदाबों से ख़ान्दान तो नहीं पल सकते और वहाँ तो ख़ुद सरकारी ख़ज़ाना ख़ाली पड़ा था, इसलिए सन् 1190 हिजरी में दिल्ली छोड़नी पड़ी।

''जब लखनऊ चले तो सारी गाड़ी का किराया भी पास न था। नाचार एक शख़्स के साथ शरीक हो गये तो दिल्ली को ख़ुदा हाफ़िज़ कहा।'' (यह बेबुनियाद बात है। किराये की रक़म नवाब आसिफ़उद्दौला ने भेज दी थी) ''थोड़ी दूर आगे चलकर उस शख़्स ने कुछ बात की। ये उसकी तरफ़ से मुँह फेरकर हो बैठे। कुछ देर के बाद उसने फिर बात की। मीर साहब चीं-ब-जबीं (माथे पर बल डालकर) होकर बोले कि साहब क़िब्ला आपने किराया दिया है। बेशक गाड़ी में बैठिये, मगर बातों से क्या सम्बन्ध। उसने कहा, हज़रत, क्या हरज है, राह का शग़्ल है, बातों में ज़रा जी बहलता है। मीर साहब बिगड़कर बोले कि ख़ैर, आपका शग़्ल है, मेरी ज़बान ख़राब होती है।

"लखनऊ में पहुँचकर, जैसा मुसाफ़िरों का दस्तूर है, एक सराय में उतरे। मालूम हुआ कि यहाँ आज एक जगह मुशाइरा है। रह न सके। उसी वक़्त ग़ज़ल लिखी और मुशाइरे में जाकर शामिल हुए। उनकी वेशभूषा, प्राचीन खिड़कीदार पगड़ी, पचास गज़ के घेर का जामा, एक पूरा थान पिस्तौलिए का कमर से बँधा, एक रूमाल पटरीदार तह किया हुआ उसमें लटका हुआ, मशरू का पाजामा जिसकी अर्ज़ के पाँयचे, नागफनी की अनीदार जूती, जिसकी डेढ़ बालिश्त ऊँची नोक, कमर में एक तरफ़ सैफ़ यानी सीधी तलवार, दूसरी तरफ़ कटार, हाथ में जरीब (लकड़ी) अर्थात्, जब महफ़िल में दाख़िल हुए तो वह शहर लखनऊ, नये अन्दाज़, नई तराशें, बाँके-टेढ़े जवान जमा, उन्हें देखकर सब हँसने लगे; मीर साहब बेचारे परदेसी, ज़माने के हाथों पहले ही दिल टूट चुका था और भी निराश हो गये और एक तरफ़ बैठ गये। शमा उनके सामने आयी तो फिर सबकी नज़र पड़ी और कुछ लोगों ने पूछा कि हुज़ूर का वतन कहाँ है। मीर साहब ने यह क़त्‘अः तत्काल कहकर ग़ज़ल की तरह में दाख़िल किया—

क्या बूद-ओ-बाश पूछो हो पूरब के साकिनो
हमको ग़रीब जान के हँसहँस पुकार के

दिल्ली जो एक शहर था ‘आलम में इंतिख़ाब
रहते थे मुन्तख़ब ही जहाँ रोज़गार के

उसको फ़लक ने लूट के वीरान कर दिया
हम रहनेवाले हैं उसी उजड़े दयार के।

[बूद-ओ-बाश—रहन-सहन, रिहायश, निवास-स्थान। साकिनो—रहनेवालो। ‘आलम—संसार। इंतिख़ाब—चुना हुआ। मुन्तख़ब—चुने हुए लोग। रोज़गार—समय, संसार। फ़लक—आकाश, भाग्य। दयार—नगर।]

"सबको हाल मालूम हुआ। बहुत लज्जित हुए और मीर साहब से क्षमा चाही। कमाल के तालिब (गुणग्राही) थे। सुबह होते-होते शहर में मशहूर हो गया कि मीर साहब तशरीफ़ लाये हैं। रफ़्ता-रफ़्ता नवाब आसिफ़उद्दौला ने सुना और दो सौ रुपये महीना कर दिया।" (यह केवल मनघड़न्त कहानी है। ये शेर भी मीर के नहीं हैं। वह नवाब आसिफ़उद्दौला की दावत पर लखनऊ गये थे और इस बेबसी और मज़लूमी के आलम में नहीं आये थे। सम्भव है, आज़ाद ने जो हुलिया मीर साहब का लिखा है वह सही हो।)

''महानता और सम्मान जौहर-ए-कमाल (गुण, शिल्प, पराकाष्ठा) के ख़ादिम हैं, अगरचे उन्होंने लखनऊ में भी मीर साहब का साथ नहीं छोड़ा मगर उन्होंने बददिमाग़ी और नाज़ुक मिज़ाजी को, जो उनके निजी मुसाहिब थे, अपने दम के साथ ही रखा, अतएव कभी-कभी नवाब की मुलाज़मत में जाते थे।

''एक दिन नवाब मरहूम ने ग़ज़ल की फ़रमाइश की। दूसरे तीसरे दिन जो फिर गये तो पूछा कि मीर साहब, हमारी ग़ज़ल लाये? मीर साहब ने त्योरी बदलकर कहा, जनाबे आली, मज़मून गुलाम की जेब में तो भरे हैं नहीं कि कल आपने फ़रमाइश की, आज ग़ज़ल हाज़िर कर दूँ। उस फ़रिश्ता-सिफ़त ने कहा, ख़ैर मीर साहब, जब तबीअत हाज़िर होगी, कह दीजियेगा।

''एक दिन नवाब ने बुला भेजा। जब पहुँचे तो देखा कि नवाब हौज़ के किनारे खड़े हैं। हाथ में छड़ी है। पानी में लाल सब्ज़ मछलियाँ तैरती फिरती हैं, आप तमाशा देख रहे हैं। मीर साहब को देखकर बहुत ख़ुश हुए और कहा कि मीर साहब, कुछ फ़रमाइये। मीर साहब ने ग़ज़ल सुनाना शुरू की। नवाब साहब सुनते जाते थे और छड़ी के साथ मछलियों से भी खेलते जाते थे। मीर साहब चीं-ब-जबीं होते (माथे पर बल डालते) और हर शे'र पर ठहर जाते थे। नवाब कहे जाते थे कि हाँ पढ़िये। आख़िर चार शे'र पढ़कर मीर साहब ठहर गये और बोले कि पढ़ूँ क्या! आप मछलियों से खेलते हैं। मुतवज्जेह हों तो पढ़ूँ। नवाब ने कहा, जो शे'र होगा आप मुतवज्जेह कर लेगा। मीर साहब को यह बात ज़्यादातर बुरी लगी, ग़ज़ल जेब में डालकर घर को चले आये और फिर जाना छोड़ दिया। चन्द रोज़ के बाद एक दिन बाज़ार में चले जाते थे। नवाब की सवारी सामने से आ गयी। देखते ही बड़ी महब्बत से बोले—मीर साहब, आपने बिलकुल ही हमें छोड़ दिया। कभी तशरीफ़ भी नहीं लाते। मीर साहब ने कहा, बाज़ार में बातें करना शरीफ़ों का आदाब नहीं। यह क्या बातचीत का मौक़ा है? ग़रज़कि उसी प्रकार घर में बैठे रहे और दरिद्रता और फ़ाक़ों में दिन गुज़ारते रहे।'' (इस घटना की पुष्टि भी किसी दूसरे साधन से नहीं होती। मीर साहब तुनुक मिज़ाज ज़रूर थे लेकिन दरबारों के आदाब से पूरी तरह परिचित थे। यह कहानी मीर साहब के चरित्र के एक नाज़ुक पहलू का अफ़सानवी रूप है।)

''मीर साहब मियाना क़द, दुर्बल शरीर, गेहुँआ रंग थे। हर काम गम्भीरता और आहिस्तगी के साथ। बात बहुत कम, वह भी आहिस्ता, आवाज़ में नरमी और कोमलता। बुढ़ापे ने इन सब गुणों को और भी दृढ़ कर दिया था, क्योंकि सौ बरस की उम्र आख़िर एक असर रखती है।'' (मीर ने 88 बरस की उम्र पाई थी। चाँद के महीनों के हिसाब से 90 समझी जा सकती है।)

"आदात-ओ-अतवार (स्वभाव) बहुत गम्भीर और योग्यता और संयम ने उसे महानता दी थी। साथ इसके सन्तोष और मर्यादा हद से बढ़ी हुई थी। इसका नतीजा यह है कि आज्ञापालन तो दरकिनार नौकरी के नाम की सहनशीलता नहीं रखते थे, लेकिन ज़माना, जिसकी हुकूमत से कोई सर नहीं उक्सा सकता, उसका क़ानून इसके बिलकुल विपरीत है। नतीजा यह कि फ़ाक़े करते थे, दुख भरते थे और अपनी बद-दिमाग़ी के साये में दुनिया और दुनियावालों से बेज़ार घर में बैठे रहते थे। इन शिकायतों के लोगों में जो चर्चे थे, वह ख़ुद भी उससे परिचित थे।" (मीर नाजुक मिज़ाज ज़रूर थे, लेकिन इस बयान से यह ग़लतफ़हमी होती है कि उन्होंने कभी कहीं नौकरी नहीं की। न केवल यह कि वह मुसाहिब और नौकर रहे बल्कि उन्होंने राजदूत का काम भी किया है। कई लड़ाइयों में भी अमीरों के साथ रहे थे।)

"बावुजूद इसके अपने सरमायः-ए-फ़साहत (भाषा की पूँजी) को शाश्वत धन समझकर अमीर-ग़रीब किसी की परवाह न करते थे, बल्कि फ़क्र (दरिद्रता) को दीन की नेमत समझते थे और इस आलम में मा'रिफ़त-ए-इलाही (आध्यात्म) पर दिल लगाते थे। अतएव उनकी इस साबित क़दमी (पक्का इरादा) की प्रशंसा किसी ज़बान से नहीं हो सकती कि अपनी उदासीनता और बेपरवाही के साथ नश्वर दुनिया की मुसीबतें झेलीं और जो अपनी आन-बान थी उसे लिये दुनिया से चले गये और जिस गर्दन को ख़ुदा ने ऊँचा किया था, सीधा ख़ुदा के यहाँ ले गये। कुछ दिन के ऐश के लालच से या दरिद्रता के दुख से उसे दुनिया के अयोग्य लोगों के सामने हरगिज़ न झुकाया। उनका कलाम कहे देता है कि दिल की कली और त्योरी की गिरह कभी खुली नहीं, बावजूद इसके अपने काल्पनिक देश के एक उच्च दर्शी बादशाह थे।

"...उनके विचार ऊँचे और हौसले बड़े थे, इसलिए ये बेदिमाग़ियाँ उनके जौहर-ए-कमाल पर ज़ेवर मालूम होती हैं...मीर क़मरुद्दीन मिन्नत दिल्ली में एक शाइर हुए हैं। प्रचलित विद्याओं के ज्ञान के कारण शाही दरबार के बड़े लोगों में गिने जाते थे। वह मीर साहब के ज़माने में नौसिखिये थे। शे'र का शौक़ बहुत था। सुधार के लिये उर्दू की ग़ज़ल ले गये। मीर साहब ने वतन पूछा। उन्होंने सोनीपत इलाक़ा पानीपत बतलाया। आपने फ़रमाया, सैयद साहब, उर्दू-ए-मुअल्ला ख़ास दिल्ली की ज़बान है। आप इसमें तकलीफ़ न कीजिये। अपनी फ़ारसी-वारसी कह लिया कीजिये।

"स'आदत यार ख़ाँ रंगीन नवाब तहमास्प बेग ख़ाँ क़िलेदार-ए-शाही के बेटे थे। चौदह-पन्द्रह बरस की उम्र थी। बड़ी शान-ओ-शौकत से गये और ग़ज़ल

सुधार के लिये पेश की। सुनकर कहा, साहबज़ादे आप ख़ुद अमीर हैं और अमीर ज़ादे हैं। नेज़ःबाज़ी, तीरअन्दाज़ी की कसरत कीजिये। घुड़सवारी का अभ्यास कीजिये। शाइरी दिलख़राशी और जिगर सोज़ी का काम है आप इसके चक्कर में न पड़ें। जब उन्होंने बहुत आग्रह किया तो फ़रमाया कि आपकी तबी'अत इस कला के योग्य नहीं। यह आपको नहीं आने की। व्यर्थ ही मेरी और अपनी औक़ात खोनी क्या ज़रूरी है।

"दिल्ली में मीर साहब साहब ने एक मस्नवी कही। अपने तईं (स्वयं को) अज़दहा (अजगर) क़रार दिया और समकालीन कवियों में से किसी को चूहा, किसी को साँप, किसी को बिच्छू, किसी को कनखजूरा वग़ैरा-वग़ैरा ठहराया। साथ उसके एक हिकायत लिखी कि पहाड़ के दामन में एक ख़ूँख़्वार अज़दहा रहता था। जंगल के सब जानवर एकत्रित होकर उससे लड़ने गये। जब सामना हुआ तो अज़दहे ने एक ऐसा दम भरा कि सब स्वाहा हो गये।

"लखनऊ में किसी ने पूछा, क्यों हज़रत आजकल शाइर कौन है? कहा, एक तो सौदा दूसरा यह ख़ाकसार है। एक क्षण, रुककर कहा—आधे ख़्वाजा मीर दर्द। कोई व्यक्ति बोला कि हज़रत, और मीर सोज़ साहब? चीं-ब-जबीं (माथे पर बल डालकर) होकर कहा कि मीर सोज़ साहब भी शाइर हैं। उन्होंने कहा कि आख़िर उस्ताद नवाब आसिफ़द्दौला के हैं। कहा कि ख़ैर यह है तो पौने तीन सही मगर शरीफ़ों में हमने ऐसे तख़ल्लुस कभी नहीं सुने। मीर साहब के सामने साहस किसको था जो कहे कि इन बेचारे ने मीर तख़ल्लुस किया था, वह आपने छीन लिया। मजबूर होकर अब उन्होंने ऐसा तख़ल्लुस रखा है कि न आपको पसन्द आये न आप उसे छीनें।

"लखनऊ के चन्द अमाइद-ओ-अराकीन (प्रतिष्ठित लोग) जमा होकर एक दिन आये कि मीर साहब से मुलाक़ात करें और शे'र सुनें। दरवाज़े पर आकर आवाज़ दी। लौंडी या मामा निकली। हाल पूछकर अन्दर गयी। एक बोरिया लाकर डयोढ़ी में बिछाया, उन्हें बिठाया और एक पुराना-सा हुक़्क़ा ताज़ा करके सामने रख गयी। मीर साहब अन्दर से तशरीफ़ लाये। मिज़ाज वग़ैरा पूछने के बाद उन्होंने शे'रों की फ़रमाइश की। मीर साहब ने पहले तो टाला फिर साफ़ जवाब दे दिया कि साहब क़िबला, मेरे शे'र आपकी समझ में नहीं आने के। अगरचे बुरा लगा मगर आदाब और अख़लाक़ के कारण उन्होंने अपनी नारसाइ-ए-तब'अ (अयोग्यता) को स्वीकार किया और फिर निवेदन किया। उन्होंने फिर इनकार किया। आख़िर उन लोगों ने गिरां-ख़ातिर होकर (बुरा मानकर) कहा कि हज़रत अनवरी और ख़ाक़ानी (फ़ारसी के दो शाइर जिनकी शाइरी बहुत कठिन है) का

कलाम समझते हैं, आपका इरशाद क्यों न समझेंगे। मीर साहब ने कहा कि यह ठीक है मगर उनकी टीकाएँ और शब्दावलियाँ मौजूद हैं और मेरे कलाम के लिये फ़क़त मुहावरः-ए-अहले उर्दू है या जामा मस्जिद की सीढ़ियाँ और इससे आप महरूम। यह कहकर एक शे'र पढ़ा–

'अिश्क़ बुरे ही ख़्याल पड़ा है, चैन गया आराम गया
दिल का जाना ठहर गया है, सुबह गया या शाम गया

और कहा आप बमूजिब (अनुसार) अपनी किताबों के कहेंगे कि ख़याल की 'ये' ज़ाहिर करो और फिर कहेंगे, 'ये' तक़्ती'अ (छन्द) में गिरती है। मगर यहाँ इसके सिवा जवाब नहीं कि मुहावरा यही है।

"जब नवाब आसिफ़ुद्दौला मर गये, स'आदत 'अलीखाँ का दौर हुआ तो ये दरबार जाना छोड़ चुके थे। वहाँ किसी ने तलब न किया। एक दिन नवाब की सवारी जाती थी। यह तहसीन की मस्जिद पर सर-ए-राह बैठे थे। सवारी सामने आयी, सब उठकर खड़े हुए, मीर साहब उसी तरह बैठे रहे। सैयद इंशा ख़वासों में थे। नवाब ने पूछा, इंशा यह कौन शख़्स है जिसके अभिमान ने उसे उठने भी न दिया। अर्ज़ की, जनाब-ए-आली यह वही गदा-ए-मुतकब्बिर (घमंडी फ़क़ीर) है जिसका ज़िक्र हुज़ूर में अक्सर आया है। गुज़ारे का वह हाल और मिज़ाज का यह 'आलम। आज भी फ़ाक़े ही से होगा। स'आदत अली ख़ाँ ने आकर बहाली की ख़लूअत और एक हज़ार रुपया दावत का भिजवाया। जब चोबदार लेकर गया, मीर साहब ने वापस कर दिया और कहा : मस्जिद में भिजवाइये। यह गुनाहगार इतना मोहूताज नहीं। स'आदत अली ख़ाँ जवाब सुनकर विस्मित हुए। मुसाहिबों ने फिर समझाया। ग़रज़ नवाब के हुक्म से सैयद इंशा ख़लूअत लेकर गये और अपने तर्ज़ पर समझाया कि न अपने हाल पर बल्कि अयाल (बाल-बच्चों) पर रहम कीजिये और बादशाह-ए-वक़्त का हदिया (उपहार, भेंट) है इसे स्वीकार कीजिये। मीर साहब ने कहा कि साहब वह अपने मुल्क के बादशाह हैं, मैं अपने मुल्क का बादशाह हूँ। कोई अपरिचित इस तरह पेश आता तो मुझे शिकायत न थी। वह मुझसे परिचित, मेरे हाल से परिचित, इस पर इतने दिनों के बाद एक दस रुपए के ख़िदमतगार के साथ ख़लूअत भेजी। मुझे अपनी दरिद्रता और फ़ाक़ा स्वीकार है मगर यह अपमान नहीं उठाया जाता। सैयद इंशा की लस्सानी (वाचालता) और लफ़्फ़ाज़ी (शब्दाडम्बर) के सामने किसकी पेश जा सकती। मीर साहब ने स्वीकार किया और दरबार में कभी-कभी जाने लगे। नवाब स'आदत अली ख़ाँ मरहूम उनकी ऐसी ख़ातिर करते थे कि अपने सामने बैठने की इजाज़त देते थे और अपना पेचवान पीने को इनायत करते थे।" (शायद यह घटना भी आज़ाद ने

बुज़ुर्गों से सुनी होगी। इसकी भी कोई पुष्टि नहीं हो सकी। इसके विपरीत यह सबूत मिलता है कि मीर की तनख़्वाह आख़िर वक़्त तक जारी रही।)

"मीर साहब को बहुत तकलीफ़ में देखकर लखनऊ के एक नवाब उन्हें मय बाल-बच्चों के अपने घर ले गये और महलसारा के पास एक अच्छा-सा मकान रहने को दिया कि बैठक के मकान में खिड़कियाँ बाग़ की तरफ़ थीं। मतलब इससे यही था कि हर तरह उनकी तबी'अत ख़ुश और ताज़ा रहे। यह जिस दिन वहाँ आकर रहे, खिड़कियाँ बन्द पड़ी थीं। कई बरस गुज़र गये, उसी तरह बन्द पड़ी रहीं। कभी खोलकर बाग़ की तरफ़ न देखा। एक दिन कोई दोस्त आये। उन्होंने कहा कि उधर बाग़ है। आप खिड़कियाँ खोलकर क्यों नहीं बैठते? मीर साहब बोले, क्या उधर बाग़ है? उन्होंने कहा कि इसीलिए नवाब यहाँ लाये हैं कि जी बहलता रहे और दिल शिगुफ़्ता हो। मीर साहब के फटे पुराने मुसव्वदे (पांडुलिपि) ग़ज़लों के पड़े थे। उनकी तरफ़ इशारा करके कहा कि मैं तो इस बाग़ की फ़िक्र में ऐसा लगा हूँ कि उस बाग़ की ख़बर भी नहीं। यह कहकर चुपके हो रहे।" (मीर साहब के जीवन में एकान्तवास के दिन भी आये हैं मगर वह ऐसे एकान्तवासी नहीं थे।)

"क्या तल्लीनता है। कई बरस गुज़र जाएँ। पहलू में बाग़ हो और खिड़की तक न खोलें। ख़ैर, फल इसका यह हुआ कि उन्होंने दुनिया के बाग़ की तरफ़ न देखा। ख़ुदा ने उनके कलाम को वह बहार दी कि साल-हा-साल गुज़र गये, आज तक लोग वरक़ (पन्ने) उलटते हैं, और गुलज़ार (बाग़) से ज़्यादा ख़ुश होते हैं।

"उस्ताद मरहूम (ज़ौक़) एक वृद्ध की ज़बानी बयान करते थे कि एक दिन मीर साहब के पास गये। निकलते जाड़े थे। बहार की आमद थी। देखा कि टहल रहे हैं। चेहरे पर उदासी छायी हुई है और वह रह-रहकर यह मिसरा पढ़ते थे–

अब के भी दिन बहार के यूँ ही गुज़र गये

ये सलाम करके बैठ गये। थोड़ी देर के बाद उठे और सलाम करके चले आये। मीर साहब को ख़बर भी न हुई। ख़ुदा जाने दूसरे मिसरे की फ़िक्र में थे या इस मिसरे की कैफ़ियत में निमग्न थे।" (सम्भव है कि यह घटना सही हो, लेकिन मिसरा मीर का नहीं है। सौदा का शेर है–

अब के भी दिन बहार के यूँ ही चले गये
फिर फिर गुल आ चुके प सजन तुम भले गये)

"गवर्नर जनरल और अधिकांश अंग्रेज़ उच्चाधिकारी जब लखनऊ में जाते तो अपनी क़द्रदानी से या इस सबब से कि उनके मीर मुंशी अपने बुलन्द हौसले

से एक साहब-ए-कमाल की तक़रीब वाजिब समझते थे, मीर साहब को मुलाक़ात के लिये बुलाते लेकिन ये टालमटोल करते और कहते कि मुझसे जो कोई मिलता है तो या मुझ फ़क़ीर के ख़ानदान के ख़याल से या मेरे कलाम के सबब से मिलता है। साहब को ख़ानदान से ग़रज़ नहीं, मेरा कलाम समझते नहीं, अलबत्ता कुछ इनाम देंगे। ऐसी मुलाक़ात से अपमान के सिवा क्या हासिल?

"...मिर्ज़ा रफ़ी सौदा, ख़्वाजा मीर दर्द, मिर्ज़ा जानजानाँ मज़हर, क़ायम, यक़ीन वग़ैरा उनके समकालीन थे और मुसहफ़ी, जुरअत और मीर इंशाअल्ला ख़ाँ आख़िरी दिनों में प्रकट हुए।"

(मुहम्मद हुसैन आज़ाद कृत आब-ए-हयात के उद्धरण)

वास्तविकता

मीर की आपबीती 'ज़िक्र-ए-मीर' के अनुसार उनके दादा आगरे में फ़ौजदार थे और बाप, मुहम्मद 'अली, मशहूर सूफ़ी फ़क़ीर। उन दोनों की सही हैसियत का पता लगाना लगभग असम्भव है। क्योंकि मीर के युग की तारीख़ों और तब्सरों में उनका कोई ज़िक्र नहीं है। इससे यह विचार पैदा होता है कि उनके बाप इतने मशहूर नहीं थे जितना मीर ने अपनी श्रद्धा के जोश में लिख दिया है। बहरहाल यह यक़ीनी है कि मीर ने दरिद्रता और तंगदस्ती की गोद में आँख खोली (सन् 1722 ई.) और धैर्य और सन्तोष के पालने में परवरिश पायी। पैतृक सम्पत्ति में उन्हें तसव्वुफ़ के बाज़ ख़यालात (आध्यात्मिक विचार) और चचा का पागलपन मिला जिसने आगे चलकर गुल खिलाया और जवानी की प्रारम्भिक बहारें दीवानगी (पागलपन) की भेंट चढ़ गयीं।

मीर ने अपनी माँ के बारे में कुछ नहीं लिखा है लेकिन अपने सौतेले भाई मुहम्मद हसन का ज़िक्र जिस ढंग से किया है वह इस बात का सबूत है कि यह घराना ख़ुश-ओ-ख़ुर्रम नहीं हो सकता था। जब उनके बाप का इन्तिक़ाल हुआ तो वह तीन सौ रुपये के क़र्ज़दार थे और उन्होंने पैतृक सम्पत्ति में चन्द सौ किताबों के सिवा और कुछ नहीं छोड़ा और इन किताबों पर मीर के सौतेले भाई ने क़ब्ज़ा कर लिया और मीर ने बाप के एक मुरीद की भेजी हुई पाँच सौ रुपये की हुंडी से क़र्ज़ अदा करके बाप की लाश दफ़्न की। इस वक़्त उनकी उम्र ग्यारह बरस की रही होगी। ये घटनाएँ इतनी तकलीफ़देह हैं कि अगर इनका असर मीर के मिज़ाज और ज़ेहनियत पर सारी उम्र रहा हो तो कोई आश्चर्य की बात नहीं है।

मीर का बचपन जो खेल-कूद और शिक्षा-दीक्षा में गुज़रना चाहिए था, तलाश-ए-रोज़गार में गुज़र गया। यही तलाश उनको सोलह-सत्रह बरस की उम्र में दिल्ली ले गयी। यह मुहम्मद शाह की हुकूमत का ज़माना था। उसके एक दरबारी अमीरुल-उमरा समसामुद्दौला तक मीर की रसाई हो गयी और एक

रुपया रोज़ाना वज़ीफ़ा मुक़र्रर हो गया। मीर यह वज़ीफ़ा लेकर आगरे वापस आ गये।

लेकिन एक रुपये रोज़ाना का ऐश्वर्य कुछ ही दिन का सिद्ध हुआ। मुश्किल से एक साल गुज़रा था कि नादिर शाह ने दिल्ली पर हमला कर दिया (मार्च 1739 ई.) और मीर के संरक्षक और सरपरस्त अमीरुल-उमरा समसामुद्दौला लड़ाई में काम आ गये। उनकी मौत ने मीर को फिर फ़ाक़ाकशी की ज़िन्दगी की तरफ़ धकेल दिया और वह अपने वतन आगरे को एक बार और छोड़ने पर मजबूर हो गये।

इस बार सिर्फ़ रोज़गार की तलाश ही का सवाल नहीं था। मीर अपने सीने में एक ज़ख़्मी दिल लेकर जा रहे थे। आगरे की ज़मीन जो कू-ए-जानाँ (प्रेमिका की गली) थी अब कूचः-ए-क़ातिल में तब्दील हो चुकी थी और मीर के लिये वहाँ रहना कठिन था। उन पर किसी परी-चेहरा माशूक़ ने जादू कर दिया था। उसका नाम आज भी परदे में है लेकिन इतना कहा जा सकता है कि इश्क़ की आग दोनों दिलों में लगी और महब्बत की पेंगें बढ़ते-बढ़ते इस हद को पहुँच गयीं कि रुस्वाई और बदनामी होने लगी। दीवारें दरमियान में हायल हुईं और विसाल (मिलन) की शामें हिज्र (विरह) की रातों में ढल गयीं और मीर को अपना प्यारा वतन त्याग देने पर मजबूर होना पड़ा।

जैसे हसरत लिये जाता है जहाँ से कोई
आह यूँ कूचः-ए-दिलबर से सफ़र हमने किया

(ग़ज़ल 103, शेर 3)

मालूम नहीं मीर की माशूक़ा कैसी थी लेकिन उनकी शाइरी में जो सुन्दर शरीर टुकड़े-टुकड़े होकर बिखर गया है उसमें यक़ीनन उसकी झलक देख जा सकती है—

क्या तन-ए-नाज़ुक है, जाँ को भी हसद जिस तन प है
क्या बदन का रंग है, तह जिसकी पैराहन प है

(ग़ज़ल 496, शेर 1)

शौक़-ए-क़ामत में तिरे अय नौ निहाल
गुल की शाख़ें लेती हैं अंगड़ाइयाँ

(ग़ज़ल 256, शेर 7)

सुबह वह आफ़त उठ बैठा था, तुमने न देखा सद अफ़सोस
क्या-क्या फ़ितने सर जोड़े, पलकों के साये साये गये

(ग़ज़ल 471)

नाज़ुकी उसके लब की क्या कहिये
पंखड़ी इक गुलाब की-सी है
मीर उन नीमबाज़ आँखों में
सारी मस्ती शराब की-सी है

(ग़ज़ल 419, शे'र 2,5)

गुल हो, महताब हो, आईना हो, ख़ुर्शीद हो, मीर
अपना महबूब वही है, जो अदा रखता हो

(ग़ज़ल 326)

अब दिल में ग़म-ए-'अिश्क़ और ग़म-ए-रोज़गार दोनों की आग भड़क रही थी। और ये दोनों ग़म इस तरह घुल-मिल गये थे कि फिर उम्र-भर यह पता न चला कि मीर ने अपने किस शे'र में कौन-सा ग़म पेश किया है। यह मीर की ज़िन्दगी का सबसे दर्दनाक सफ़र था और उसका हाल उन्होंने अपनी एक मस्नवी में बयान किया है। इस मस्नवी ही से इश्क़ की तरफ़ इशारा मिलता है जिसकी पुष्टि मीर के बजाय उनके एक समकालीन ने की है।

ख़ुशा हाल उसका जो मा'दूम है
कि अहवाल अपना तो मा'लूम है

रहीं जान-ए-ग़मनाक को काहिशें
गयीं दिल से नौमीद सी ख़्वाहिशें

ज़माने ने रक्खा मुझे मुत्तसिल
परागन्दः रोज़ी, परागन्दः दिल

गयी कब परीशानि-ए-रोज़गार
रहा मैं तो हम ताले'-ए-ज़ुल्फ़-ए-यार

ज़माने ने आवारः चाहा मुझे
मिरी बेकसी ने निबाहा मुझे

दिल इक बार, सो बेक़रार-ए-बुताँ
ग़ुबार-ए-सर-ए-रहगुज़ार-ए-बुताँ

गिरिफ़्तार-ए-रंज-ओ-मुसीबत रहा
ग़रीब-ए-दयार-ए-महब्बत रहा

चला अकबराबाद से जिस घड़ी
दर-ओ-बाम पर चश्म-ए-हसरत पड़ी

कि तर्क-ए-वतन पहले क्यों कर करूँ
मगर हर क़दम दिल को पत्थर करूँ

पस अज़ क़त'-ए-रह, लाये दिल्ली में बख़्त
बहुत खेंचे याँ मैंने, आज़ार सख़्त

जिगर जौर-ए-गर्दू से ख़ूँ हो गया
मुझे रुकते-रुकते जुनूँ हो गया

[ख़ुशा हाल–अच्छा हाल, ख़ुशक़िस्मत। मा'दूम–नष्ट, बरबाद, ग़ायब। जान-ए-ग़मनाक–दुखी प्राण। काहिशें–कष्ट, तकलीफ़ें। नौमीद–निराश। मुत्तसिल–लगातार। परागन्दःरोज़ी–आर्थिक कष्ट। परागन्दःदिल–हार्दिक कष्ट। हमताले'-ए-ज़ुल्फ़-ए-यार–प्रेमिका की लटों के समान सौभाग्यशाली यानी उसकी लटों की तरह परीशान। बार–बोझ। बेक़रार-ए-बुताँ–प्रेमिकाओं के लिये व्याकुल। ग़ुबार...बुताँ–प्रेमिका के मार्ग की धूल। ग़रीब-ए-दयार-ए-महब्बत–प्रेम नगर का निर्वासित। दर-ओ-बाम–दरवाज़े और कोठे। चश्म-ए-हसरत–निराश दृष्टि। तर्क-ए-वतन–वतन का त्याग। पस अज़ क़त्'-ए-रह–रास्ता काटने के बाद। बख़्त–भाग्य। आज़ार–कष्ट, तकलीफ़ें। जौर-ए-गर्दूं–ज़माने के अत्याचार। जुनूँ–पागलपन]

मीर इस बार दिल्ली पहुँचे तो वहाँ के गली-कूचों में ख़ाक उड़ रही थी। यह हिन्दुस्तान की राजधानी नहीं थी बल्कि नादिर शाह की लूटी हुई नगरी थी। तीन दिन के क़त्ल-आम (11, 12 और 13 मार्च 1739 ई.) में तीस हज़ार से ज़्यादा आदमी मारे जा चुके थे और आठ मुग़ल ताजदारों के जमा किये हुए ख़ज़ाने नादिर शाह दस हज़ार ऊँटों, दस हज़ार घोड़ों और तीन हज़ार जंगी हाथियों पर लादकर ले गया। अमीर-तो-अमीर ख़ुद दिल्ली का बादशाह तक फ़क़ीर हो गया था–

क्या कहिये अपने 'अहद में जितने अमीर थे
टुकड़े प जान देते थे, सारे फ़क़ीर थे

इस आलम में मीर की मदद कौन कर सकता था। मजबूरन उन्हें अपने सौतेले भाई के मामूँ सिराजुद्दीन ख़ान-ए-आरज़ू का एहसान उठाना पड़ा। वह अपने युग के बहुत बड़े विद्वान और शाइर थे और अरबी, फ़ारसी, हिन्दी और संस्कृत के प्रकांड पंडित। मीर ने ख़ुद इसे कभी स्वीकार नहीं किया लेकिन उनके कुछ समकालीनों ने उनको ख़ान-ए-आरज़ू का शागिर्द क़रार दिया है। बहरहाल इस सच्चाई से इनकार सम्भव नहीं कि उन्होंने ख़ान-ए-आरज़ू की संगत से फ़ायदा उठाया और उनसे शेर और फ़न के बहुत-से नुक्ते सीखे। मीर के कलाम में इसकी दाख़ली शहादतें (आन्तरिक गवाहियाँ) मौजूद हैं।

यह संगत मालूम नहीं कितने समय तक रही। मीर ने लिखा है कि "कुछ दिन उनके साथ रहा" लेकिन ये कुछ दिन कुछ महीने भी हो सकते हैं और कुछ साल भी। बहरहाल मीर स्थायी रूप से ख़ान-ए-आरज़ू के साथ न रह सके। इन दोनों के बीच एक विचित्र घटना घटी जिसके विवरण का सही ज्ञान नहीं। कुछ लोगों ने इसे धार्मिक मतभेद क़रार दिया है और मीर ने अपने सौतेले भाई की साज़िश, जिन्होंने ख़ान-ए-आरज़ू को यह लिखा कि "मीर फ़ितनः-ए-रोज़गार है और उसका पोषण हरगिज़ न करना चाहिए, बल्कि दोस्ती के पर्दे में काम तमाम कर देना चाहिए।" मीर ने ख़ान-ए-आरज़ू की बदसलूकी की शिकायत की है। यहाँ तक कि हालात इतने असह्य हो गये कि मीर अपने होश-हवास खो बैठे। इस दीवानगी के आलम में जब चाँदनी रातें आतीं तो एक सुन्दर आकृति अपनी सारी रानाइयों के साथ चाँद से नीचे उतरती और मीर को बेख़ुद कर देती थी। चारों तरफ़ उसकी सूरत नज़र आती थी। सुबह होते वह सूरत नज़रों से ओझल हो जाती और मीर पर दीवानगी और मस्ती की कैफ़ियत इस तरह हो जाती कि वह हाथों में पत्थर लिये फिरते और लोग उनको देखकर भागते। यहाँ तक कि मीर को ज़ंजीरें पहनाकर कोठरी में बन्द कर दिया गया। झाड़-फूँक, गंडे-तावीज़ के अलावा उनकी फ़स्द (रक्त मोचन) भी खोली गई।

चन्द महीनों में मीर इस बीमारी से अच्छे तो हो गये लेकिन दीवानगी एक ख़ूबसूरत परछाईं की तरह सारी उम्र उनकी शाइरी पर मंडलाती रही। दीवाने और शाइर में एक फ़र्क़ होता है। दीवाना अपने सपनों को अपने मस्तिष्क से अलग नहीं कर सकता और न उनकी क्रमहीनता में क्रम पैदा कर सकता है

लेकिन शाइर अपने ख़्वाबों के बिखरे हुए जल्वों को सम्पादित करके एक आकृति बनाता है और उसको अपने मस्तिष्क से अलग करके काग़ज़ पर परिवर्तित कर देता है।

मीर के कुछ समकालीनों का बयान है कि यह अमल दीवानगी के ज़माने ही में शुरू हो गया था। अतएव सआदत ख़ाँ नासिर ने मीर की ज़बानी लिखा है कि प्रारम्भिक जवानी में पागलपन तबीअत पर छा गया और मीर औल-फ़ौल बक कर अपनी ज़बान को गन्दा करने लगे। हर आदमी को गालियाँ देना और पत्थर मारना उनका शेवा हो गया। एक दिन ख़ान-ए-आरज़ू ने कहा कि उचित गाली अनुचित दुआ से बेहतर होती है और अपने कपड़े फाड़ने से कहीं बेहतर यह है कि शे'र का वज़न टुकड़े करके देखो। अब जो भी गाली मीर की ज़बान से निकलती वह मिसरा बन जाती। जब दिल-दिमाग़ ठीक हुए तो शे'रों का मज़ा तबीअत में बाक़ी रह गया। मीर की कुछ मशहूर ग़ज़लें इसी काल की रचना बताई जाती हैं जिन्होंने वक़्त के उस्तादों पर इस नौ उम्र शाइर का सिक्का जमा दिया।

लेकिन मीर ने ख़ुद अपनी आपबीती में इसका कोई ज़िक्र नहीं किया है। उनका बयान तो यह है कि "स'आदत अली नाम के एक सैयद से मेरी मुलाक़ात हुई जो अमरोहे के रहनेवाले थे और उन्होंने मुझे रेख़्ते (उर्दू) में शे'र कहने के लिये प्रोत्साहन दिया।"

चाहे मीर ने दीवानगी के आलम में ख़ान-ए-आरज़ू के प्रभाव से शाइरी शुरू की हो चाहे दीवानगी के बाद अमरोहे के स'आदत अली ख़ाँ के प्रोत्साहन से, लेकिन यह सतय है कि वह नौउम्री ही में मशहूर और प्रमाणित शाइर हो गये थे। पच्चीस-छब्बीस बरस की उम्र में उनकी शाइरी और दीवानगी दोनों की धूम थी और सन् 1748 ई. में मीर मालवे के सूबेदार के बेटे रिआयत ख़ाँ के मुसाहिब हो गये। अब मीर को निश्चिन्तता और ज़रा-सी ख़ुशहाली पहली बार नसीब हुई और उनके शे'रों से, जो तोहफ़े की तरह शहर-शहर जाते थे, सारे हिन्दुस्तान में उनकी प्रसिद्धि हो गयी। अब वह अपने घर पर मुशाइरे करते थे और उनमें देहली के अहले कमाल जमा होते थे। सब उनकी उस्तादी के दर्जे को स्वीकार करते थे।

लेकिन मीर जिस दिल्ली में रह रहे थे, जिसके वह आशिक़ थे, उसकी बुनियादों में भूचाल छुपे हुए थे। यह ज़माना मुग़ल साम्राज्य के पतन और गृहयुद्धों का था। दिल्ली का केन्द्र कमज़ोर हो गया था, और चारों तरफ़ सूबेदारों ने बग़ावतें शुरू कर दी थीं। नादिर शाह के हमले के बाद दिल्ली और भी कमज़ोर और निर्धन

हो गयी थी। यह निर्धनता आम शहरियों से लेकर शाही क़िले तक फैली हुई थी। शहज़ादे, शहज़ादियाँ और उनके हाथी-घोड़े तक भूखे मर रहे थे। शरीर विक्रय की वबा आम थी और शाही महलों तक पहुँच चुकी थी। विलासी बादशाह अपनी विलासिता से थककर दर्वेश परस्त और सूफ़ी बन जाते थे या अन्धे और क़त्ल कर दिये जाते थे। मीर के कथनानुसार वह फ़िरंगियों के हाथ में कठपुतली बने हुए थे या दरबारियों की उखाड़-पछाड़ के शिकार थे। अमीरों की टुकड़ियाँ आपस में टकराती रहती थीं।

इस स्थिति में पश्चिमी सरहदों की तरफ़ से अहमद शाह अब्दाली के हमले शुरू हुए, जिनका सिलसिला सन् 1748 ई. से शुरू होकर लगभग बीस साल तक जारी रहा। इन लगातार हमलों से और हिन्दुस्तान के अन्दर परस्पर गृहयुद्धों से दिल्ली ऐसी तबाह और बरबाद हुई कि फिर डेढ़-दो सौ बरस तक आबाद न हो सकी। कितने ही हंगामे मीर की आँखों के सामने हुए और कितनी ही बार मौज-ए-ख़ून उनके सर से गुज़र गयी। वह कई लड़ाइयों में अपने संरक्षकों और सरपरस्तों के साथ तलवार बाँधकर गये। कभी उनकी आँखों ने विजय भी देखी मगर अधिकतर लश्करों की पराजय, क़त्ल, ग़ारतगरी और तबाही से वास्ता पड़ा। अहमद शाह अब्दाली के पहले हमले के वक़्त (सन् 1748 ई.) मीर रिआयत ख़ाँ के साथ लाहौर में मौजूद थे और पानीपत की तीसरी लड़ाई (सन् 1761 ई.) के भी दर्शक थे। दिल्ली में इस विदेशी विजेता और देश के अन्तर गृहयुद्ध करनेवालों ने लूटमार मचाई। इसमें मीर का घर भी बरबाद हुआ।

इस युग के माली नुक़सानों और नैतिक पतन की भयानक तस्वीरें, मीर की शाइरी और आपबीती 'ज़िक्र-ए-मीर' में सुरक्षित हैं। एक मुख़म्मस में लिखते हैं–

मुश्किल अपनी हुई जो बूद-ओ-बाश
आये लश्कर में हम बराये तलाश
आन के देखी याँ की तुर्फ़ः म'आश
है लब-ए-नाँ प सौ जगह परख़ाश
ने दम-ए-आब है न चमचः-ए-आश

ज़िन्दगानी हुई है सब प वबाल
कुंजड़े झींकें हैं रोते हैं बक़्क़ाल

पूछो मत कुछ सिपाहियों का हाल
एक तलवार बेचे है इक ढाल
बादशाह-ओ-वज़ीर सब क़ल्लाश

शोर मुत्लक़ नहीं किसू सर में
ज़ोर बाक़ी न अस्प-ओ-उश्तर में
भूख का ज़िक्र अक़्ल-ओ-अक्सर में
ख़ाना जंगी से अम्न लश्कर में
न कोई रिन्द ने कोई औबाश

ला'ल ख़ेमा जो है सिपूहर असास
पालें हैं रंडियों की उसके पास
है ज़िना-ओ-शराब बे वस्वास
रोब कर लीजिये यहीं से क़ियास
क़िस्सा कोतह रईस है अय्याश

चार लुच्चे हैं मुस्तइद्द-ए-कार
दस तिलंगे जो हों, तो है दरबार
हैं वज़ी'-ओ-शरीफ़ सारे ख़्वार
लूट से कुछ है गर्मि-ए-बाज़ार
सो भी क़न्द-ए-सियाह है या माश

बस क़लम अब ज़बाँ को अपनी सँभाल
ख़ुशनुमा कब है ऐसी क़ाल-ओ-मक़ाल
है कुढब चर्ख़-ए-रुसियह की चाल
मस्लेहत है कि रहिये होकर लाल
फ़ायदा क्या जो राज़ करिये फ़ाश

[बूद-ओ-बाश—रहन-सहन। बराये तलाश—नौकरी ढूँढते हुए। तुर्फ़ः—विचित्र। म'आश—हालत। लब-ए-नाँ—रोटी के किनारे। परख़ाश—घाव, ज़ख़्म। दम-ए-आब—पानी का घूँट। चमचः-ए-आश—चमचा-भर दलिया। बक़्क़ाल—बनिया। क़ल्लाश—निर्धन। अस्प-ओ-उश्तर—घोड़ा और ऊँट।

अक़्ल-ओ-अक्सर—अल्प और बहुसंख्यक। ख़ाना जंगी—गृहयुद्ध। अम्न—शान्ति। सिपहर-असास—जिसकी बुनियाद आकाश हो यानी बहुत ऊँचा। बेवस्वास—बेधड़क। क़ियास—अनुमान। अय्याश—विलासी। मुस्तइद्द-ए-कार—व्यस्त, काम पर लगे हुए। तिलंगे—सिपाही। वज़ी-'ओ-शरीफ़—सज्जन, प्रतिष्ठित। ख़्वार—ज़लील, रुस्वा, अपमानित। गर्मि-ए-बाज़ार—धूमधाम। क़न्द-ए-सियाह—काला गुड़। माश—उड़द। क़ाल-ओ-मक़ाल—बातचीत। चर्ख़-ए-रूसियह—आकाश, जिसका मुँह काला है। मस्लेहत—वक़्त की माँग, परामर्श। लाल—चुप। राज़—रहस्य। फ़ाश—प्रकट।]

'ज़िक्र-ए-मीर' में अहमद शाह अब्दाली की फ़ौजों के हाथों दिल्ली की ताराजी की यह तस्वीर है—

''बन्दा अपनी इज़्ज़त थामे शहर में बैठा रहा। शाम के बाद मुनादी हुई कि बादशाह ने अमान दे दी है। रिआया को चाहिये कि परीशान न हो मगर जब घड़ी-भर रात गुज़री तो ग़ारतगरों ने जुल्म-ओ-सितम ढाना शुरू किये। शहर को आग लगा दी...सुबह को, जो क़यामत की सुबह थी, तमाम शाही फ़ौज और रोहीले टूट पड़े और क़त्ल व ग़ारत में लग गये। दरवाज़ों को तोड़ डाला और लोगों को क़ैद कर लिया। बहुतों को जला दिया और सर काट लिये। एक आलम पर ये अत्याचार किये और तीन दिन तक जुल्म से हाथ न खींचा...एक वक़्त के खाने और तन ढँकने के साधन भी किसी के घर में न रहे। मर्दों के सर नंगे थे और औरतों के पास ओढ़नी भी नहीं थी। चूँकि रास्ते बन्द थे, बहुत-से लोग ज़ख़्म खा-खाकर मर गये। कुछ सर्दी की तीव्रता से अकड़ गये। (इस फ़ौज ने) बड़ी निर्लज्जता से लूट मचाई और (शहरियों को) बेआबरू किया। ग़ल्ला ज़बरदस्ती छीनते और ग़रीबों के हाथ धौंस से बेचते। इन ग़ारतगारों का शोर और हंगामा सातवें आसमान तक पहुँच रहा था, मगर बादशाह जो ख़ुद को फ़क़ीर समझता था, आत्मविलीनता के कारण सुनता ही न था।'' (यह इशारा शायद दिल्ली के बादशाह मुहम्मद शाह की तरफ़ है जो जवानी के भोग-विलास से निवृत्त होकर फ़क़ीर हो गया था और दर्वेश परस्त बन गया था। एक शे'र में भी मीर ने इस बात को यों दोहराया है—

बन्दे के दर्द-ए-दिल को, कोई नहीं पहुँचता,
हर एक बेहक़ीक़त याँ है ख़ुदा-रसीदः

''हज़ारों ख़ाना ख़राब इस हंगामे से निकलकर निराश होकर वतन त्याग गये। मगर रास्ते ही में मर गये...एक आलम उनके अत्याचार से मर गया मगर

किसी को दम मारने की मजाल न थी। पुराने शहर का इलाक़ा जिसे जहान-ए-ताज़ा कहते थे, किसी गिरी हुई रत्नजटित दीवार-जैसा था। जहाँ तक नज़र जाती थी मक़्तूलों के सर, हाथ, पाँव और सीने ही नज़र आते थे...जहाँ तक आँख देखती थी ख़ाक-ए-सियाह के सिवा कुछ दिखायी न देता था...मैं कि फ़क़ीर था अब और ज़्यादा दरिद्र हो गया...सड़क के किनारे जो मकान रखता था वह भी ढहकर बराबर हो गया।" (ज़िक्र-ए-मीर)

इस आपबीती में मीर ने दिल्ली की वीरानगी की एक और तस्वीर भी खेंची है।

"अचानक उस मुहल्ले में आ निकला जहाँ मैं...लम्बी-लम्बी ज़ुल्फ़ोंवालों के साथ रहता था...अब कोई ऐसा परिचित चेहरा नज़र न आया जिससे दो बातें कर लेता...इस भयानक गली से निकलकर वीराने रास्ते पर आ खड़ा हुआ और विस्मय से देखता रहा। बहुत दुख हुआ और यह प्रतिज्ञा की कि अब इधर न आऊँगा और जब तक जीवित रहूँ शहर का इरादा न करूँगा।" (मीर की आपबीती)

इन हंगामों का शिकार वह धनवान भी थे जिनसे मीर सम्बन्धित रहे। रिआयत ख़ाँ की नौकरी तो उन्होंने अपनी नाज़ुक मिज़ाजी (स्वभाव की कोमलता) के कारण छोड़ी (प्रस्तावना—दीवान-ए-मीर, पृ. 18) मगर बाक़ी धनवान और ख़ुद मुग़ल बादशाह तक दुनिया के झंझटों में ऐसे व्यस्त थे कि उनके लिये अपने जान और माल की रक्षा भी कठिन थी, मीर की सहायता कौन करता। उन पर मीर के यह शे'र ठीक उतरते हैं जो शायद इन कटु अनुभवों के बाद ही लिखे गये हैं—

किस तरह आह ख़ाक-ए-मज़ल्लत से मैं उठूँ
उफ़्तादः तर जो मुझसे मिरा दस्तगीर हो

(ग़ज़ल 331, शे'र 3)

तू है बेचारः गदा मीर, तिरा क्या मज़्कूर
मिल गये ख़ाक में याँ साहब-ए-अफ़सर कितने

(ग़ज़ल 445, शे'र 6)

रिआयत ख़ाँ की नौकरी छोड़ने के बाद मीर नवाब बहादुर जावेद ख़ाँ के नौकर हुए जो पहले कभी ख़्वाजासरा था मगर महल के भीतरी षड्यन्त्रों ने उसे शासक के पद तक पहुँचा दिया था। सन् 1752 ई. में जब अवध के सूबेदार और मुग़ल सल्तनत के वज़ीर सफ़दर जंग ने उसको मरवा डाला तो मीर दीवान

महानारायण के नौकर हुए। "और कुछ महीने निश्चितन्तता से बसर हो गये।" (आपबीती, पृ. 106) इसी दौरान में एक घटना यह भी घटी कि मीर इसहाक़ ख़ाँ नजमुद्दौला के साथ एक यात्रा पर गये। वह अमीर एक जंग में मारा गया और "मैं (मीर) इस हारी हुई सेना के साथ बड़ी कठिनाइयों से शहर वापस वापस आ गया।" (आपबीती, पृ. 105)

यह अहमद शाह का शासनकाल था। सन् 1754 ई. में उसको अन्धा करके गद्दी से उतार दिया गया और उसकी जगह आलमगीर द्वितीय को पचपन वर्ष की आयु में गद्दी पर बिठाया गया, और "बहुत-से नालायक़ और कमीने लोगों के हाथ में शासन की बागडोर आ गई।" (आपबीती, पृ. 109) ये शब्द ज्यों-के-त्यों मीर के शे'रों में ढल गये हैं—

शहाँ कि कोह्ल-ए-जवाहिर थी ख़ाक-ए-पा जिनकी
उन्हीं की आँखों में फिरती सलाइयाँ देखीं

(ग़ज़ल 253, शे'र 4)

रही न पुख़्तगी 'आलम में, दौर-ए-ख़ामी है
हज़ार हैफ़ कमीनों का चर्ख़ हामी है

[पुख़्तगी—पक्कापन, स्थायित्व। 'आलम—संसार। दौर-ए-ख़ामी—कच्चेपन या बुराई का ज़माना। हैफ़—अफ़सोस। चर्ख़—आसमान, ज़माना। हामी—समर्थक।]

इन हालात की नाख़ुशगवारी का अनुमान इससे होता है कि मीर ने अपनी बहुत-सी ग़ज़लों में ग़ज़ल की नफ़ासत (स्वच्छता), लताफ़त (कोमलता), रम्ज़ियत और इशारियत (छायावाद) को ख़त्म करके बड़े कटु और कभी-कभी भद्दे शब्दों में अपना दर्द बयान किया है। लेकिन भावना की निष्ठा और अनुभूति की तीव्रता ने उनमें प्रभाव पैदा कर दिया है।

सुना है मैंने अय घतिये तिरे ख़ल्वत नशीनों से
कि तू दारू पिये है रात को मिलकर कमीनों से

[ख़ल्वत नशीन—निजी संगत में बैठनेवाले।]

'उम्र गुज़री है कि नहीं दूदः-ए-आदम से कोई
जिस तरफ़ देखिये अर्से में हैं अब ख़र कितने

(ग़ज़ल 445, शे'र 5)

इन कमीनों और गधों में मीर के लिये कहाँ जगह थी, इसलिए वह एकान्तवास पर विवश हो गये। और इस एकान्तवास का अर्थ भूखे मरना था, जिसने अक्सर मीर के दिल में मर जाने की इच्छा पैदा की।

रहते हैं, दाग़ अक्सर, नान-ओ-नमक की ख़ातिर
जीने का इस समय में, अब क्या मज़ा रहा है

(ग़ज़ल 446)

फ़िक्र-ए-म'आश, या'नी ग़म-ए-ज़ीस्त, ता ब कै
मर जाइये कहीं कि टुक आराम पाइये

(ग़ज़ल 461, शे'र 2)

दो-तीन महीने बाद बंगाले के वकील राजा जुगल किशोर जो "बड़े प्रताप से रहते थे" मीर को घर से बुलाकर ले गये और अपने शे'रों में संशोधन की सेवा प्रदान की, मगर मीर साहब ने संशोधन की योग्यता न देखी और सारे शे'र काट दिये। मालूम यह होता है कि राजा जुगल किशोर ने शे'रों में संशोधन के बहाने मीर की सहायता करनी चाही थी क्योंकि इनकार के बाद भी वह उनकी सहायता करते रहे, मगर कुछ दिनों में उनकी हालत भी बिगड़ गयी। अब्दाली के हमलों और देशी गृहयुद्धों ने सबको फ़ाक़ों पर लगा दिया। भूखों मरने की नौबत यहाँ तक पहुँची कि मीर ने अपमान और बदनामी को भी सहन कर लिया। यह कहानी ख़ुद मीर की ज़बान से सुनने के योग्य है जिनकी नाज़ुक मिज़ाजी और ज़ाती रख-रखाव के अफ़साने प्रसिद्ध हैं।

"एक दिन मैंने राजा जुगल किशोर के सामने रोज़गार की शिकायत की। वह अज़ीज़ शर्म से पीला पड़ गया। कहने लगा, मैं ख़ुद मुफ़्लिस हूँ। कुछ भी होता तो हरगिज़ तअम्मुल (संकोच) न करता। एक दिन सवार होकर राजा नागरमल के यहाँ गया और मेरा परिचय कराके बुलवा भेजा। मैं गया और उसके वसीले से मुलाक़ात की। बहुत आदर से पेश आया। कहने लगा। दावत-ए-शीराज़ (रूखा-सूखा) हाज़िर है यानी तुम्हारा हिस्सा भी तुम्हें पहुँचता रहेगा। मुझे इत्मीनान हो गया तो उठकर वापस आया। दूसरे दिन मुलाक़ात में जब शे'र ख़्वानी हुई तो कहने लगा—मीर का हर शे'र मोतियों की लड़ी है। मुझे इस व्यक्ति की शैली बहुत पसन्द है। ऐसे ही मैं कभी-कभार जाता रहा मगर कुछ हाथ न आया। चूँकि चाक़ू हड्डी तक पहुँच गया था, व्याकुलता बहुत बढ़ गयी। एक दिन सुबह की नमाज़ के बाद उसके दरवाज़े पर पहुँच गया। चोबदारों का मीर जयसिंह मेरे सामने आया और कहने लगा कि यह दरबार का कौन-सा वक़्त है। मैंने कहा, परेशानी की स्थिति है। कहने लगा, तुम लोगों को दर्वेश कहते हैं। तुम शायद यह नहीं जानते कि एक कण भी ख़ुदा के हुक्म के बिना नहीं हिल सकता। यहाँ अपनी रियासत के आगे तुम्हारी किसे फ़िक्र है। सन्तोषी और अनुगृहीत रहना चाहिये। हर काम का एक वक़्त होता है। यहाँ तो तुम्हारी पहुँच

मुश्किल है। अलबत्ता उनके बड़े लड़के मिल सकते हैं। मैं बड़ा लज्जित हुआ और वापस आ गया।

"एक रात उस (दरबान) के कहने के अनुसार (राजा नागरमल के) लड़के से मिलने गया। दरबान ने रोक दिया। बोला, इस समय उनसे मुलाक़ात करना सम्भव नहीं। मजबूरन वापस आ गया। फिर इशा की नमाज़ के बाद (यानी दस-ग्यारह बजे रात को) गया। देखा तो ड्योढ़ी पर दरबान नहीं है। मैंने पूछा, दरबान कहाँ गया? लोगों ने कहा, आज उसके सर में इतना तीव्र दर्द था कि बैठ नहीं सकता था। मैंने सोचा कि ताईद-ए-इलाही (ख़ुदा का अनुमोदन) साथ है। दीवान ख़ाने में दाख़िल हुआ और मुलाक़ात की। शे'र ख़्वानी का भी संयोग हुआ। ख़्वाजा ग़ालिब ने, जो एक प्रभावशाली व्यक्ति, और मुझसे परिचित था, मेरी स्थिति सविस्तार सुनायी और कुछ मुक़र्रर करा दिया, जो मैं एक वर्ष तक पाता रहा।...उस दिन से इशा की नमाज़ के बाद उनके नौकरों की तरह उनके पाईं बाग़ में जाता और दो घड़ी रात गये तक रहता था। इस सेवा का फल यह था कि चैन-सुख से गुज़र औक़ात हो रही थी।" (आपबीती, पृ. 115-116)

इधर दिल्ली उजड़ रही थी और उधर लखनऊ आबाद हो रहा था। अवध के नवाब जो वास्तव में मुग़ल सम्राट के वज़ीर थे, अजीब-ओ-ग़रीब तरीक़े से ख़ुदमुख़्तार हुए थे। अवध के सूबेदार और मुग़ल सल्तनत के वज़ीर सफ़दर जंग ने दिल्ली की कमज़ोरी से फायदा उठाकर सन् 1757 ई. में ख़ुदमुख़्तारी का परचम लहराया। उसके देहान्त के बाद जब शुजाउद्दौला गद्दी पर बैठा तो उसने अवध की सल्तनत को और ज़्यादा मज़बूत करने के ख़्वाब देखे। और एक बड़ी शक्तिशाली सेना के साथ सन् 1764 ई. में अंग्रेज़ी फ़ौजों से मुक़ाबिला किया। यह बक्सर का युद्ध था। इसमें वह पराजित हुआ और फ़ौजी शक्ति समाप्त हो गयी और अवध के नवाब ईस्ट इंडिया कम्पनी के मातहत हुकूमत करने और भोग-विलास में डूब रहने लगे। दिल्ली-सम्राट पराजित होने के बाद फ़क़ीर और सूफ़ी बन जाते थे, लेकिन लखनऊ के नवाब भोग-विलास में लीन हो गये। इस प्रकार अंग्रेज़ी तलवारों और संगीनों की छाया में एक ऐसी सभ्यता, संस्कृति और शाइरी का पोषण होने लगा जो ऊपर से चमकदार और सुन्दर लेकिन अन्दर से खोखली थी।

अब अवध में एक झूठी ख़ुशहाली और झूठी शान्ति थी और दिल्ली के परेशानहाल विद्वान, कलाकार और शाइर आजीविका की खोज में पूर्व की तरफ़ कूच कर रहे थे। मीर से पहले उनके मामूँ ख़ान-ए-आरज़ू, मिर्ज़ा मज़्हर जाने-जानाँ और सौदा की तरह के उच्चकोटि के शाइर दिल्ली छोड़कर जा चुके थे। सन्

1782-83 ई. के लगभग मीर ने दिल्ली को ख़ुदा हाफ़िज़ कहा तो अवध की राजधानी फ़ैज़ाबाद से लखनऊ आ चुकी थी और शुजाउद्दौला का बेटा नवाब आसिफ़ुद्दौला मसनद नशीन था, जिसको अत्यन्त उदार और सखी भी कहा जाता है, और हद से ज़्यादा नाकारा और विलासी भी समझा जाता है। उसके ज़माने में अवध की फ़ौज ख़त्म कर दी गयी और ईस्ट इंडिया कम्पनी की फ़ौज रख ली गयी जिसका सारा ख़र्च अवध की हुकूमत को उठाना पड़ता था। इस प्रकार प्रजा पर दोहरा बोझ था। एक कम्पनी की फ़ौजों का ख़र्च, दूसरे नवाब के भोग-विलास का सामान। इस भोग-विलास में अंग्रेज़ भी सम्मिलित होते थे। ख़ुद मीर की आपबीती 'ज़िक्र-ए-मीर' में वारेन हेस्टिंग्स के आगमन का ज़िक्र इसकी गवाही देती है—

"यहाँ वज़ीर-ए-आज़म अमीर-ए-मुकर्रम, गवर्नर बहादुर के इस्तक़बाल (स्वागत) के लिये जो कलकत्ते से आ रहे थे, रवाना हुए। क्योंकि यह तमाम मुल्क वज़ीर ही का था। उसके साथ बेशुमार (अनगिनत) लश्कर था। यह सफ़र इलाहाबाद तक हुआ। साहब मज़्कूर की आमद-आमद की ख़बर सुनकर उस ज़िले के सरदार भी उनको देखने के लिये आये। एक मंज़िल आगे नवाब गरदूँ जनाब से मुलाक़ात की। वहाँ से अपने साथ लखनऊ लेकर आये और हर मंज़िल पर नई-नई दावतें, नए-नए ख़ेमे, और ख़रगाह, तरह-तरह के बहुमूल्य तोह्फ़े, नज़र आते थे। जब लखनऊ पहुँचे तो दौलतख़ाने में दाख़िल हुए। उसकी आराइश-ओ-तकल्लुफ़ (सजावट), फ़र्श फ़ुरूश, साज़ोसामान की इफ़रात (अधिकता) ऐसी थी कि अक़्ल दंग होती थी। दिन को ज़ियाफ़तें और रात को परीवश हूर-लक़ा। औरतों का नाच और गाना, आतशबाज़ी और चराग़ाँ का लुत्फ़ रहता था। ग़रज़ ये शाहाना और पुरतकल्लुफ़ दावत छह महीने तक रही और यह मुद्दत बाहम गुफ़्तोशुनूद (परस्पर वार्तालाप), मशविरत-ओ-सोहबत (परामर्श और संगत) में कट गयी।"

मीर की पहली मुलाक़ात आसिफ़ुद्दौला से जिस प्रकार हुई, वह भी लखनऊ की संस्कृति और सभ्यता पर एक तब्सरा है। अकबर और जहाँगीर के काल में शाइर भरे दरबार में पेश होते थे और उनका परिचय उनकी शाइरी द्वारा होता था। लेकिन मीर, जो नवाब के बुलाने पर लखनऊ आये थे, दरबार के बजाय मुर्ग़ों की लड़ाई में आसिफ़ुद्दौला से मिले। एक तरफ़ मुर्ग़ों की लड़ाई जारी थी और दूसरी तरफ़ नवाब अपना कलाम मीर को सुना रहे थे। "इसके बाद फ़र्ते-मेहरबानी से मुझ (मीर) से फ़रमाइश की और उस रोज़ मैंने अपनी ग़ज़ल के चन्द शे'र अर्ज़ किये।" (ज़िक्र-ए-मीर)

ये वही मीर थे जो रिआयत ख़ाँ से इसलिए नाराज़ हो गये थे कि उसने मीर के शे'र डोम के लड़के को गाने के लिये दिये थे। और अब दर-ब-दर की ठोकरें खाने के बाद मीर साहब मुर्ग़ों की पाली में बैठे हुए ख़ुद अपनी ग़ज़ल सुना रहे थे।

ज़ाहिर है इस वातावरण में न तो मीर की शाइरी परवान चढ़ सकती थी और न मीर ख़ुश रह सकते थे। अतएव अपनी बाक़ी उम्र में आर्थिक निश्चिन्तता के बावुजूद मीर लखनऊ से नाख़ुश रहे। दिल्ली में मीर को कभी चैन और आराम नसीब नहीं हुआ। जान, माल, इज़्ज़त, आबरू हर वक़्त ख़तरे में थी। फिर भी मीर के लिये दिल्ली के कूचे 'औराक़-ए-मुसव्वर' (चित्रित पन्ने) थे। "जो शक्ल नज़र आई, तस्वीर नज़र आई।" दिल और दिल्ली दोनों ख़राब थे, मगर इस उजड़े घर में मीर के लिये बड़ा आनन्द था। इसके विपरीत--

फिर मैं सूरत-ए-अहवाल, हर इक को दिखाता याँ
मुरव्वत क़हत है, आँखें नहीं कोई मिलाता याँ

ख़राबा दिल्ली का दहचन्द बेहतर लखनऊ से था
वहीं मैं काश मर जाता, सरासीमा न आता याँ

[दहचन्द–दस गुना। सरासीमा–परेशान, घबराया हुआ]

बरसों से लखनऊ में इक़ामत है मुझको लेक
याँ के चलन से रखता हूँ, अज़्म-ए-सफ़र हनोज़

[इक़ामत–ठहरना, रहना-सहना। अज़्म-ए-सफ़र–यात्रा का इरादा। हनोज़–अब भी।]

आबाद, उजड़ा लखनऊ चुग़दों से अब हुआ
मुश्किल है इस ख़राबे में आदम की बूद-ओ-बाश

[चुग़द–उल्लू। आदम–आदमी। बूद-ओ-बाश–रहन-सहन]

और अन्त में मीर ने लखनऊ के विरुद्ध यों फ़रियाद की है–

किस-किस अदा से रेख़्ते मैंने कहे वले
समझा न कोई मेरी ज़बाँ इस दयार में

[वले–लेकिन। दयार–शहर, इलाक़ा।]

दिल्ली के दूसरे म1हाजिर (प्रवासी) शाइरों ने भी लखनऊ से अपने असन्तोष का इज़्हार बार-बार किया है। अतएव मुसहफ़ी ने अपनी एक रुबाई में अपना दर्द इस प्रकार बयान किया है--

यारब शहर अपना यूँ छुड़ाया तूने
वीराने में मुझको ला बिठाया तूने
मैं और कहाँ यह लखनऊ की ख़िलक़त
अय वाये यह क्या किया ख़ुदा तूने

[ख़िलक़त–लोग।]

उनकी ग़ज़ल के शे'रों में भी यह रंग मिलता है–

अय मुसहफ़ी मत पूछ कि दिल्ली से निकलकर
क्या कहिये कि हम कितने पशेमान हुए हैं

× × ×

हर गुल के रंग-ए-सुर्ख़ में ज़र्दी की तह-सी है
भूला चमन को सदमः-ए-बाद-ए-ख़ज़ाँ नहीं

[सदमः-ए-बाद-ए-ख़ज़ाँ–पतझड़ की हवाओं द्वारा पहुँचाया हुआ दुख।]

ये शाइर केवल लखनऊ की सभ्यता ही से असन्तुष्ट नहीं थे, जिस पर भोग-विलास और मनोरंजन छाया हुआ था, बल्कि उनकी दृष्टि राजनैतिक पहलू पर भी थी और वह जानते थे कि शाहाने-अवध और ईस्ट इंडिया कम्पनी का समझौता किस प्रकार की गुलामी का द्योतक है। मुसहफ़ी के दो-तीन शे'र इसकी पुष्टि के लिये काफ़ी हैं–

हिन्दोस्ताँ में दौलत-ओ-हश्मत जो कुछ कि थी
काफ़िर फ़िरंगियों ने बतदबीर खेंच ली

× × ×

ज़ालिम की सल्तनत को शिताब आवे है ज़वाल
किसरः के घर में 'अद्ल के बा'अिस ख़ज़ाना था

ग़मगीं न क्यों हो अपनी निगूँताल'ई से हम
बू-ए-नशात देवे है रंग इन्क़िलाब का

[दौलत-ओ-हश्मत–धन और प्रताप। शिताब–जल्दी। ज़वाल–पतन। किसरः–ईरान का एक शानदार बादशाह। अद्ल–न्याय। बा'अिस–कारण। निगूँताल'ई–दुर्भाग्य। बू-ए-नशात–ख़ुशी की गन्ध।]

और जुरअत ने अपनी एक रुबाई में यहाँ तक कह दिया–

समझे न अमीर उनको, कोई न वज़ीर
अंग्रेज़ों के हाथ इक क़फ़स में हैं असीर

जो कुछ वह पढ़ायें सो यह मुँह से बोलें
बंगाले की मैना हैं यह पूरब के अमीर

लखनऊ की यह सभ्यता और संस्कृति, जिसमें एक झूठी शान्ति और झूठी निश्चिन्तता थी, आत्म-संस्कृति और जीवन की आलोचना से पलायन करके एक नयी शाइरी का वातावरण पैदा कर रही थी, जिसमें प्रेमिका का शरीर, प्रेमी के दिल से ज़्यादा अहम था। इस शाइरी ने शब्दों की बाहरी तराश-ख़राश पर अधिक ज़ोर दिया लेकिन अन्दर से बेजान रही और लखनऊ स्कूल के नाम से मशहूर हुई।

मीर का स्वभाव इस वातावरण के अनुकूल हो सकता था। उनकी उम्र के आख़िरी बीस-तीस साल मीर के स्तर की ग़ज़लें प्रस्तुत न कर सके। अधिकतर वह आसिफ़ुद्दौला के लिये शिकारनामे और मस्नवियाँ लिखते रहे। वह अपनी महानता के अन्तिम शिखर दिल्ली में ही छू चुके थे। लखनऊ ऊँची उड़ान के लिये कोई और ऊँचा आकाश न दे सका।

शा'अिरी

मीर उन अर्थों में इश्क़िया शाइर नहीं हैं, जिन अर्थों में कोई-कोई समालोचक और अर्ध-रूमानी शाइर उर्दू की सारी शाइरी को जिंसियात (विलास) तक सीमित कर देना चाहते हैं। ग़ालिब ने भी ऐसी इश्क़िया शाइरी से पनाह माँगी है और लिखा है कि आशिक़ाना शाइरी से मैं उतनी ही दूर हूँ जितना कुफ़्र से ईमान हो सकता है। (ख़ुतूत-ए-ग़ालिब, गुलाम रसूल मेह्र, पृ. 56) मीर के यहाँ इश्क़ एक असीम समुद्र है जिसकी बहुत-सी मौजें हैं। मध्ययुग में इनसान दोस्ती का सबसे बड़ा आन्दोलन तसव्वुफ़ के रूप में उभरा। भक्ति और मिस्टीसिज़्म (Mysticism) इसके ग़ैर इस्लामी रूप हैं। इन आन्दोलनों का सम्बन्ध कारीगरों और किसानों की बग़ावतों से भी रहा है, लेकिन मीर के समय तक पहुँचते-पहुँचते केवल एक विचारधारा बाक़ी रह गयी थी जो जागीरदारी समाज के मूल्यों से भिन्न मूल्य रखती थी और उनमें सबसे अधिक महत्वपूर्ण वहदत-ए-इंसानी (मानव की एकता) का तसव्वुर था जो धर्म, जाति-पाति और पेशों की बुनियाद पर बँट जानेवाले इंसानों को एक ही रिश्ते में पिरो लेता था।

इश्क़ और दिल दो शब्द हैं जो इस तसव्वुर को पूरी तरह घेर लेते हैं। इश्क़ सबसे बड़ी भावना है और दिल सबसे बड़ी वस्तु। का'बा हो या मन्दिर और मस्जिद, ये अगर टूट जाएँ तो फिर बन सकते हैं लेकिन "दिल वह नगर नहीं कि फिर आबाद हो सके" इसलिए दिल ढहाकर का'बा बनाने से कुछ प्राप्त नहीं हो सकता। हज, नमाज़ या रोज़े से कोई आदमी नहीं बनता। ये दिखावटी आराधनाएँ हैं। आदमी दिल से बनता है और दिल पीर-ओ-मुर्शिद है, इश्क़ का केन्द्र है और इश्क़ ख़ुदा है। इस ब्रह्मांड का निर्माता है, उसका रंग-रूप है। इश्क़ ही जिलाता है, इश्क़ ही मारता है।

इस प्रकार ख़ुदा और इनसान का सीधा सम्बन्ध स्थापित होता है इसलिए दिखावटी आराधना-घरों, मुल्लाओं और पंडितों की ज़रूरत बाक़ी नहीं रह जाती।

उनकी वही हैसियत है जो आम इंसानों और बादशाहों के बीच उपदेशक और क़ाज़ी की है। एक राजकीय नौकर है और दूसरा धार्मिक और दोनों व्यर्थ हैं। इसलिए शैख़, ज़ाहिद, मोह्तसिब (उपदेशक), मुल्ला और काज़ी पर फब्तियाँ कसी गयी हैं। दोनों आम इंसानों का शोषण करनेवाले दल हैं। एक बादशाह के नाम पर लूटता है और दूसरा ख़ुदा के नाम पर।

केवल इंसानों से प्रेम करके ख़ुदा तक पहुँचा जा सकता है, इसलिए आँखें बन्द करके ध्यानस्थ होना, बन्दे के दर्दे दिल को भूलकर ख़ुदा रसीदा बनना बेकार है (ग़ज़ल 359)। इंसानों में खो जाना और दुनिया को बरतना मुक्ति का सही मार्ग है। बरतने में पाप भी सम्मिलित है जो रहमत को हरकत में आने का निमन्त्रण देता है।

इस प्रकार लैंगिक प्रेम, मानव जाति से प्रेम और ख़ुदा से प्रेम, तीनों मिलकर एक हो जाते हैं। जितने महबूब (प्रेमिका) के जलवे हैं उतने ही इश्क़ के रूप हैं।

मीर की शाइरी इन्हीं पर्दों में यथार्थ का प्रतिनिधित्व करती रही है। इसको उन्होंने अपने काल की एक बहुत बड़ी और महत्वपूर्ण दस्तावेज़ बना दिया है।

उनका अपना बयान यह है कि मेरी शाइरी ख़ास लोगों की पसन्द की है, "पर मुझे गुफ़्तगू अवाम से है"। उन्होंने अपने दीवान को दर्द-ओ-ग़म का मजूमूआ (समूह) बताया है और यह दर्द-ओ-ग़म निजी नहीं है। क्योंकि जहाँ सारा आलम ख़ाक हो चुका हो, वहाँ सिर्फ़ अपने-आप पर रोना बेसूद है (ग़ज़ल 366) इसलिए मीर के यहाँ दिल और दिल्ली की ख़राबी का ज़िक्र एक साथ आता है और आशिक़ और आदमी पर्यायवाची शब्द हैं। कुल्लियात-ए-मीर में विषय की तकरार के दो बड़े शेर हैं। एक में उन्होंने यह कहा है–

मारना 'आशिकों का गर है सवाब
तो हुआ है तुम्हें सवाब बहुत

और दूसरे में–

कुश्तन-ए-मर्दुमाँ अगर है सवाब
तो हुआ है उसे सवाब बहुत

मीर के अह्द के इनसान की तरह मीर की शाइरी का आशिक़ भी एक कुचली हुई शख़्सियत है जो अपना खोया हुआ वक़ार (मान) वापस माँग रही

है। उसमें अहम् का दूर-दूर पता नहीं है। सिर्फ़ बेदिमाग़ी है। अहम् धन, शक्ति या योग्यता के घमंड से उत्पन्न होता है और बेदिमाग़ी सब कुछ खो देने के बाद आती है। (ग़ालिब और मीर में यही अन्तर है।)

हसन अस्करी ने अपने एक लेख में बड़े पते की बात कही है कि मीर की शाइरी का आशिक़ "महबूब से महब्बत का याचक नहीं, बस इतना चाहता है कि उसके साथ इंसानों जैसा बर्ताव किया जाये, उसके विद्वान होने के कारण नहीं बल्कि इनसान होते के नाते।" (भूमिका 'गुल-ए-नग़्मा', फ़िराक़ गोरखपुरी) इस कल्पना में मीर का बचपन, जवानी और दिल्ली की तबाही और बरबादी, एक ही तस्वीर के कई रुख़ हैं और मीर ने इस तस्वीर में इतने ही भिन्न अन्दाज़ से रंग भरा है।

मीर की ग़ज़लों में ऐसे शे'रों की संख्या बहुत अधिक है जिनमें उन्होंने सीधे-सीधे सामाजिक, आर्थिक और राजनैतिक विषयों को ढाल दिया है। उन्होंने कभी यह नहीं सोचा कि ये विषय ग़ज़ल की कोमल प्रकृति पर बोझ बन जायेंगे।

क़ूत की पीरानः-सर दिल्ली में हैरानी हुई
अब की जो आये सफ़र से, ख़ूब मेहमानी हुई

(दूसरा दीवान)

रहते हैं दाग़ अक्सर नान-ओ-नमक की ख़ातिर
जीने का इस समय में, अब क्या मज़ा रहा है

(ग़ज़ल 446)

मुह्ताज को ख़ुदा न निकाले जूँ हिलाल
तश्हीर कौन शहर में हो पारः नान पर

(ग़ज़ल 198, शे'र 3)

जिनको ख़ुदा देता है सब कुछ, वे ही सब कुछ देते हैं
टोपी लँगोटी पास अपने, हम उस पर क्या इन्'आम करें

(ग़ज़ल 310, शे'र 2)

चोर उचक्के, सिख मरहट्टे, शाह-ओ-गदा ज़र ख़्वाहाँ हैं
चैन में हैं जो कुछ नहीं रखते, फ़क़्र ही इक दौलत है अब

(ग़ज़ल 158)

अय हुब्ब-ए-जाह वालो, जो आज ताजवर है
कल उसको देखियो तुम, ने ताज है न सर है

(ग़ज़ल 439, शे'र 1)

सब्ज़ान-ए-ताज़ः रो की जहाँ जल्वः गाह थी
अब देखिये तो वाँ नहीं सायः दरख़्त का

ज्यूँ बर्गहा-ए-लालः, परीशान हो गया
मज़्कूर क्या है अब, जिगर-ए-लख़्त लख़्त का

दिल्ली में आज भीख भी मिलती नहीं उन्हें
था कल तलक दिमाग़ जिन्हें, ताज-ओ-तख़्त का

ख़ाक-ए-सियह से मैं जो बराबर हुआ हूँ मीर
सायः पड़ा है मुझ प किसी तीरः बख़्त का

(ग़ज़ल 64)

जो है सो पाइमाल-ए-ग़म है, मीर
चाल बेडौल है ज़माने की

(ग़ज़ल 395, शे'र 4)

न मिल मीर अब के अमीरों से तू
हुए हैं फ़क़ीर, उनकी दौलत से हम

(ग़ज़ल 228, शे'र 4)

क्या शहर में गुंजाइश, मुझ बे सर-ओ-पा को हो
अब बढ़ गये हैं मेरे, अस्बाब-ए-कमअस्बाबी

(ग़ज़ल 379, शे'र 1)

ग़ैर अज़ ख़ुदा की ज़ात, मिरे घर में कुछ नहीं
या'नी कि अब मकान मिरा लामकाँ हुआ

(ग़ज़ल 151, शे'र 1)

इस सीधे-सीधे अन्दाज़-ए-बयान के अलावा मीर ने अपने युग के अत्याचार और इंसानी शख़्सियत की पराजय को महबूब के पर्दे में भी बयान किया है और उस पर्दे को उठाने की ख़ुद ही शिक्षा भी दी है—

होगा सितम-ओ-जौर से तेरे ही किनायः
दो शख़्स जहाँ शिकवः-ए-अय्याम करेंगे

(ग़ज़ल 474, शे'र 1)

दह्र का हो गिलः कि शिकवः-ए-चर्ख़
उस सितमगर ही से किनायत है

(ग़ज़ल 492)

इस प्रकार की शाइरी में उन्होंने महबूब को ज़ालिम, सफ़्फ़ाक (निर्दयी), घटिया, कमीना, औबाश, बदम'आश, ख़ूँख़्वार, ख़ूँरेज़ (रक्तपाती), झूठा, मक्कार सभी कुछ कहा है। महबूब की काली आँखों की सभी ने तारीफ़ की है लेकिन मीर ने उनको 'सियहरू' और 'सियहकासा' कहकर गाली भी दी है। सियहरू का अर्थ बदचलन और बदनाम है और सियहकासा कंजूस को कहते हैं। मीर के युग के एक शब्दकोश (सम्पा. शेक्सपियर) में इसका अर्थ चांडाल भी लिखा है और मीर यक़ीनन इस अर्थ से परिचित होंगे। इस शाइरी में केवल आकाश ही नहीं (जो तक़दीर और समय का द्योतक है और समाजी निज़ाम का अर्थ भी धारण कर लेता है) बल्कि महबूब की आँख भी सियहकासा और सियहरू है–

जाम-ए-ख़ूँ बिन नहीं मिलता है हमें सुबह को आब
जब से इस चर्ख़-ए-सियह कासः के मेह्‌मान हुए

(ग़ज़ल 426, शे'र 1)

गर्दिश-ए-चश्म-ए-सियह कासः से, जम'अ न रक्खो ख़ातिर तुम
भूखा-प्यासा मार रखा है, तुम-से उनने हज़ारों को

(ग़ज़ल 348)

जब से देखा उसको हमने, जी ढहा जाता है मीर
इस ख़राबी की यह चश्म-ए-रूसियह बानी हुई

(दूसरा दीवान)

यही महबूब माशूक़-ए-हक़ीक़ी या ख़ुदा की ज़ात में भी गुम हो जाता है और दुनिया में होते हुए भी लापता रहता है और न दैरवालों को मिलता है न हरमवालों को। किसी ने उसका चेहरा देखा है और किसी ने ज़ुल्फ़ और इस अधूरी सच्चाई पर शेख़ और बिरहमन लड़ रहे हैं। इस महबूब की राह-ओ-रविश की शिकायत करते समय मीर बेबाक हो जाते हैं और कह देते हैं कि–"पर्दे में बदसुलूकी हमसे ख़ुदा करे है" और यह वह ख़ुदा है जिसकी बारगाह की बेनियाज़ी के भय से मीर अपने काम उसको सौंपते हुए घबराते हैं। वह दुनिया के कारोबार पर एक नज़र डालते हैं और फिर उससे सम्बोधित होकर सवाल करते हैं–

कोई हो महरम-ए-शोख़ी तिरा तो मैं पूछूँ
कि बज़्म-ए-'ऐश-ए-जहाँ क्या समझ के बरहम की

(ग़ज़ल 393, शे'र 2)

फिर यही महबूब ज़ालिम और सफ़्फ़ाक (निर्दयी और अत्याचारी) बादशाहों, शासकों और विजेताओं के अस्तित्व में परिवर्तित हो जाता है। अब उसका आगमन बरबादी का कारण होता है। उसकी राहों में ख़ून के दरिया मौजें मारते हैं। लाशें पड़ी रहती हैं और धरती के सीने पर फ़ौजों के क़दमों की चाप सुनाई देती है—

जहाँ को फ़ित्ने से ख़ाली कभू नहीं पाया
हमारे वक़्त में तू आफ़त-ए-ज़मानः हुआ

(ग़ज़ल 77, शे'र 1)

नीमचः हाथ में, मस्ती से लहू सी आँखें
सज तिरी देख के, अय शोख़ हज़र हमने किया

(ग़ज़ल 103, शे'र 1)

सुना है मैंने अय घतिये, तिरे ख़ल्वत नशीनों से
कि तू दारू पिये है रात को मिलकर कमीनों से

(तीसरा दीवान)

सवारी उसकी है, सरगर्म-ए-गश्त-ए-दश्त, मगर
कि ख़ीरः तीरः नुमूदार इक गुबार है आज

(ग़ज़ल 173, शे'र 4)

मारा हो एक दो को तो हो मुद्द'ई कोई
कुश्तों का उसके रोज़-ए-जज़ा में शुमार क्या

(ग़ज़ल 104, शे'र 4)

जफ़ायें देख लियाँ, बेवफ़ाइयाँ देखीं
भला हुआ कि तिरी सब बुराइयाँ देखीं

तिरी गली से सदा अय कुशिन्दः-ए-'आलम
हज़ारों आती हुई चारपाइयाँ देखीं

(ग़ज़ल 253, शे'र 1-2)

सद ख़ानुमा ख़राब हैं हर हर क़दम प दफ़्न
कुश्ता हूँ यार, मैं तो तिरे घर की राह का

ज़ालिम ज़मीं से लोटता दामन उठा के चल
होगा कमीं में हाथ किसू दादख़्वाह का

(ग़ज़ल 34, शे'र 1-2)

किस ताज़: मक़्तल प कुशिन्दे, तेरा हुआ है गुज़ारा आज
ज़ह दामन की भरी है लहू से, किसको तूने मारा आज

(पाँचवाँ दीवान)

हिना से यार का पंज: नहीं है गुल के रंग
हमारे उनने कलेजों में हाथ डाला है

(ग़ज़ल 491)

न हो क्यों ग़ैरत-ए-गुल्ज़ार वह कूच: ख़ुदा जाने
लहू , उस ख़ाक पर किन-किन 'अज़ीज़ों का बहा होगा

(ग़ज़ल 65)

फ़ित्ने फ़साद उठेंगे, घर-घर में ख़ून होगा
गर शहर में ख़िरामाँ वह ख़ाना जंग आया

(ग़ज़ल 125, शे'र 1)

काट के सर 'आशिक़ का उनने, और भी पगड़ी फेर रखी
फ़ख़्र की कौन-सी जागह थी याँ, ऐसा क्या रुस्तम मारा

(पाँचवाँ दीवान)

हाकिम शहर-ए-हुस्न के ज़ालिम, क्योंकि सितम ईजाद नहीं
ख़ून किसू का कोई करे, वाँ दाद नहीं, फ़रियाद नहीं

क्या-क्या मर्दुम ख़ुश ज़ाहिर हैं, 'आलम-ए-हुस्न में नाम-ए-ख़ुदा
'आलम-ए-'अिश्क़ ख़राब: है, वाँ कोई घर आबाद नहीं

(ग़ज़ल 314, शे'र 1-2)

जिस राह होके आज मैं पहुँचा हूँ तुझ तलक
काफ़िर का भी गुज़ार इलाही उधर न हो

यक जा न देखी आँखों से ऐसी, तमाम राह
जिसमें बजाय नक़्श-ए-क़दम, चश्म-ए-तर न हो

हर इक क़दम प लोग डराने लगे मुझे
हाँ-हाँ, किसू शहीद-ए-महब्बत का सर न हो

चलियो सँभल के, सब ये शहीदान-ए-'अिश्क़ हैं
तेरा गुज़ार ताकि किसू ना'श पर न हो

दामन कशाँ ही जा कि तपिश पर तपिश है दफ़्न
ज़िन्हार कोई सदमे से ज़ेर-ओ-ज़बर न हो

लेकिन 'अबस, निगाह जहाँ करिये, उस तरफ़
इम्कान क्या, कि ख़ून मिरे ता कमर न हो

हैराँ हूँ मैं, कि ऐसी यह मश्हद है कौन सी
मुझसे ख़राब हाल को, जिसकी ख़बर न हो

आता है यह क़यास में अब तुझको देखकर
ज़ालिम, जफ़ा शि'आर, तिरा रह गुज़र न हो

(ग़ज़ल 325)

यह जफ़ा शि'आरी शहरों की ही नहीं दिल की ख़राबी का भी कारण है जिसे मीर ने उपमा के रूप में पेश किया है।

दिल की आबादी की इस हद है ख़राबी, कि न पूछ
जाना जाता है, कि इस राह से लश्कर निकला

(ग़ज़ल 38, शे'र 4)

शाम से, कुछ बुझा-सा रहता है
दिल हुआ है चराग़ मुफ़्लिस का

(ग़ज़ल 13, शे'र 2)

महबूब की इस कल्पना के पीछे ज़माने के हालात की एक सामाजिक चेतना है और इन प्रकट रूप से सादे शे'रों की तह में दबा हुआ एक विरोध है। अपने

कुछ दूसरे शे'रों में मीर ने बादशाहों के जुलूस के मुक़ाबले में मज़लूमों की मज़लूमियत को शान प्रदान की है–

हम भी फिरते हैं यक हशम लेकर
दस्तः-ए-दाग़-ओ-फ़ौज-ए-ग़म लेकर

दस्त कश नालः पेशरौ गिरियः
आह चलती है याँ 'अलम लेकर

और ये क़ाफ़ले दुबारा उठने के लिये मौत की मंज़िल में पड़ाव डालते हैं–

मर्ग इक माँदगी का वक़्फ़ा है
या'नी आगे चलेंगे दम लेकर

(ग़ज़ल 195, शे'र 1-2-3)

इसके बाद ही मीर की इस विचित्र इमेजरी का अर्थ समझ में आता है जो किसी उर्दू या फ़ारसी शाइर के यहाँ, कम-से-कम मेरी नज़र से नहीं गुज़री है।

उगते थे दस्त-ए-बुलबुल-ओ-दामान-ए-गुल बहम
सहन-ए-चमन नमूनः-ए-यौमुल्हिसाब था

(ग़ज़ल 24, शे'र 1)

तड़प के ख़िरमन-ए-गुल पर कभी गिर अय बिजली
जलाना क्या है, मिरे आशियाँ के ख़ारों का

(ग़ज़ल 33, शे'र 7)

किसी शाइर ने अपने महबूब को इस प्रकार नहीं कोसा है और किसी आशिक़ ने माशूक़ के लिये इतने कठोर शब्दों का उपयोग नहीं किया है। लेकिन जब हम इस ग़ज़ल के प्रारम्भिक शे'र देखते हैं (जो मीर की और भी कई ग़ज़लों की तरह मुसलसल है) तो गुल के चेहरे से माशूक़ियत और महबूबियत की निक़ाब उठ जाती है और जिसे मीर ने गुल कहा है वह ज़िन्दगी के पहलू का काँटा मालूम होने लगता है–

सुना है हाल, तिरे कुश्तगाँ बिचारों का
हुआ न गोर गढ़ा, उन सितम के मारों का

हज़ार रंग खिले गुल चमन के, हैं शाहिद
कि रोज़गार के सर, ख़ून है हज़ारों का

मिला है ख़ाक में किस-किस तरह का 'आलम याँ
निकल के शह्र से टुक सैर कर मज़ारों का

तड़प के ख़िरमन-ए-गुल पर कभी गिर अय बिजली
जलाना क्या है मिरे आशियाँ के ख़ारों का

(ग़ज़ल 33, शे'र 1-2-3-6)

इन शे'रों में ग़ालिब की शाइरी के आशिक़ की अनानियत (अहं) और आत्म-स्तुति नहीं है बल्कि एक मज़लूम और झुँझलाए हुए बेदिमाग़ व्यक्ति की प्रतिशोध की भावना है। कुछ दूसरे शे'रों में मीर और भी खुल गये हैं—

इस दश्त में अय सैल, सँभल ही के क़दम रख
हर सम्त को याँ दफ़्न मिरी तश्नःलबी है

(ग़ज़ल 455)

कोई तुझ-सा भी काश तुझको मिले
मुद्द'आ हम को इन्तिक़ाम से है

(ग़ज़ल 499, शे'र 3)

हाथ दामन में तिरे मारते झुँझला के न हम
अपने जामे में अगर आज गरीबाँ होता

(ग़ज़ल 122)

गया हुस्न, ख़ूबान-ए-बदराह का
हमेशः रहे नाम अल्लाह का

(ग़ज़ल 126, शे'र 1)

शेक्सपियर के प्रसिद्ध ड्रामे मेकबैथ में जब अपने अपराधी अन्तःकरण की सताई हुई लेडी मेकबैथ ख़्वाब में चलती है तो वह अपने हाथों को इस ढंग से मलती रहती है, जैसे उन्हें धोने की कोशिश कर रही हो, लेकिन बेगुनाह के ख़ून के धब्बे किसी प्रकार नहीं छूटते और वह बड़बड़ाती है कि अरब का इत्र भी उसके हाथों से ख़ून की बू को दूर नहीं कर सकता। मीर का वह महबूब भी जो निर्दयी बादशाहों और ख़ूँरेज़ विजेताओं का प्रतीक है, अपने हाथ मलता रहता है। उसने अपना शृंगार पीड़ितों के ख़ून से किया है (ग़ज़ल 141), इंसानों के कलेजों में हाथ डाला है तब हथेलियों ने मेहंदी का रंग धारण किया है (ग़ज़ल 491) और यह ख़ून है कि किसी प्रकार नहीं छूटता—

किया है ख़ूँ मिरा पामाल, यह सुर्ख़ी न छूटेगी
अगर क़ातिल तू अपने हाथ सौ पानी से धोवेगा

(ग़ज़ल 85, शे'र 4)

जम गया ख़ूँ कफ़-ए-क़ातिल प तिरा मीर ज़िबस
उनने रो-रो दिया कल हाथ को धोते-धोते

(ग़ज़ल 447)

यह जुनून (पागलपन) की कैफ़ियत है जिसे आम शब्दों में ख़ून चढ़ना कहते हैं और मीर ने एक जगह इसको यूँ बयान किया है–

ख़ून कम कर अब, कि कुश्तों के तो पुश्ते लग गये
क़त्ल करते-करते तेरे तईं जुनू हो जायेगा

(ग़ज़ल 90)

और जब हम मीर का यह शे'र पढ़ते हैं तो आज भी दो सौ वर्ष पहले की ख़ून में लिथड़ी हुई दिल्ली की याद ताज़ा हो जाती है–

शशजिहत से इसमें ज़ालिम बू-ए-ख़ूँ की राह है
तेरा कूचः, हमसे तो कह, किसकी बिस्मिल गाह है

(ग़ज़ल 436)

शायद मीर ने यह शे'र जिनमें आशिक़ाना नियाज़मन्दी (नम्रता) की कमी है, महबूब की इस कल्पना से सम्बन्ध रखते हैं–

वजूह-ए-बेगानगी नहीं मा'लूम
तुम जहाँ के हो वाँ के हम भी हैं

अपना शेवा नहीं कजी यूँ तो
यार जी टेढ़े-बाँके हम भी हैं

(ग़ज़ल 282, शे'र 5-6)

रखा है अपने तईं रोक-रोककर वर्नः
सियाह करदें ज़माने को, हम जो आह करें

अगर उठेंगे इसी हाल से तो कहियो तू
जो रोज़-ए-हश्र तुझी को न 'अज़्रख़्वाह करें

(ग़ज़ल 241, शे'र 2-3)

बहुत सम्भव है, इसी तसव्वुर ने मीर को वासोख़्त लिखने पर उकसाया हो। यह बात अहम है कि उर्दू में वासोख़्त की शुरुआत मीर ने की है, और वासोख़्त उस समय तक नहीं कहा जा सकता जब तक महबूब के लिये आदर की भावना में कमी न हो और यह आशिक़ पेशा शाइरों का शेवा नहीं है जैसा कि हाफ़िज़ ने कहा है कि "हेच 'आशिक़ सुख़न-ए-सख़्त ब मा'शूक़ न गुफ़्त" (कभी किसी आशिक़ ने अपने माशूक़ से कठोर बात नहीं कही)

महबूब के आदर में कमी की भावना की तरफ़ वह शे'र भी संकेत करते हैं जिनमें मीर ने मिलन के विषय को अश्लील बना दिया है।

उनके यहाँ मिलन की तीन कैफ़ियतें मिलती हैं। एक तो वह हल्की कैफ़ियत है जिसमें वह महबूब के गाल काटते हैं, और नशे में धुत्त माशूक़ की, रातों को उठ-उठकर ख़बर लेते हैं। (ऐसे शेर इस संकलन में सम्मिलित नहीं हैं।)

दूसरी कैफ़ियत वह है जहाँ मिलन का आनन्द दर्द और ग़म के अथाह समुद्र में डूब जाता है और आशिक़ की दरिद्रता और पीड़ा की चुग़ली खाता है।

आज हमारे घर आया तू, क्या है याँ जो निसार करें
इल्ला खेंच बग़ल में तुझको, देर तलक हम प्यार करें

(ग़ज़ल 272, शे'र 1)

भरी आँखें किसू की पोंछते गर आस्तीं रखते
हुई शर्मिन्दगी क्या-क्या हमें इस दस्त-ए-ख़ाली से

(ग़ज़ल 481, शे'र 1)

तीसरी कैफ़ियत शुद्ध आनन्द की है। ये शे'र बहुत कम हैं–

सब मज़े दरकनार 'आलम के
यार जब हमकनार होता है

(ग़ज़ल 518, शे'र 1)

बर अफ़्रोख़्तः रुख़ है उसका, किस ख़ूबी से, मस्ती में
पी के शराब शिगुफ़्तः हुआ है, उस नौगुल प बहार है आज
उसका बह्‌र-ए-हुस्न सरासर, औज-ए-मौज-ओ-तलातुम है
शौक़ की अपने, निगाह जहाँ तक जावे, बोस-ओ-कनार है आज

(ग़ज़ल 172, शे'र 1-2)

क़ुरबान-ए-पियालः-ए-मै-ए-नाब
जिससे कि तिरा हिजाब निकला

(ज़मीमः ग़ज़ल 1, शे'र 2)

यह बात भी ध्यान देने योग्य है कि मीर के यहाँ मिलन की अश्लीलता, दर्द और कर्ब तथा ख़ालिस आनन्द सब कुछ होने के बाद भी उनका कलाम मिलन के उस सादे आनन्द और माशूक़ नवाज़ी की कैफ़ियत से ख़ाली है जिसका उदाहरण उनके अग्रगामी कवि वली दकनी की ग़ज़लों में मिलता है। जैसे–

सजन तुम मुख सिती उल्टो निक़ाब आहिस्तः आहिस्तः
कि ज्यूँ गुल से निकसता है गुलाब आहिस्तः आहिस्ताः

अजब कुछ लुत्फ़ रखता है शब-ए-ख़ल्वत में गुलरू सूँ
ख़िताब आहिस्तः आहिस्तः, जवाब आहिस्तः आहिस्तः

और न उनके यहाँ ग़ालिब का यह अन्दाज़ मिलता है कि महबूब के साथ मिलकर ज़मीन और आसमान को नष्ट-भ्रष्ट कर दें "बिया कि क़ायदः-ए-आस्माँ बिगरदानेम" (आओ कि हम मिलकर आसमान के चक्कर को बदल दें)। इसके विपरीत मीर अपने जफ़ा-पेशा महबूब को बदलने के लिये ज़माने से इन्क़िलाब के इच्छुक हैं और इस दुनिया की नई बुनियादें रखना चाहते हैं–

शायद कि क़ल्ब-ए-यार भी टुक इस तरफ़ फिरे
मैं मुन्तज़िर ज़माने से हूँ, इन्क़िलाब का

(ग़ज़ल 116)

सर-ए-दार-ए-फ़लक भी देखूँ, अपने रू-ब-रू टूटा
कि संग-ए-मोह्तसिब से, पा-ए-ख़ुम, दस्त-ए-सुबू टूटा

(ग़ज़ल 80, शे'र 1)

यह दौर तो मुवाफ़िक़ होता नहीं, मगर अब
रखिये बिना-ए-ताज़ः, इस चर्ख़-ए-चम्बरी की

(ग़ज़ल 394, शे'र 2)

ऊपर के शे'र में इन्क़िलाब का शब्द आज के ज़माने के अनुसार राजनैतिक और सामाजिक परिवर्तन के लिये प्रयुक्त नहीं हुआ है। इसका मतलब केवल अत्याचार और बेचैनी के दौर का ख़ातिमा है। यह अन्दाज़ और विचारधारा

वास्तव में आशिक़ और माशूक़ की दुई का पता देती है और व्यक्ति और समाज, इनसान और ज़माने के टकराव क़ो प्रकट करती है।

मीर की शाइरी में दो और महबूब झलकते हैं और यह दोनों एक-दूसरे के निकट हैं। एक तो मीर का निजी महबूब मालूम होता है। उसका नाम उन्होंने कहीं नहीं किया। और कभी-कभी वह उन शे'रों में भी प्रकट होता है जिनमें प्रत्यक्ष रूप से महबूब का कोई ज़िक्र भी नहीं होता। या तो महबूब का आगमन है या बिदाई; आशिक़ या उसकी गली से निकलना है या उसकी महफ़िल में पहुँचना है। इन शे'रों में वह कैफ़ियत है जो महान् इश्क़िया शाइरी की जान है। एक मुहज़्ज़ब (सभ्य) दर्द, एक आनन्द से भरी हुई कसक और दिल की एक ऐसी धड़कन जो शब्दों में परिवर्तित हो जाती है—

रात मज्लिस में तिरी, हम भी खड़े थे चुपके
जैसे तस्वीर लगा दे कोई दीवार के साथ

(ग़ज़ल 358, शे'र 1)

वे तो खड़े-खड़े मिरे घर आके फिर गये
मैं बेदयार-ओ-बेदिल-ओ-बेख़ानुमाँ हुआ

(ग़ज़ल 151, शे'र 2)

तिरे फ़िराक़ में, जैसे ख़याल मुफ़्लिस का
गयी है फ़िक्र-ए-परीशाँ, कहाँ-कहाँ, मेरी

(ग़ज़ल 389, शे'र 4)

कुछ गुल से हैं शिगुफ़्तः, कुछ सर्व से हैं क़द कश
उसके ख़याल में हम, देखे हैं ख़्वाब क्या क्या

(ग़ज़ल 94)

जैसे हस्रत लिये जाता है जहाँ से कोई,
आह यूँ कूचः-ए-दिलबर से सफ़र हमने किया

(ग़ज़ल 103, शे'र 3)

कुछ न देखा फिर बजुज़, इक शो'लः-ए-पुर पेच-ओ-ताब
शम्'अ तक तो हमने देखा था कि परवाना गया

(ग़ज़ल 58, शे'र 1)

गुल हो, महताब हो, आईना हो, ख़ुर्शीद हो मीर
अपना महबूब वही है जो अदा रखता हो

(ग़ज़ल 326)

फूल गुल, शम्स-ओ-क़मर, सारे ही थे
पर हमें उनमें, तुम्हीं भाये बहुत

(ग़ज़ल 168, शे'र 1)

चला न उठके वहीं चुपके-चुपके फिर तू मीर
अभी तो उसकी गली से पुकार लाया हूँ

(ग़ज़ल 252)

नहीं है चाह भली इतनी भी, दु'आ कर मीर
कि अब जो देखूँ उसे मैं, बहुत न प्यार आवे

(ग़ज़ल 505, शे'र 5)

इस महबूब के सामने मीर न बेदिमाग़ हैं न सरकश (विद्रोही) केवल मासूमियत, विनय, नम्रता, और एक सभ्य नियाज़मन्दी है–

हम फ़क़ीरों से बे अदाई क्या
आन बैठे जो तुमने प्यार किया

(ग़ज़ल 47, शे'र 4)

दूर बैठा गुबार-ए-मीर, उससे
'अिश्क़ बिन यह अदब नहीं आता

(ग़ज़ल 60, शे'र 2)

इस महबूब का सरापा फ़ितरत से हमआहंग है। उसके शरीर की बनावट फूल की पत्ती से है। उसका मुँह खुलने से चाँदनी छिटकती है। कलियों ने कम-कम खिलना उसकी अधखुली आँखों से सीखा है। फूल की डालियों ने उसके क़द से अंगड़ाइयाँ लेने का ढंग धारण किया है, और उससे बाहु-पाश में बँधे ज़मीन और आसमान को चुम्बन में डुबो देती है। यह प्रकृति का इतना निखरा हुआ रूप है कि उसके सामने फूल के मुँह से बास आने लगती है और सर्व भोंडा और भद्दा दिखाई देने लगता है। उसकी पवित्रता और कोमलता की यह स्थिति है कि शरीर हाथ लगने से मैला होता है। यह प्रकृति का संकेत है और उससे हम-आग़ोशी (आलिंगन) प्रकृति से हम-आहंग होने की इच्छा है, जो सूफ़ियाना चिन्तन के ढंग में, जिसके वारिस उर्दू के तमाम क्लासिकी शाइर हैं, बड़ा महत्वपूर्ण स्थान रखती है।

फ़ितरत से हम-आहंगी की भावना ने कभी-कभी मौत की इच्छा का रूप भी धारण किया है। यह बड़े सुन्दर रूप में प्रकट होती है। जीवन की क्षणभंगुरता को मीर ने बार-बार फूल की सुगन्ध और बुलबुल की आवाज़ से उपमा दी है।

उसका स्थायित्व कली की मुस्कान के बराबर है। दुनिया किसी चंचल की क़दम-गाह है, जिसमें फूल के चिराग़ों से प्रकाश हो रहा है (ग़ज़ल 417, शे'र 4) उससे मुँह फेरकर चले जाने को किसका जी चाहेगा (ग़ज़ल 417, शे'र 5) फिर भी फ़ितरत से हम-आहंगी की इच्छा है जिसकी पूर्ति केवल मौत के द्वारा हो सकती है।

रंग-ए-गुल-ओ-बू-ए-गुल होते हैं हवा दोनों
क्या क़ाफ़िलः जाता है, जो तू भी चला चाहे

(ग़ज़ल 486, शे'र 2)

बरंग-ए-बू-ए-गुल, इस बाग़ के हम आश्ना होते
कि हमराह-ए-सबा टुक सैर करते, और हवा होते

(ग़ज़ल 416, शे'र 1)

आह की मैं, दिल-ए-हैरान-ओ-ख़फ़ा को सौंपा
मैंने यह गुंचः-ए-तस्वीर, सबा को सौंपा

(ग़ज़ल 87, शे'र 1)

सूफ़ियाना चिन्तन पद्धति में मौत के दो और पहलू भी हैं और वह भी मीर के यहाँ प्रकट हैं। असली माशूक़ से मिलन या प्रकृति से हम-आहंगी जो रंग-ओ-बू-ए-गुल और बाद-ए-सबा के हमसफ़र होने के बराबर है, उसके साथ-साथ मौत एक प्राकृतिक क्रिया भी है और उसकी इस प्राकृतिक विशेषता से ज़ालिमों और अमीरों को शिक्षा दिलायी गयी है।

मुन'अिम ने, बिना ज़ुल्म की रख, घर तो बनाया
पर आप कोई रात ही मेह्मान रहेगा

(ग़ज़ल 10, शे'र 1)

बे ज़री का न कर गिलः, ग़ाफ़िल
रह तसल्ली, कि यूँ मुक़द्दर था

इतने मुन्'अिम जहान में गुज़रे
वक़्त रह्लत के, किस कने ज़र था

साहब-ए-जाह-ओ-शौकत-ओ-इक़्बाल
इक अज़ाँ. जुमलः, अब सिकन्दर था

थी यह सब कायनात, ज़ेर-ए-नगीं
साथ मोर-ओ-मलख़-सा लश्कर था

ला'ल-ओ-याक़ूत, हम ज़र-ओ-गौहर
चाहिये जिस क़दर, मुयस्सर था

आख़िर-ए-कार जब जहाँ से गया
हाथ ख़ाली कफ़न से बाहर था

(ग़ज़ल 73, शे'र 4-9)

कल पाँव एक कासः-ए-सर पर जो आ गया
यकसर वह उस्तुख़्वान, शिकस्तों से चूर था

कहने लगा कि देख के चल राह, बेख़बर
मैं भी कभू किसू का सर-ए-पुर ग़ुरूर था

(ग़ज़ल 3, शे'र 5-6)

यह वह मंज़िल है जहाँ पहुँचकर अमीर और ग़रीब बराबर हो जाते हैं। चूँकि उस काल में सामाजिक साधन और उत्पादन के तरीक़े इतने प्रगतिशील नहीं थे कि बराबरी की कल्पना जीवन में सम्भव होती इसलिए मृत्यु इस इच्छा की पूर्ति करती थी। यह कल्पना भक्ति काल की कविताओं और मिस्टिक (Mystic) शाइरी में भी आम है। चेकोस्लोवाकिया में एक जगह ताबोर है, इसके म्यूज़ियम में मध्य युग के ईसाई सूफ़ी आन्दोलन (Mysticism) के एक नेता जेन हुस (Jan Huss) की यादगारें सुरक्षित हैं और इस युग के कुछ कवियों का काव्य भी रखा हुआ है। एक शाइर की कविता में ये पंक्तियाँ पढ़कर कि 'मौत सम्राटों के डंडों और किसान के हल को एक ही क़ब्र में सुला देती है' मुझे बेसाख़्ता मीर का शे'र याद आ गया–

सब हैं यकसाँ जब फ़ना यकबारगी तारी हुई
ठीकरा इस मर्तबे में क्या, सर-ए-फ़ग़फ़ूर क्या

(दूसरा दीवान)

[यकसाँ–एक जैसे। फ़ना–मौत। यकबारगी–सहसा। तारी हुई–छा गयी। मर्तबा–स्तर, दरजा। सर-ए-फ़ग़फ़ूर–बादशाह का सर।]

इसी से मिलता-जुलता मौत का यह पहलू भी है कि वह दुख-दर्द को ख़त्म कर देती है, जिसका ख़ात्मा जीवन में सम्भव नहीं। इसलिए यह शान्ति और विश्राम की तलाश है–

किया सैर इस ख़राबे का बहुत, अब चलके सो रहिये
किसू दीवार के साये में, मुँह पर ले के दामाँ को

(ग़ज़ल 319, शे'र 8)

फ़िक्र-ए-म'आश, या'नी ग़म-ए-ज़ीस्त, ता-ब-कै
मर जाइये कहीं, कि टुक आराम पाइये

(ग़ज़ल 461, शे'र 2)

फिर न आये, जो हुए ख़ाक में जा आसूदा
ग़ालिबन, ज़ेर-ए-ज़मीं, मीर, है आराम बहुत

(ग़ज़ल 160)

मीर के यहाँ बहुत-से शे'रों में यह भावना भी मिलती है कि मौत हरकत और तब्दीली का नाम है–

चश्म हो तो आईनः ख़ानः है दह्र
मुँह नज़र आता है, दीवारों के बीच

हैं 'अनासिर की यह सूरत बाज़ियाँ
शो'बदे क्या-क्या हैं इन चारों के बीच

(ग़ज़ल 174)

हर जज़्र-ओ-मद से दस्त-ओ-बग़ल उठते हैं ख़रोश
किसका है राज़ बह्र में यारब कि हैं ये जोश

अबरु-ए-कज है मौज कोई चश्म है हबाब
मोती किसी की बात है, सीपी किसी का गोश

(पहला दीवान)

[जज़्र-ओ-मद–ज्वारभाटा। दस्त-ओ-बग़ल–हाथ में हाथ डाले। ख़रोश–तूफ़ान। बहर–समुद्र। अबरु-ए-कज–टेढ़ी भौं। चश्म–आँख। हबाब–बुलबुला। गोश–कान]

याँ बुलबुल और गुल प तू 'अिब्रत से आँख खोल
गुलगश्त सरसरी नहीं इस गुलसितान का

गुल यादगार-ए-चेहरः-ए-ख़ूबाँ है, बेख़बर
मुर्ग़-ए-चमन निशाँ है किसू ख़ुश ज़बान का

(ग़ज़ल 84)

चराग़ान-ए-गुल से है क्या रौशनी
गुलिस्ताँ किसू की क़दमगाह है

(ग़ज़ल 417, शे'र 4)

गुल-ओ-सुम्बुल हैं नैरंग-ए-क़ज़ा मत सरसरी गुज़रे
कि बिगड़े ज़ुल्फ़-ओ-रुख़ क्या-क्या बनाते इस गुलिस्ताँ को

(पहला दीवान)

[नैरंग-ए-क़ज़ा—तक़दीर के खेल।]

ख़ाक-ए-आदम ही है तमाम ज़मीं
पाँव को हम सँभाल रखते हैं

(ग़ज़ल 255)

थे माहवशाँ कल जो, उन कोठों प जल्वे में
है ख़ाक से आज उनकी, हर सहन में महताबी

(ग़ज़ल 379, शे'र 2)

इसमें यह कल्पना शामिल है कि यथार्थ एक है, तस्वीरें बहुत-सी हैं।

जल्वा है उसी का सब, गुल्शन में ज़माने के
गुल फूल को है उनने पर्दा-सा बना रक्खा

(ग़ज़ल 89)

गह गुल है गाह रंग, गहे बाग़ की है बू
आता नहीं नज़र वह तरहदार एक तरह्

नैरंग-ए-हुस्न-ए-दोस्त से कर आँखें आश्ना
मुमकिन नहीं वगरना हो दीदार एक तरह्

(पहला दीवान)

[गह (गाह, गहे)—कभी। नैरंग-ए-हुस्न-ए-दोस्त—माशूक़ के सौन्दर्य की विभिन्नता।]

जाके पूछा जो मैं यह कारगह-ए-मीना में
दिल की सूरत का भी, अय शीशः गराँ, है शीशः

कहने लागे, कि किधर फिरता है बहका अय मस्त
हर तरह का, जो तू देखे है, कि याँ है शीशः

दिल ही सारे थे ये इक वक़्त में जो करके गुदाज़
शक्ल शीशे की बनायी है, कहाँ है शीशः

(ग़ज़ल 355)

और इस परिवर्तन के कारण प्रकृति का सौन्दर्य हमेशा ताज़ा और जवान रहता है–

क्या ख़ूबी इस चमन की, मौक़ूफ़ है किसू पर
गुल गर गये 'अदम को, मुखड़े नज़ीर आये

(ग़ज़ल 411, शे'र 2)

फूल चेहरों में बदल जाते हैं, चेहरे फूलों में, ख़ाक से आदमी बनता है और आदमी ख़ाक हो जाता है। इस प्रकार मृत्यु और जीवन एक सिलसिले की कड़ियाँ बन जाती हैं और सारी सृष्टि एक वहदत (एकता) में बदल जाती है और मीर की शाइरी के तमाम बिखरे हुए जल्वे एक सद-रंग गुलिस्ताँ का रूप धारण कर लेते हैं। इसमें फूल भी हैं और काँटे भी, बुलबुल भी है और सैयाद भी, नशेमन भी है और बिजली भी, जीवित रहने की उमंग भी है और मर जाने का हौसला भी, और यही कारण है कि यह शाइरी आज भी महान् है और ज़माने के बदल जाने के बाद भी दो सौ बरस पुरानी ज़बान में हमारी भावनाओं का साथ दे रही है।

●●●